教育部旅游管理专业本科综合改革试点项目
新课改系列规划教材

教育部旅游管理专业本科综合改革试点项目新课改系列规划教材

总 主 编　马　勇
副总主编　　王鹏飞

会展管理概论

Introduction to Mice Management

主　编　马　勇
副主编　王　翔
参　编　李　岩　李　朋　豆晓宁

华中科技大学出版社
http://www.hustp.com
中国·武汉

内 容 提 要

本书分为认识会展、会展策划与组织、会展运营与保障、会展产业与职业发展四篇内容,从会展行业发展、会展项目运营管理到会展管理职业发展三个维度对现代会展管理的理论框架与实践发展进行了全面系统的阐述。

本书每章设计学习任务,按照布鲁姆分类法设置符合学习者认知规律的学习目标,并配套案例引导、同步阅读、同步案例、拓展案例等大量的学习资源,有利于拓宽学生视野,帮助学生加深对会展管理知识的理解和掌握,提高知识应用能力。

本书不仅可以作为全国普通高等院校会展经济与管理及相关专业的教材与参考书,也可作为从事会展、旅游产业经营与管理人员的参考资料。

图书在版编目(CIP)数据

会展管理概论/马勇主编. —武汉:华中科技大学出版社,2019.2(2023.2重印)
教育部旅游管理专业本科综合改革试点项目新课改系列规划教材
ISBN 978-7-5680-5009-8

Ⅰ.①会… Ⅱ.①马… Ⅲ.①展览会-管理-高等学校-教材 Ⅳ.①G245

中国版本图书馆 CIP 数据核字(2019)第 027690 号

会展管理概论 马勇 主编
Huizhan Guanli Gailun

策划编辑:	李家乐
责任编辑:	李家乐
封面设计:	刘 婷
责任校对:	李 琴
责任监印:	周治超
出版发行:	华中科技大学出版社(中国•武汉) 电话:(027)81321913
	武汉市东湖新技术开发区华工科技园 邮编:430223
录 排:	华中科技大学惠友文印中心
印 刷:	武汉科源印刷设计有限公司
开 本:	787mm×1092mm 1/16
印 张:	16.5 插页:2
字 数:	400 千字
版 次:	2023 年 2 月第 1 版第 4 次印刷
定 价:	49.80 元

本书若有印装质量问题,请向出版社营销中心调换
全国免费服务热线:400-6679-118 竭诚为您服务
版权所有 侵权必究

总序
Preface

十九大以来，中国特色社会主义进入新时代，我国经济已由高速增长阶段转向高质量发展阶段，旅游业作为国民经济战略性支柱产业，凭借其内生的创新引领性、协调带动性、开放互动性、环境友好性、共建共享性，成为贯彻五大发展理念，推动新时代产业结构优化调整，满足人民群众对美好生活向往的重要引擎。与此同时，随着全面建成小康社会深入推进，我国居民消费结构升级加速，供给侧结构性改革不断深化，为旅游业的发展提供了重大机遇，也对旅游业的发展提出了更高的要求。新业态、新技术、新产品、新体验将融入新时代旅游业发展全局，这就意味着我国旅游专业人才培养与供给也必须顺应新时代旅游业的新要求，旅游管理专业综合改革进入了全新的发展阶段。

根据教育部开展普通高等学校本科专业类教学质量国家标准制定工作的统一部署和要求，2017年教育部旅游管理类教学指导委员会制定了《旅游管理类本科专业教学质量国家标准》。新国标的出台为今后我国旅游管理本科教育规划了发展方向、明确了基本要求，对提高旅游管理本科教学质量和水平具有指导意义，同时也需要一套符合行业发展趋势，体现新国标精神的旅游管理类教材作为基础。

在教育部高等学校旅游管理类专业教学指导委员会的大力支持和指导下，华中科技大学出版社汇聚了一批国内旅游院校国家教学名师和中青年旅游学科骨干，面向《旅游管理类本科专业教学质量国家标准》做出积极探索，率先组织出版教育部旅游管理专业本科综合改革试点项目新课改系列规划教材。该套规划教材创新模式、理念先进，围绕旅游管理专业本科新课改，突出实用、适用、够用和创新的"三用一新"的特点。立足应用型旅游人才培养的实际情况，服务于新课改下的旅游类专业建设与发展。规划教材为开放式丛书，首批出版主要覆盖旅游管理类核心课程的教材。该套教材特邀教育部高等学校旅游管理类专业教学指导委员会副主任、中组部国家高层次人才"特支计划"领军人才、国家"万人计划"教学名师、湖北大学旅游发展研院院长马勇教授担任总主编,同时邀请了一批旅游管理本科专业学科带头人和一线骨干专业教师等加盟编撰。首批教材还充分利用全国旅游院校优质课程说课大赛暨课程研讨会的平台和成果,充分调研和吸收了全国旅游院校旅游教育专家学者和一线教师的课程设计经验、理念与成果。

该套教材紧紧把握新时代旅游业旅游专业人才的新趋势以及专业教学质量新国标的新要求,对相关课程核心内容的大胆解构与重构,在编写体例、目标设置、任务制设计等方面做出了很大的创新的突破。同时教材还依托华中科技大学出版社自主研发的华中出版资源服务平台,创新了教材出版形式,在书本之外构建了一套包括教学大纲、教学课件、案例库、习题集、视频库等多种资源形式的立体化配套资源库,这将促进实现线上线下知识拓展和学习共同体形成。

我们深刻认识到编写旅游教材是落实新课标、践行新课改的一项重要基础工作。本套教材的组织策划及编写出版过程中,得到了旅游业内专家学者和业界精英的大力支持,赋予该套教材更强的时代性、科学性和生命力,在此一并致谢!希望这套教材能够为培养新时代旅游专业人才,进而为推动中国旅游业高质量发展贡献力量。

丛书编委会
2018 年 6 月

前言
Preface

　　会展是市场经济体制下的一种交往沟通活动。它以组织现场集聚为特征、以主题化时空为核心、以表达展示为手段、以供需互动为目的，通过竞争激励共识合作，促进创新研发和品牌营销，优化资源配置，提高市场效率。回顾"十三五"以来的会展业发展动态，改革、创新是主题。宏观层面，政府致力于行政管理体制的改革，积极简政放权，规范会展市场，推动会展产业的结构性调整；微观层面，场馆、组展商、参展商以及会展服务商在经营管理各个层面努力推进创新，不断吸纳新技术、新手段，强化用户体验，创新服务应用，增强会展业的竞争力与吸引力。

　　为了适应这一时代发展的需要，必须首先加强会展业管理人才的教育与培养，为会展业的可持续发展提供坚实的人才储备基础。鉴于此，《会展管理概论》旨在广泛借鉴和吸收国内外有关会展管理研究的最新成果，较为全面、系统地梳理会展产业、会展策划组织、会展管理保障的现状和发展趋势，并在体例架构和内容安排上较此前的同类成果有所突破。

　　《会展管理概论》分为认识会展、会展策划与组织、会展运营与保障、会展产业与职业发展四篇内容，从会展行业发展、会展项目运营管理到会展管理职业发展三个维度对现代会展管理的理论框架与实践发展进行了全面系统的阐述。本书有以下几个特点。

　　1. 理论与实践相结合，重应用性

　　以"应用"为主旨和特征构建教材内容体系。理论部分以适度、够用为原则，并融入最新的发展动态；实践部分以会展行业的现实发展趋势为导向，重在启发思维，培养学生结合理论知识、独立思考解决实际问题的能力。

　　2. 基于OBE成果导向设计内容体系，重创新性

　　每章开篇设计学习任务，明确学习目标、任务步骤及预期学习成果，进而梳理出知识体系，反向设计教材体系，激发学生学习兴趣，培

养学习能力。

增加知识链接模块,配套同步练习、同步思考,体现"以学生为中心"的教育理念,突破单项的教学模式,增加教与学的双向互动,提升教学效果。

3. 梳理会展产业来龙去脉,重系统性

从行业发展的宏观视角、项目运营的职能体系和职业发展的能力培养三个视角全面地对会展管理的理论与实践发展态势进行了系统的呈现。

本书为教育部旅游管理专业本科综合改革试点项目新课改系列规划教材,丛书总主编马勇,副总主编王鹏飞。本书主编马勇,副主编王翔。王翔、马勇负责第一、二、八、十二章的编写;李岩、马勇负责第四、六、七、九章的编写;李朋、马勇负责第三、五章的编写;豆晓宁、马勇负责第十、十一章的编写。全书由马勇负责统稿和审稿。

在本书的编写过程中,参考并引用了国内外有关的著作、研究成果和文献,其中大部分已在本书的参考文献中列出,但由于篇幅有限,可能会有所遗漏。在此,谨向相关著作与文献的作者表示衷心的感谢。

由于编者的水平和能力有限,书中可能存在许多不足之处,敬请行业专家与读者不吝指正。

编　者

2018 年 8 月

目录
Contents

第一篇 认识会展

第一章 初识会展 /3
第一节 什么是会展 /5
第二节 会展的起源与发展 /6
第三节 会展的范畴与特点 /12
第四节 会展的功能 /17

第二章 理解会展市场与会展管理 /25
第一节 会展市场 /26
第二节 会展行业管理与运作模式 /35

第二篇 会展策划与组织

第三章 会展策划 /45
第一节 会展策划概述 /46
第二节 会展市场调查 /56
第三节 会展主题、会展题材 /64

第四章 会展营销 /72
第一节 会展营销原理 /74
第二节 会展客户关系管理 /81
第三节 目的地营销 /86

第五章 会展项目管理 /90
第一节 会展项目管理知识体系 /91
第二节 会展项目管理的基本流程 /99

/105　　　　第三节　会展项目管理的方法

会展运营与保障　第三篇

/113　　　　第六章　会展场馆经营与管理
/115　　　　第一节　会展场馆发展概况
/123　　　　第二节　会展场馆的规划设计
/126　　　　第三节　会展场馆的运营管理模式

/132　　　　第七章　会展供应商管理
/133　　　　第一节　会展供应商及分类
/140　　　　第二节　会展供应商开发
/142　　　　第三节　会展供应商评价指标
/145　　　　第四节　会展供应商关系管理

/149　　　　第八章　会展信息管理
/150　　　　第一节　管理信息系统与会展信息管理
/154　　　　第二节　会展管理信息系统
/158　　　　第三节　会展电子商务管理

/169　　　　第九章　会展风险管理
/170　　　　第一节　会展风险的分类
/177　　　　第二节　会展风险的管理策略
/190　　　　第三节　会展风险管理的沟通策略

/198　　　　第十章　会展评估
/200　　　　第一节　关于会展评估
/204　　　　第二节　会展评估流程及内容

会展产业与职业发展　第四篇

/215　　　　第十一章　会展业现状与发展趋势
/216　　　　第一节　国际会展行业发展概况
/220　　　　第二节　国内会展业发展概况
/229　　　　第三节　我国会展业发展对策
/232　　　　第四节　会展业发展趋势

第十二章　会展管理与职业能力标准 /238
　　第一节　会展管理标准概览 /239
　第二节　会展管理知识体系与能力标准 /243
　第三节　会展管理岗位能力与素质要求 /246

参考文献 /251

后记 /253

认识会展

第一篇

◆ **本篇导读**

  会展业历史悠久，因为人们多年来早已习惯通过集会解决问题（Batter，2013），但人们广泛认识到会展业显著的经济贡献则只有这几十年的时间。会展这一产业在世界绝大多数经济体中都是一个联系广泛而复杂的经济门类。本篇将揭示会展业发展的历史脉络和会展市场的运行机制，也将使学习者认识到会展对国民经济、企业组织以及个人的深远影响。

第一章
初识会展

◆ 学习目标

1. 知识：概述会展的范畴与相关行业的概念。
2. 理解：描述社会经济环境变化对会展发展阶段的影响。
3. 应用：解释不同会展活动的类型与特点。
4. 分析：归纳会展业对社会发展的效能和影响。
5. 综合评价：撰写地区会展业调研报告，评估地区会展的发展现状。

◆ 学习任务

名称	区域典型会展活动分析
学习目标	1. 认知"会展活动" 2. 描述区域典型会展的发展与特点
学习内容	会展活动的类型、特点与功能影响
任务步骤	1. 运用网络及图书、媒体等资源对不同区域典型城市的会展展馆情况进行信息收集，包括展馆简介、规模、布局 2. 对该展馆品牌展会情况（专业展、消费展各一个）进行分析，包括展会对区域经济的影响、展会定位及竞争优势 3. 进一步调研，每一类展会至少5个参展商的具体情况（企业发展概况、市场战略、用户、市场定位、参展主要产品） 4. 汇总相关资料，完成调研报告文本和演示PPT简报
学习成果	"区域典型会展活动简报"

◆ 案例引导

上海世博会的"发展中"意义

2010年的上海世博会是百年世博史上首次在发展中国家举办的盛会，对推动发展中国家的科技人文创新、促进发达国家与发展中国家相互交流、推动人类社会共同进步具有前所未有的意义。

回顾注册类世博会的"历史版图",欧洲、北美和极个别的亚洲发达国家曾经"密集"举办世博会,而亚非拉众多发展中国家几乎没有世博会的足迹。2010年中国首次举办注册类世博会,表明世博会已不再是发达国家的专利,广大发展中国家同样有展示自我和分享文明成果的权利。

事实证明,上海世博会已成为世博史上发展中国家参与度最高的盛会,为广大发展中国家提供了充分亮相的舞台。朝鲜、阿富汗、一些非洲国家以及非洲联盟等都是第一次参加世博会。建筑面积达2.6万平方米的非洲联合馆,由非洲42个国家与非洲联盟共同组成,成为历届世博会参加国家最多、建设规模最大的场馆。正如上海世博局副局长周汉民所说,本届世博会是属于全世界的舞台。

除了充分展示自我外,上海世博会还成为发展中国家了解世界最新文明成果、近距离接触各国文化、学习全球先进科学技术的平台。上海世博会以"城市"为主题,契合了广大发展中国家现代化、城市化的时代需求。从德国的"汉堡之家"到瑞典马尔默的"零排放"社区,从西班牙马德里的"公共廉租屋的创新试验"到英国伦敦的"零耗能住宅项目"……无论是在浦东的各国家馆,还是在浦西的城市最佳实践区,来自全球各地的多元文化和尖端科技成果"零距离"展现在参观者面前。

学习的过程也是交流的过程。发展中国家学习发达国家先进科技的同时,也促进了双方的相互交流。这不仅为以后的主办国提供了可借鉴的经验,也为世界各国平等相待、共同发展树立了榜样。在世博会历史上,"中国元素"首次以前所未有的规模全方位展现。尤其在全球经济开始复苏但基础仍不稳固的时候,中国在世博舞台上的亮相意义特殊,为带动中国及周边区域,特别是发展中国家的经济做出了贡献:从盛会的筹办到举办,中国为发展中国家提供了1亿美元的援助;世博会期间,许多国家,特别是发展中国家,更希望借助世博会加深与中国的经济合作;在墨西哥馆标志性的"风筝林"下,不仅有4000平方米的展馆,还专门设立了一个举办各种经贸活动的商务中心;塞拉利昂、乌拉圭等国也将参与世博会看作其开拓商机的最佳方式……

此外,"中国元素"还为世博会和国际展览局的发展注入了动力。中国申博成功后的7年多时间内,国际展览局成员国的数量从89个增加至156个,新成员中绝大部分是发展中国家。继中国之后,摩洛哥、墨西哥、巴西等一批发展中国家也纷纷提出申办世博会。

"一切始于世博会"是一句经久不衰的名言,世博会是展示人类文明新成果的盛会,世博史也是一部近代世界经济、文化、科技的重大突破和发展史。探求人类可持续发展的方向,让广大发展中国家自信地展现自我,与发达国家共享人类文明成果,相互交流学习,共同推动世界文明发展,将成为上海世博会留下的宝贵财富。

(案例来源:http://news.163.com/10/1027/10/6K0D5TAE00014JB5.html.)

案例思考:

1. 上海提出申办世博会有什么样的社会背景?
2. 上海世博会能够成功申办,基于哪些优势?

第一节 什么是会展

什么是会展？研究者认为，会展是一个多元开放的平台，促进传播新思想，是市场经济步入理性成熟的表现；管理者认为，会展是"不冒烟的工厂"，是城市经济无污染的绿色引擎；经济学家认为，会展是拉动经济发展的又一个新的增长点。那么，究竟该如何定义会展？

一、关于会展的传统观点

一种狭义的观点认为，会展主要包括会议和展览两个基本组成部分，通过两种现象来反映：其一，人们一般称会展业为会议与展览业，在一定程度上将会议（convention and conference）和展览（exhibition）区分开来；其二，展览场地大都兼有接待会议和举办展览的功能，因而大多数被称为会展中心。

另一种开放的观点将会展活动归纳为 MICE，即会议（meeting）、激励活动（incentive）、大会（convention）和展览（exhibition）。虽然 MICE 这一术语并没有得到全球范围的认可，但可以看出，活动也被包括在会展行业之中。随着会展业的发展，会展的概念有了更为广泛的外延。实际上，随着体育赛事、节庆活动的开展及其经济效益的产生，人们已将其统一纳入会展活动的研究范畴。在这里，会展是会议、展览、节庆活动等集体性活动的总称，是指在一定的地域空间，通过规划与管理，由人群集聚在一起形成的，定期或不定期的集体性的经济、文化、信息交流的活动。

走进活动世界

二、关于会展新的认识角度

早在十几年前，Ladkin（2005）就明确提出，尽管 MICE 业的发展和重要性已经得到公众的广泛认同，但其实，和中文中对"会展"的解释一样，即使同样对于 MICE，国内外业界也有不同的看法。MICE 过去用来表示会展，现在一般译为会奖、会奖旅游、会展旅游，指利用举行各种会议、大会和展览活动的机会所开展的特殊旅游活动；奖励旅游则是公司为了激励成绩优秀的员工、经销商或代理商而专门组织的旅游活动。因此，MICE 目前更多的是一种旅游概念，类似于商务旅游。谈及 MICE 更多的是和旅游相关的机构，如商旅公司、旅行社、酒店，而这些和旅游相关的机构与会议更相关，使得会议业也经常使用 MICE。因此，MICE Industry 经常被这些机构用来表达会奖业或会奖旅游业。

2006年年初,国际展览管理协会(IAEM)在新的战略规划中将活动(event)明确列入组织使命中,同年12月又将协会更名为国际展览和事件管理协会(IAEE),这标志着贸易展览会与各类活动在美国的进一步融合。后来,美国贸易展览会参展商协会(Trade Show Exhibitor Association,TSEA)也将名称改为参展商与活动营销专家协会(The Exhibit & Event Marketers Association,E2MA)。这似乎在传递一个信息,越来越多的从业人员甚至是传统的会议或展览等行业的专业协会在逐渐认同"活动管理"(event management)作为一门独立科学的地位和影响。

为了更好地推动对相关产业的认识和理清相关基本概念,王春雷、刘春章等学者提出了一种新的认识脉络:活动—节事活动—商务活动—会展,认为会展业与活动产业密切相关,活动与会展都是经过精心策划的事件,但活动的内涵与类型更为广泛。会展管理是活动管理范畴中的一个特定领域,活动产业是比会展业范畴更大的产业,或者说,会展业是活动产业的细分行业。如表1-1所示为活动产业与会展业的关系。

表1-1 活动产业与会展业的关系

活动产业	会展业(会议业、展览业)
	会奖业(会议业、展览业、奖励旅游业)
	节庆行业
	婚庆行业
	体育赛事
	艺术展览
	演唱会
	学术交流
	宴会
	筹资活动
	……

第二节 会展的起源与发展

一、会展发展的历史阶段

会展业的存在已有相当长的时间。据1710年出版的《市场与展览概述》(Description of Market and Fair)记载,展览会和办展机构早在中世纪就开始出现,当然以展出样品为主的现代意义上的商业展览会则是在工业革命和机器大生产之后才诞生的。随着社会的演变和科技的进步,会展业这种经济形态的存在形式、内容、功能和办展方式等各方面都在不断进行调整和变化,并朝着产业化、国际化、专业化、规模化的方向迅速发展。现代会展业受到了越来越多国家和地区的重视。

在历史的长河中,展览的发展也是分阶段进行的,从原始社会和奴隶社会到现代社会,随着生产力的不断发展,展览的手段、规模和形式等都发生了翻天覆地的变化,可以说,展览是随着社会的经济、政治、文化的进步而产生和发展的。从世界范围来看,根据产生时期、举办形式、活动目的、组织方式等的不同,会展活动的产生和发展过程大致可以分为原始、古代、近代和现代四个阶段(见表1-2)。

表1-2 会展发展的历史阶段

阶段	标志	活动范围	典型形式	活动目的	组织方式
原始	奴隶社会	地方	物物交换	交换物品	自发
古代	工业革命前	地区	集市	销售	松散
近代	1798年法国工业产品大众展	国家	工业展览会	展示	有组织
现代	1894年德国莱比锡样品博览会	国际	贸易展览会和博览会	营销、展示	专业组织

(一)原始阶段

人类的贸易起源于物物交换,这是一种原始的、偶然的交易,其形式包含了展览的基本原理,即通过展示和交流来达到交换的目的,这是展览的原始阶段,也是展览的原始形式。由于当时交通不便,社会商品也不丰富,人们只能在一定的地区内,自发地将剩余的物品拿到集市,进行最原始的商品陈列与交换。

具有商业性质的集市最早出现在古代中国的奴隶社会,两千多年前,《吕氏春秋·勿耕》便有"祝融作市"的记载。集市包括市、集、庙会等多种市场交换形式。市指人们交换产品的场所,到西周时发展成为宫府控制的市场。在此后的几百年里,市坊制曾一度流行,即市的设立或撤销由官府决定,市是商业区,坊是住宅区,市区不建住宅,坊区不设店铺。在宋朝,市的地域、时间限制都被打破,官府控制的市逐渐消亡,市进入了一个新的发展阶段,商业色彩也越来越浓。

集大约形成于公元前11世纪,它是随着社会分工的深入和经济交流的扩大而发展起来的。与市相比,集的地点比较固定,举行时间具有明显的周期性,参加者主要是农民和手工业者,且彼此之间的交易活动实质上是生产者之间的产品流通,这些特点已经构成了展览活动的雏形。

"庙会"的产生源于宗教活动的开展,正如《妙香室丛话》中所记载:"京师隆福寺,每月九日,百货云集,谓之庙会。"比起乡村的集,庙会的内容更加丰富多彩,除了传统的产品交换外,还包括宗教仪式、文化娱乐等活动。

(二)古代阶段

欧洲古代集市的产生比中国稍晚,但它在发展过程中表现出明显的规模性和规范性。

在英文中,集市和博览会同为Fair。欧美展览界普遍认为展览会起源于集市,因为集市已具备了展览会的一些基本特征,如固定地点、定期举行等。然而,集市只是松散的展览形式,规模一般较小,并具有浓厚的农业社会特征,还处于展览的初级阶段。

在中世纪,展贸以特许集市的形式出现,通常是每年季节性(主要在宗教节日)举行的集市,由城市或地方长官、国王或教皇授予举办展贸的权力。展贸的影响是跨地区的,促进了地区间经贸活动的发展。展贸期间,参展者和来访者都能享有一些特权(如税务减免、人身财务保护等),这样可以吸引更多的人来参与展贸活动,还成立展贸法庭处理交易纠纷和交易证明登记。

中世纪晚期,欧洲已形成发达的展贸网,由过去单一地区举行展贸发展到由更多城市季节性地承办。在重要的集贸活动中,资本交易也同样促进交易发展,并导致了各国间汇率和外汇交易的发展,以及强大国际货币的确定,从而又使资本与商品的交易相对独立,逐步分化形成金融中心和展贸中心。

因此,相较于中国集市,欧洲的集市虽然产生稍晚,但发展相对较为成熟。一方面,欧洲集市在规模上相对集中,举办周期较长,且功能相当齐全,包括零售、批发甚至国际贸易、文化娱乐等。另一方面,各国政府先后制定了有关集市管理的法规。如英国的法律规定,每个居民从家步行不超过 1/3 天的时间便可到达一个集市;若两个集市有冲突,历时长者优先,历时短者必须搬至距前者 20 英里(1 英里=1.609 千米)之外等。由此看来,无论是从举办形式上,还是从基本性质上来评判,集和庙会都属于展览业的范畴。诚然,从原始社会的物物交换到具有明显规律性的集市是展览发展历史上的一大飞跃。

一般认为,德国是世界贸易展览会的发源地。15 世纪,莱比锡和许多其他欧洲国家的城市都相继成为著名的世界展览大城市。15 世纪末和 16 世纪初,随着"地理大发现"的进程,世界各大洲的经济及文化交流很快发展并密切起来,形成了连接大西洋、太平洋、印度洋的国际市场,展览会也形成了跨地区、跨国界的趋势,使国际展览业得以形成。此后,随着贸易活动的频繁和经济的全球化发展,会展活动逐渐扩展到北美等其他地区。

(三)近代阶段

1. 欧洲会展活动的发展

17—19 世纪,在工业革命的推动下,欧洲出现了工业展览会。工业展览会有着工业社会的特征,这种新形式的展览会不仅有着严密的组织体系,而且将展览的规模从地方扩大到国家,并最终扩大到世界,这一时期是展览的近代阶段。18 世纪末至 19 世纪初的工业革命,使欧洲发达国家工业生产进入机械化时代。继纺织业之后,机械在交通运输和工农业生产中的作用越来越受人们的关注。

工业革命极大地改变了全球社会经济活动的内容和形式,并使会展活动成为重要的经济活动之一。工业革命使英国成为当时的"世界工厂",为了显示自己的强大,英国举办了"万国工业博览会",即 1851 年在伦敦举行的世界博览会。来自世界各地(包括中国)的 14000 多个展出者参加了此次博览会。该博览会使用的"水晶宫"展馆,以玻璃、铁架预制构件结构建成,面积 7.4 万平方米,场面极其壮观,标志着旧的贸易集市向标准的国际展览会与博览会过渡。此后,法国于 1867 年、1878 年、1889 年、1990 年连续四次主办了类似的大规模博览会。再以后,奥地利、荷兰、瑞士、意大利、美国也都曾主办过这种大规模的博览会。

1894 年,莱比锡举办了第一届国际工业样品博览会。这届博览会不仅规模空前,吸引了来自世界各地的大批展览者和观众,更重要的是配合资本主义生产方式和市场扩张的需要,在展览方式和宣传手段等方面进行了改革和创新,如按国别和专业划分展台;以贸易为主,以便于商人看样订货等。这种方式引起了展览界的重视,欧洲各地的展览会纷纷效仿,展览业从此走上了规范化和市场化的轨道。

2. 北美会展活动的发展

一般认为,北美展览会开始于18世纪,是直接从西欧传过来的。这些展览会刚开始时,主要集中在早期的殖民城市波士顿。1765年,美国第一个展览会在温索尔市诞生;加拿大第一个展览会则诞生于1792年,当时是由加拿大尼亚加拉联邦的一个农业组织发起和举办的。

北美展览会起源于专业协会的年度会议。起初,展览会只作为年度会议的一项辅助活动,而且仅限于信息发布和形象展示,展览会的贸易成交和市场营销功能曾在很长一段时间内并不为企业所重视。与欧洲相比,美国展览会的国际化程度较低。在大多数情况下,美国展览会更多的是为了满足美国各州间贸易往来的需要,称其为"州际贸易展览会"也许更为贴切。在美国展览会上,最活跃的交易是在批发商和零售商之间进行的,参展商的成交常常是小批量的,单个合同成交额一般也都很小。尽管如此,由于美国国内市场容量巨大,美国展览会对国外参展商的吸引力仍然不小。

(四)现代阶段

现代展览一般统称为贸易展览会和博览会,是在综合两者的基础上产生的,这一时期始于19世纪末。

1. 19世纪末至第二次世界大战前

19世纪末至第二次世界大战前,展览会与博览会成为发达国家争夺世界市场的场所。为适应市场的变化,扩大对外贸易,展览会与博览会改变了过去单纯的商品展示方式,采取样品展示、邀请专业贸易人士前来参展、进行期货贸易等方式,以达到赢得竞争的目的。

1928年11月22日,来自31个国家的政府代表出席了在巴黎举行的国际会议。经过讨论,共同签订了《1928年国际展览会巴黎公约》,它是世界上第一个关于管理和协调国际性展览会的公约,公约规定了国际性展览会(即世界博览会)的举办周期、主办者和参展者的权利与义务等。国际展览局(BIE)作为该公约的执行机构也应运而生。国际展览局总部设在巴黎,常务办事机构为秘书处,秘书长为该处的最高领导。国际展览局的宗旨是通过协调和举办世界博览会,促进世界各国经济、文化和科学技术的交流与发展。

2. 第二次世界大战到20世纪70年代

第二次世界大战结束后,一批因战争而停办的展览会和博览会重整旗鼓,为世界经济复苏注入了勃勃生机。当时世界著名的"米兰博览会""莱比锡博览会""巴黎博览会"被誉为连接各国贸易的三大桥梁。"莱比锡博览会"在冷战期间为沟通东西方贸易联系起到了重要作用,德国每年与西方国家达成的贸易额中,有1/3来自"莱比锡博览会"。展览会与博览会为科技成果在国际生产领域的应用和传播起了不可低估的作用。在新产品、新技术层出不穷的今天,许多有利于生产发展的产品与技术都是通过展览会的宣传和介绍而被社会接受的。

3. 20世纪70年代到20世纪90年代

20世纪70年代,国际分工体系的深化和科学技术的进步,给国际展览业带来强劲的发展动力。世界各国,特别是发达国家纷纷将其贸易集市发展成为具有较大规模的国际展览会或博览会,纷纷兴建大型展览中心,花巨资建造展览场馆,同时大量扩充会展从业人员队伍,这使得国际展览业形成了庞大的产业规模。

4. 20世纪90年代以后

自20世纪90年代以来,以信息技术为核心的新一轮科学技术革命使世界市场的时空距离大大缩短,为全球贸易的开展提供了最为便捷的手段。网络技术不断完善,网上会展日渐推广,电子商务日益普及。

目前,欧洲会展在全球会展经济中整体实力最强、规模最大,德国、意大利、英国、法国都是世界级的会展业大国。欧洲的展览会明显具有数量多、规模大的特点。据统计,每年在欧洲举办的贸易展览会约占世界总量的60%,而且欧洲展览会规模巨大,参展商数量和观众人数众多,绝大多数世界性"航母级"超大型和行业顶级展览会都在欧洲举办,德国堪称是最典型的代表。世界著名的国际性、专业性贸易展览会中,约有2/3在德国举办。按营业额排列,世界十大知名展览公司中,有6个是德国公司。美国、意大利、法国、英国、日本、新加坡等国家和我国香港地区的展览业这几年也都有很大的发展,在这些国家或地区的国民经济中占有相当的比重。

二、会展发展现状

（一）国际会展业

随着经济全球化程度的日益加深,会展业已发展成为新兴的现代服务贸易型产业,并成为衡量一个城市国际化程度和经济发展水平的重要标准之一。会展业以其对经济发展巨大的推动作用在世界各地得到了越来越多的重视。据统计,全世界每年举办的各种展览会多达4000多个,会展业的直接经济收入高达2800亿美元。根据德国经济展览和博览会委员会(AUMA)2014年的数据统计,全世界展览面积超过10万平方米的展馆,展能面积合计为890.68万平方米,为世界经济带来的增长总额超过25000亿美元。表1-3所示为AUMA 2014年全球组展商前10强。

表1-3 AUMA 2014年全球组展商前10强

排名	公司名称		最大年营业额（亿欧元）	组展数量（个/年）	国家
1	励展博览集团	Reed Exhibitions	11.04(2014年)	500	英国
2	智奥会展公司	GL Events	9.39(2014年)	250	法国
3	杜塞尔多夫展览有限公司	Messeduesseldorf	4.96(2008年)	160	德国
4	博闻集团	UBM Group	5.61(2014年)	200	英国
5	法兰克福展览有限公司	Messe Frankfurt	5.54(2014年)	100	德国
6	米兰国际博览集团	Fiera Milano	3.75(2006年)	70	意大利
7	慕尼黑国际博览集团	Messe Munchen	3.53(2013年)	40	德国
8	汉诺威展览公司	Deutsche Messe	3.12(2013年)	50	德国

续表

排名	公司名称		最大年营业额（亿欧元）	组展数量（个/年）	国家
9	科隆国际展览公司	Koelnmesse	2.81（2013年）	70	德国
10	高美爱博展展览集团	Comexposium	2.26（2008年）	135	法国

（数据来源：中外会展业动态评估研究报告（2016）。）

随着会展经济的全球扩张，许多国际会展业巨头开始争夺亚洲、非洲、拉丁美洲的发展中国家市场，国际会展业正在出现重心转移之势。近年来，国际会展项目更加注重展与会的结合，会展内容趋于专业化、品牌化。越来越多的展览公司和会议公司涌现，且呈现集团化趋势。信息技术开始应用在会展方面，与实物展览相结合也是现代国际会展发展的新趋势。

> **同步思考** 衡量一座城市的会展实力有哪些标准？

（二）国内会展业

与经济发达国家相比，尽管我国的会展业起步较晚，但发展相当迅速。自改革开放以来，我国会展业经历从无到有、从小到大，以年均近20%的速度递增，行业经济效益逐年攀升，场馆建设日益完善，已成为国民经济的助推器和新亮点。在中国加入世界贸易组织的背景下，中国市场的扩大以及中国将成为世界新的制造业中心的潜在发展前景，使得来自国外的专业会展市场需求不断扩大。

目前，中国香港的会展产业最为发达；其次为北京、上海、广州等会展中心城市，并初步形成了三大会展经济产业带，即以北京、天津、烟台、廊坊等地的环渤海会展经济带；以上海为龙头、沿江沿海为两翼的长江三角洲会展经济带；以广州交易会和中国国际高新技术成果交易会（简称"高交会"）为龙头的珠江三角洲会展经济带。随着会展业市场化程度的提高，会展城市内部场馆之间、会展城市之间的竞争日益明显。在成功举办2008年奥运会和2010年上海世博会之后，我国的会展产业面临重大的发展机遇，加强会展行业的法制建设、品牌意识、现代化场馆建设、人才培养成为政府和业界的普遍共识。

综上所述，会展业发展的各个阶段的背景、会展形式、会展目的、组织方式以及功能等都不完全相同，但展览会的本质却是一致的，都是促进交换与交易的完成。

表1-4所示为中国的世界会展城市实力世界排名。

表1-4 中国的世界会展城市实力世界排名

城市	会展指数	排名	展馆发展指数	展会发展指数	组展商发展指数
上海	33.78	3	100.00	16.54	6.21
广州	16.00	10	56.67	4.90	—
重庆	8.10	21	34.00	1.10	—

续表

城 市	会展指数	排名	展馆发展指数	展会发展指数	组展商发展指数
北京	7.03	26	17.80	5.62	—
武汉	6.00	28	—	—	—
义乌	4.80	36	20.00	—	—
沈阳	4.21	47	17.53	—	—
深圳	4.20	48	17.50	—	—
香港	3.04	51	—	—	—
厦门	0.50	54	—	—	—

注：由于组展商企业性质及商业机密等原因，部分城市组展商数据暂缺。
（数据来源：中外会展业动态评估研究报告（2016）。）

第三节 会展的范畴与特点

会展活动涵盖内容非常广泛，其中至少包括以下板块。

一、会议

（一）会议的特点

所谓会议，是指人们怀着各自相同或不同的目的，围绕一个共同的主题，进行信息交流或聚会、商讨的活动。一次会议的利益主体主要有主办者、承办者和参会者（许多时候还有演讲人），其主要内容是与会者之间进行思想或信息的交流。

会议产业理事会将会议定义为"为协商或开展某种特殊活动，大量的人聚集到同一地点的行为"。现代会议早已超出了单一的政府会议格局，正朝着多元化方向发展，很多都是直接带有商业目的并能产生巨大经济效益的，如各种高峰论坛、专家培训会议等。会议作为会展业的重要组成部分，在创造经济效益、促进城市建设、提升城市形象等方面具有特殊的作用。按照这种定义，会议主要包括如下三个特点。

1. 会议是一种"聚众"行为

这种"聚众"首先是数量上的保证，一般情况下，会议的参会者至少有3人，而且必须是基于共同的议题而聚，这意味着参会者通常具有某种共同的偏好或者具有某种类似的社会统计特征。

2. 会议是一种有目的的行为

会议参与者聚到一起，或者是为了通过沟通和交流解决某些存在分歧的问题；或者是为了解决现实社会中广泛存在的信息不对称状态，使参会者获得关于某一事项或者某一领域的充分信息。

同步练习 还可以用哪些标准对会议进行分类?

3. 会议是一种有组织的行为

会议不是自发性的群众聚会,而是组织者按照一定的程序和形式人为筹划的活动。很多会议的组织工作需要经过筹备阶段、召开阶段和后续事项处理阶段等完整的过程。许多大型年会通常还设有会议的常设机构,负责处理会议的日常事务。

(二)会议的类型

根据会议的不同特点可以将会议划分为不同类型。

首先,按照会议的组织形式不同,通常可以划分为年会(convention)、代表会议(congress)、论坛(forum)、专题学术讨论会(symposium)以及讨论会(workshop)等多种类型。

同步阅读 展览——国家名片

其次,按照会议涉及的内容不同,通常可以划分为商务型会议、度假型会议、文化交流型会议、专业学术型会议、政治型会议及教育培训型会议等。

最后,按照会议举办的主体不同,通常可以划分为社会团体类会议、公司类会议、政府机构会议、工会组织或政治团体会议以及宗教组织会议等。

当然,会议的分类并不是固定不变的,根据认识和研究问题的需要,完全可以按照其他标准对会议进行分类。比如,按照会议的性质不同,可以分为正式会议和非正式会议;按照会议的规模不同,可以分为大型会议、中型会议和小型会议;按照参会代表是来自国内还是国外的不同,可以分为国内会议和国际会议等。

二、展览会

(一)展览会的特征

展览会是会展活动中最普遍、最活跃且最具典型性的部分。从展览会产生的历史以及在社会经济生活中发挥的主要作用来看,展览会是为参展商和专业买家提供交易机会的贸易平台,是一个与贸易紧密相关的概念。展览会的这种本质属性决定了展览会与现实经济有着密切的关系。展览会一方面在促进经贸合作等方面发挥了积极的作用,另一方面对区域经济的发展状况具有高度依赖性。

关于展览会的内涵,不同文献有不同表述。美国《大百科全书》把展览会定义为,一种具有一定规模,定期在固定场所里举办的,来自不同地区的有组织的商人聚会。尽管不同文献对展览会的定义有所不同,但是从这些不同的定义中,能够看出不同文献对展览会共同认可的一些基本特征。这些特征主要包括以下几点。

1. 信息高度集中

这种"集中"既包括展示的"物的集中",也包括参展商和观众的"人的集中",同时还包括同行业的"信息集中"。从现代经济学的视角看,展览会之所以能够产生并不断发展,关键在于展览会能够在短时间内集聚大量供求信息和产品信息,无论对买家还是卖家来说,从展览会上获取这些信息比他们挨家挨户去搜寻要节省大量的时间和精力,从而极大地降低了商品供求双方的"交易费用"。有关调查资料显示,参加展览会是企业成本最低、收效最好的营销方式。

2. 交易选择空间大

展览会之所以受到商家的青睐,除了"信息集聚效应"外,展览会还为买家提供了广阔的交易选择空间。事实上,买方之所以愿意通过参加展览会订购商品,一个重要的原因在于展览会上有大量的卖家,卖家之间存在面对面的竞争,买家不仅可以从展览会上获取更多同类或者替代产品的信息,从而有利于买方对商品性能和质量等方面进行比较,而且买家还可以从卖家的竞争中获取商品真实的成本信息,避免上当受骗。

3. 涉足行业前沿

展览会是展示企业最新产品和技术的平台,通常被誉为世界经济和技术的"晴雨表"。不管是哪个行业的展览会,如果不能够展示最新的产品和技术,如果不能集聚最新的思维以及不能体现最新的发展趋势,展览会就失去了生命力。所以,"新"是展览会永恒的主题,展览会既要体现"新"的产品和技术,也要体现"新"的理念和发展趋势。

4. 通过一定的艺术形式展示产品和技术

与会议有所不同的是,产品和技术的展示是展览会的重要功能。参展商为了突出展示产品和企业的形象,往往综合运用声、光、色、字以及图像等艺术手段,将展示的内容表现得个性突出、栩栩如生。观众置身于展览馆内,仿佛置身于立体艺术、平面艺术与灯光艺术的海洋里。

5. 展览、会议以及各种特殊活动的融合

从展览会的表现形式看,现代展览加之音乐助兴,常常令人心旷神怡。会展已经不仅仅是简单的商品展示和交易。在展览会期间,主办方和参展商都组织大量与展览相配合的专业会议和各式各样的活动,以提高展览会的展示和交易效果。展览、会议以及特殊活动的结合已经成为近年来展览会明显的发展趋势,这是本书将展览会称为最具"代表性"的会展活动的根本原因。以服装博览会为例,在绝大多数有影响的服装博览会期间,将同时举办"服装时尚论坛""面料流行趋势研讨会""新闻发布会"以及"模特秀"等各式各样的附加活动,以丰富展览会期间的交流内容和形式。

(二)展览会的类型

按照不同的划分标准,展览会可以划分为不同的类型。通常的分类方法有以下五种。

1. 按展示的内容分类

根据展示的内容不同,展览会可分为综合性展览会和专业性展览会等。综合性展览会又称为博览会,通常情况下展示的内容包罗万象,涉及工业制造、自然地理、人文历史等各个方面,目前世界上规模、影响力最大的综合展是世界博览会。专业性展览会是指展出内容严格限制在某一领域的展览会,通常属于贸易性展览会,以贸易为主要目的,具有较强的行业特征,如机床展、汽车配件展等。

2. 按展示的目的分类

根据展示的目的不同,展览会可分为宣传类展览会和贸易类展览会。宣传类展览会通常属于公益性展览会,以宣传、教育鼓动为展示目的,如反走私展、精神文明展、反腐败成果展、改革开放成就展、先进模范人物事迹展等。贸易类展览会是指以促进商业贸易为展示目的的展览会,在中国以商品交易为特色的"中国出口商品交易会(广交会)";以科技项目交易为特色的"中国国际高新技术成果交易会(高交会)";以及以招商引资为特色的"中国国际投资贸易洽谈会(投洽会)"等都属于贸易类展览会。

3. 按展示内容的行业属性分类

根据展示内容的行业属性不同,展览会可以划分为轻工、石化、纺织、建材、房地产、服务、医疗、能源、环保、机电、体育等各行各业的展览会。可以说,社会经济中存在多少个相对独立的行业,就有多少"种"或者多少"类"行业性的展览会。

4. 按参展商和观众的地区来源分类

根据参展商和观众的地区来源不同,展览会可分为国内展览会、来华展览会和出国展览会。国内展览会是指非涉外的贸易展览会,参展商和观众均来自国内;来华展览会是指在境内举办的对外经济技术贸易展览会,参展商和观众既包括国内的商家,又包括海外的商家;出国展览会是指组织国内企业出国办展或参展,其中以出国参展为主。

5. 按组织者是否具有营利目的分类

根据组织者是否具有营利目的,展览会可以分为营利性展览和非营利性展览。营利性展览是指组织者通过为参展商和观众提供交易服务而获取相应的商业利润,通常以贸易性展览会为主;非营利性展览是指组织者主要是为了提高人们的文化内涵、艺术修养等公益目的而组织的展览会,虽然他们也收取一定数额的门票费用,但是他们的根本出发点不是为了营利,这种非营利性展览通常情况下在博物馆、艺术馆、科技馆等公共性展览场所举行。

表1-5所示为某种展览会的分类方式。

表1-5 某种展览会的分类

分类标准	划分类别
内容	综合性展览会、专业性展览会
目的、功能	宣传类展览会、贸易类展览会; 营利性展览会、非营利性展览会
属性	独立的行业性展览会
来源	国内展览会、来华展览会、出国展览会
时间	定期展、不定期展;短期展、长期展、常年展
方式	实物展览会、网上展览会

三、节事活动

(一) 节事活动的含义

从概念上来看,节庆是节日庆典的简称,其形式包括各种传统节日以及在新时期创新的各种节日。在西方事件及事件会展的研究中,常常把节日(Festival)和特殊事件(Special Event)合在一起作为一个整体来进行探讨,英文简称为 FSE(Festivals & Special Events),中文译为节日和特殊事件,简称节事。

节事活动是指人们为了纪念某个特殊的事件或者为了满足某种社会群体的特殊需求而精心计划和举办的文体比赛、庆祝仪式、特技表演以及节日庆祝活动等。

(二) 节事活动的类型

1. 按参与活动的人数以及活动的影响范围不同分类

通常情况下,按参与活动的人数以及活动的影响范围不同,可将节事活动划分为三种类型。

1) 国际性大型节事活动

国际性大型节事活动是指那些规模庞大、参与人数众多并在全球媒体中引起强烈反响的活动。以奥林匹克运动会和世界博览会为典型代表。对国际性大型活动规模的界定,人们在认识上有较大分歧。规模多大才可以称之为"大型活动",目前没有统一的界定标准。但大型活动至少应该满足四条标准:第一,持续时间至少为10天;第二,累计参与人数至少为100万人;第三,参与国家和地区至少有10个;第四,活动内容涉及面广,能够引起社会各层面人士的关注。大多数国际性大型节事活动不是纯经济的贸易活动,政府的"形象功能"以及参与者的"体验功能"在其中占了很大部分。

2) 地区性大型节事活动

地区性大型节事活动是指活动范围波及一定的地理和行政区域,在特定地理区域内引起较大反响的综合性活动。地区性大型节事活动可以由区域以外甚至国外相关人士参加,但是从参与者主体以及活动所引起的影响来看,主要局限在特定的地区范围内。地区性大型节事活动的举办目的,一方面是丰富本区域居民的社会文化生活,另一方面是通过举办活动,引起地区以外的政府组织、经济组织以及媒体的注意,最终达到提升本地区的知名度、提供商机并带动本地经济发展的目的。

3) 地方性节庆活动

地方性节庆活动是指以某个乡镇或城区的民间习俗产业、地理特征等为基础发展起来的具有较高知名度和较大影响力的区域性民间活动。如以地方产业为基础发展起来的景德镇国际陶瓷节;以地方民俗为基础发展起来的中国吴桥国际杂技艺术节等。地方性节庆活动一般有一定的持续时间并且重复举办。这些活动虽然规模不大,但地方特色鲜明,除了能够活跃当地居民的物质文化生活以外,通常还能够吸引国外的相关爱好者。

2. 按 Geltz 的想法分类

广义的节庆包括非常广泛的内容,西方把这些不同类型的节庆统称为 Event,涉及的范围十分广泛,通常包括重大庆典活动、大型文化演出、重要的体育赛事以及区域性的节庆活动等。Geltz 把事先经过策划的事件分为七大类。

(1) 文化庆典和文艺娱乐事件。文化庆典包括节日、狂欢节、宗教事件大型展演、历史纪念活动等;文艺娱乐事件包括音乐会、其他表演、文艺展览、授奖仪式等。

(2) 商贸及会展。如展览会/展销会、博览会、会议、广告促销、募捐/筹资活动等。

(3) 体育赛事。如职业比赛、业余竞赛等。

(4) 教育科学事件。如研讨班、专题学术会议、学术讨论会、学术大会、教科发布会等。

(5) 休闲事件。如游戏和趣味体育、娱乐事件等。

(6) 政治/政府事件。如就职典礼、授职授勋仪式、贵宾 VIP 观礼、群众集会等。

(7) 私人事件。如个人庆典一周年纪念、家庭假日、宗教礼拜、社交事件舞会、同学/亲友联欢会等。

总之,人们之所以把会议、展览会和节事活动统称为会展活动,主要是因为这些活动存在许多共性特征,有如下四点。

第一,这些活动都是"长期筹备、短期举办"的"点"状活动,而不像行政组织以及企业组织中日常管理那样的"线"状活动。

第二,这些活动都涉及人员的迁徙和移动,参加活动的人来自全国甚至世界各地,他们来到活动举办地,必须借助一定的交通工具并在举办地住宿和餐饮。

第三,这些活动通常能够为人们枯燥的日常工作和生活增添几分乐趣,所以能够吸引人们的参与,并能够引起媒体的关注。

第四,活动的组织管理都是以独立的"项目"方式进行的,一项活动结束后,需要策划和组织另一项活动,并在项目的不断策划和举办过程中,提高活动的声誉和价值。

第四节 会展的功能

会展的功能是指会展活动对经济社会发展所产生的影响、效应或效能。会展的功能表现在多个方面,其基本功能、提升功能与辅助功能共同构成了会展的功能体系。

同步练习 分析不同类型会展活动的目的有什么差异?

一、基本功能

会展的基本功能就是会展业最基础、最直接的功能,是会展经济得以发展的基石。会展的基本功能主要表现在 4 个方面,即产品展示功能、企业营销和宣传功能、信息传播功能和商贸洽谈功能。

(一) 产品展示功能

产品展示是展会最基本的功能,展览会就是为产品提供展示与推介的平台,从而扩大其影响。《国际展览公约》开宗明义:"展览会是一种展示,无论名称如何,其宗旨均在于教育大众。它可以展示人类所掌握的满足文明需要的手段,展现人类在某个或多个领域所取得的成果,或展望发展前景。"这里的产品不仅包括实物产品,也包括先进的技术成果、新工艺和各种服务等无形产品。从社会、经济与科技发展的历程来看,由于会议和展览会的便捷性、集中性、直观性和快速性,其对新产品、新技术和新成果的展示与推广起着极其重要和不可替代的作用,即使在信息技术迅速发展的今天也是如此。许多划时代的发明创造,如电话机、留声机、蒸汽火车和电视机等都是首先在展览会得到展示,从而引起关注并得以推广的。

(二) 企业营销和宣传功能

在会展中,丰富的信息、知识的交流和传播使得生产、贸易变得更轻松、直接、快捷和准确,消除了供求中的许多不确定因素,产生高效低耗的经济功能,使生产企业能快速地实现贸易成交和宣传推广,会展为企业开展营销活动提供了一个良好的场所。在市场竞争日益激烈的情况下,企业都想寻找机会收集市场信息、促进产品销售和提升企业知名度,而参加会展无疑是一个契机。

首先,企业在展览会上通过产品尤其是新产品的展示,可以诱导甚至创造消费者的需求。其次,企业通过参加会议和展览会,可以及时、准确、低成本地获取各种有效的信息。会展营销成本低,据英联邦展览业联合会调查,通过推销员推销、广告和公关等一般营销渠道找到一个客户,平均成本为 219 英镑,而通过会展寻找一个客户,平均成本为 35 英镑,后者仅约为前者的 1/6。然后,根据这些信息,实施恰当的市场营销组合策略,此外,参展企业通过展台的设计与布置,以及配合会展活动开展的促销活动与公关活动,可有效宣传企业的经营理念与产品品牌,在客户面前充分展示和树立自身良好的企业形象,为企业的发展创造良好的社会氛围。

(三) 信息传播功能

会展具有信息传播功能,会展在国家之间、民族之间、古今之间和人与人之间建立起有效的思想、文化、知识和信息的交流、传播纽带。会展活动就是大量人流、物流、信息流和资金流的汇聚,为政府、企业和消费者等各方面提供沟通与交流的机会,从而有利于促进各种新知识、新观念和各种经验与理念的传播,在会展活动中,生产商、批发商和分销商汇聚在一起进行交流、贸易,从某种程度上来讲,相当于一个活跃的信息市场。例如,对于参展企业来说,企业可以利用各种信息渠道宣传自己的产品,推介自己的品牌和形象。

企业与顾客可以直接沟通,得到及时反馈。企业可以收集有关竞争者和新、老顾客的信息,企业能了解本行业最新产品动态和行业发展趋势,构成决策依据。同时,展览会又是交流和传播世界各国先进科学文化的良好平台,例如,大豆起源于中国,迄今已有 4000 多年的种植历史,在 1813 年的维也纳万国博览会上,我国展出的大豆优良品种受到各国欢迎,从此传入欧美国家。

（四）商贸洽谈功能

商贸洽谈也是会展经济的主导功能之一，会展经济为参展商和采购商提供相互认识、相互洽谈并实现交易的平台，从而加强国内外的经济发展、技术交流与合作。会展联系量大、联系面广、联系效果好，孕育了巨大商机，具有非常明显的联系沟通作用，因此，会展可以向会展组织者、参展商和观众提供彼此联系和交流的机会。通过商品或科技成果的展示及现场面对面的交流，使供需双方充分了解对方的信息和需求，促成供需双方的合作。通常在短短几天的会展期间，参展商就可以直接接触整个行业或市场的大部分客户，形成高质量的人际联系，从而促进经济贸易合作。在每一个展览会上都能签署金额可观的购销合同及投资、转让、合资意向书等。广交会每届成交额均超过100亿美元，据不完全统计，近年来我国每年通过展览实现外贸出口成交额达340多亿美元，国内交易120多亿元人民币，各类专业性、综合性的国际会展活动有力地促进了中外的技术合作、信息沟通、贸易往来、人员互访和文化交流等，创造了良好的经济与社会效益。

二、提升功能

会展经济的基本功能是其得以发展的基石，会展经济的提升功能是促进其发展的"助推器"。会展经济的提升功能主要表现在资源整合功能、产业联动功能方面。

（一）资源整合功能

会展经济的资源整合功能主要表现在两个方面，一方面是有利于整合相关的行业资源，另一方面是通过经济辐射整合区域经济资源，促进区域经济发展。会展经济是一项综合性十分显著的产业，除了要涉及旅游业所包括的食、住、行、游、购、娱等行业外，还与运输、通信、广告、装饰和建筑等多个行业有关。因此，要举办一次成功的展会活动，必须将这些行业的所有资源进行有效整合，包括会展场馆、旅游景点、旅游配套设施、城市基础设施甚至城市形象等，相当多的资源都要为会展活动服务，尤其是大型的会展活动还会对其周边地区的各产业产生强大的经济辐射作用，整合区域经济资源，带动区域经济的发展。例如，上海世博会的举办，带来的滚滚人流把长江三角洲地区经济串联起来，通过局部多赢合作，推动长江三角洲地区经济发展从浅度合作进入深度合作，从而加快长三角城市群的建设，打造出一个以上海为核心的长江三角洲的"世博圈"，包括杭州、苏州、南京和宁波等在内的长江三角洲城市群将迅速崛起，成为与德国慕尼黑、法兰克福、杜塞尔多夫和科隆等城市一样的会展城市群。此外，我国的珠江三角洲、环渤海等会展产业群等将通过会展业的发展加强区域合作，实现区域经济向更高层次的整体推进。

（二）产业联动功能

会展经济有很强的产业带动效应和产业聚集效应，能推动城市产业结构优化，会展业作为绿色产业和朝阳产业，具有极强的产业带动效应，促进城市多种相关产业的发展。会展经济不仅可以培育新兴产业群，还给交通、旅游、餐饮、广告、金融和物流等带来巨大商机，并牵动第一、第二产业发展。会展经济不仅是一个带动旅游、商业、物流、广告、通信、餐饮和住宿等多方受益的产业,而且能够发展成为带动区域产业聚集的"动力引擎",提升区域产业的品牌价值,会展活动的开展能使会展举办地各产业的供给结构和需求结构发生变化,从而优化当地的产业结构。首先,会展活动对举办会展的行业产生影响。会展活动通过聚集大量的商品、资金、技术和信息,有利于促进技术的引进,改变资本和劳动力拥有状况和资源利用效率,为产业充分有效地利用各种资源提供良好的外部条件,从而有利于产业结构的优化和升级。例如,高新技术成果交易会可以刺激高新技术的需求,而需求的扩张必然会推动高新技术产业发展。其次,会展活动对为其服务的各相关产业产生影响。会展产业关联度极高,通过汇集大量的人流和物流,为相关产业带来了需求,强有力地带动各相关产业,尤其是第三产业的快速发展。

三、辅助功能

会展经济的辅助功能是指由基本功能和提升功能所引发的附加功能。会展经济的辅助功能主要表现在3个方面,即促进交流与合作功能、促进就业功能和提升城市魅力功能。

（一）促进交流与合作功能

首先,会展可以促进经济的交流与合作。在整个国民经济中,会展经济是作为一种开放性的经济形态而存在的。它不是简单的个体经济行为,而是一种集体性的大规模物质、文化交流方式。会展经济的发展必然会引起社会资源的扩大,对经济全球化具有强大推动力,提高了各地区、各国的开放性,使整个世界成为一个开放的体系。

其次,会展可以促进世界多元文化的融合。会展是集商务活动、信息交流、观光游览和娱乐休闲于一体的综合性服务产业,它提供了新思想、新观念以及研讨和交流的平台。由于参展单位来自不同地区,所以必然带来各地的文明和文化。各种文明在会展举办城市的交流碰撞,必然带来文化的融合和创新。通过会展业的桥梁作用,一个城市与外部世界在观念、文化、技术和理念上进行多方面、全方位的交流沟通,增加不同地域、不同文化背景和不同传统习俗的人们之间的互相交流与了解,消除沟通障碍,扩大共识,为产品或观念的跨区域、跨文化、跨民族、跨环节的流通创造条件,产生全球化视野和氛围。例如,世博会最重要的功能,就是它能够把一个时代的文明高度地集中起来,把那些零星的、分散的还不完善的同类事物,通过主题思想将其集中起来,并加以完善化、系统化,甚至艺术化;把人们共同关心的难题连同相关的各种解决途径集中起来,再生动地加以展现,给人们以启示。

19世纪末至第一次世界大战前,展览会与博览会成为发达国家争夺世界市场的场所,为世界经济复苏注入勃勃生机。第二次世界大战结束不久,一批因战争停办的展览会和博览会重焕生机,例如,世界著名的"米兰博览会""莱比锡博览会""巴黎博览会",后被誉为连接各国贸易的三大桥梁,值得一提的是,"莱比锡博览会"在冷战期间为沟通东西方贸易联系起到了重要作用:德国每年与西方国家达成的贸易额中,有1/3是在莱比锡博览会上达成的。此外,原东欧社会主义国家特邀西方国家商人到"莱比锡博览会"洽谈业务,签订合同,因此,"莱比锡博览会"被誉为"通往东欧国际贸易市场的门槛"。

（二）促进就业功能

会展业的发展,能增加城市社会就业。由于会展业的经济辐射和产业联动功能,不仅会展业的发展对于就业有一定促进作用,一系列相关行业的发展更是为城市创造出许多就业机会。从会展行业自身需要的策划、营销、管理、设计、建造和服务人员,至接待大量国内外客商所需要的酒店、交通、翻译等从业人员。据英联邦展览业联合会统计,每100平方米展出面积就可以创造出近百个就业机会,而每增加20位会议代表就可创造1个就业机会。历届奥运会在带动主办城市就业方面都发挥了重要作用。1984年洛杉矶奥运会创造了2.5万个就业机会;1988年汉城奥运会给3.4万人带来了就业机会;1992年巴塞罗那奥运会的筹办期内,每年新增就业人数5.9万人;1996年亚特兰大奥运会带动了7.7万人的就业;2000年悉尼奥运会更是创造了10万个就业机会。2008年的北京奥运会,奥运经济为中国累计提供210万个就业岗位,这210万个就业岗位一是通过奥运会所需工程建设以及在奥运会之后永久使用需要专人管理、运行等所带来的就业岗位;二是通过举办奥运会改善北京城市基础设施和环境,为城市吸引更多的新投资以及旅游创造的大量就业机会;三是通过举办奥运会,使参与奥运会工作人员为举办奥运会需要进行相应的教育、培训,从而提高人力资本的素质,增加了就业机会。

(三) 提升城市魅力功能

城市魅力是一座城市物质文明和精神文明的综合体现,它包括自然风貌、历史文化积淀、生产力发展水平和人的素质等多个方面。

首先,举办会展活动要进行大规模环境治理以及对城市基础设施的新建和改建工程,促进会展举办地的基础设施建设和环境卫生的维护,从而改善当地的自然生态环境。尤其是大型国际展会,如奥运会、世界杯足球赛和世博会等规模较大的会展活动,对于举办城市经济实力、环境、交通和服务设施是一个很大的挑战。举办者在取得了会展举办权之后均投入大量资金进行市政建设,为城市建设带来了巨大的发展契机。2010年上海世博会筹办期间,上海在城市基础设施及环保方面大量投入,包括地铁、轻轨和铁路等的建设,显著改善了上海的交通、通信和居住环境等,提升了城市形象。

其次,举办会展活动还可以推动城市文明和居民素质的提升。大型会展活动的举行是一个十分庞杂的系统工程,是对主办城市综合能力的全方位考验。应对这一挑战的同时会使政府更有效率,企业更有实力,人民更具热情,社会更加民主、开放和有活力,而这一切恰恰是城市魅力的灵魂。

最后,在会展活动筹备和举办期间所进行的集中而强势的宣传在提升主办城市的形象和魅力方面所取得的效应,则是其他宣传方式所不可比拟的。长时间的持续宣传使会展举办地形象得以提升和推广,而良好的形象又使当地获得更大的社会经济效益。例如,法国巴黎每年承办400多个大型国际会议,赢得了"国际会议之都"的美誉,而每年一度的世界经济论坛,使作为举办地的人口仅1万余人的瑞士小镇达沃斯受益匪浅,声名远播。

对于会展经济基本功能、提升功能以及辅助功能的发挥,不同的展会活动可能侧重点不同。即使是同一展会在不同时期,其功能体系的组成也会有所变化,但是,会展经济的功能体系是一个相互联系、相互补充、相互倚重和相互影响的整体,任何一个会展活动的功能都不是单一的,如果仅把其中某一个功能作为其要实现的目标,会展活动就会变得单调和苍白。

本章小结

会展产业在经济体系中是一个联系广泛而复杂的经济门类。会展是会议、展览会、节事活动等集体性活动的总称,是指在一定的地域空间,通过规划与管理,由人群集聚在一起形成的,定期或不定期的集体性的经济、文化、信息交流的活动。从本质上来讲,会展业与活动产业密切相关,活动与会展都是经过精心策划的事件,但活动的内涵与类型更为广泛。会展管理是活动管理范畴中的一个特定领域。

从世界范围来看,根据产生时期、举办形式、活动目的、组织方式等的不同,会展活动的产生和发展过程大致可以分为原始、古代、近代和现代四个阶段。

会展活动对经济社会发展所产生的影响、效应或效能称为会展的功能,其表现在三个方面:基本功能、提升功能和辅助功能。基本功能表现为产品展示功能、企业营销和宣传功能、信息传播功能、商贸洽谈功能;提升功能表现在资源整合功能、产业联动功能两个方面;辅助功能主要表现在促进交流与合作功能、促进就业功能和提升城市魅力功能三个方面。

关键概念

会展　会展经济　会议　展览　特殊活动　会展功能

复习思考

1. 如何理解不同时期会展概念的变化和发展?
2. 会展产业包括哪些范畴的细分领域,它们有哪些共性与个性的特征?
3. 会展活动对区域经济体系的发展起到了哪些积极与消极的影响?

拓展案例

"后奥运效应"——赔本买卖还是"摇钱树"?

所谓"后奥运效应"指的是奥运会主办国及主办城市在奥运会后出现的经济增长或衰退现象。奥运会巨大的开支对于任何城市都是沉甸甸的负担,奥运会后大量体育场馆和设施被闲置或利用不足,一些与奥运相关的行业可能出现衰退。换而言之,奥运可以成为推动经济和社会发展的助推器,产生正的奥运效应;如运营不善,也存在着巨大的负面影响,产生负的奥运效应。

历届奥运会的经验表明,在1984年洛杉矶奥运会之前,奥运会一直在巨额亏损,直到1984年彼得·尤伯罗斯通过商办的形式举办美国洛杉矶第23届奥运会获得巨大成功后,才一举将奥运会由赔本买卖转变成名利双收的"摇钱树",此后,世界各国更加积极地申办奥运会并获得良好效应,但依然无法保证每届奥运会都能获利,呈现出一种"后奥运正负效应"现象。

由于需要高成本的投资,奥运会从来都是在富裕的欧洲和北美洲等发达国家的城市举办,非洲从未申奥成功过,2008年北京奥运会首次在发展中国家得以举办,是因为中国的经济实力已有很大提升。实际上依然有许多举办城市因举办奥运会而感到后悔,高成本的投资不仅没有带来高收益,反而带来了巨额亏损和负担。

其中一个典型的例子是1976年蒙特利尔奥运会。加拿大蒙特利尔市因1967年成功举办了世博会变得很有名,曾先后五次申请主办奥运会,经过激烈的竞争,终于击败了对手美国洛杉矶、苏联莫斯科和意大利佛罗伦萨三座城市,赢得了第21届奥运会的主办权。该市耗费了巨额资金,利用了许多现代化科技成果,在城区北部开辟了奥运会中心,新建了大型体育场、游泳池、自行车场、奥运会村等。自行车场和体育场都加盖了顶篷。可容纳8万观众的主体育场内,有两块巨大的长20米,宽10米的记分牌,各装有1.9万多个灯泡,从场内任何一侧,都可清晰地看到牌上所显示的比赛成绩。场馆设施表面都装饰了茶色玻璃,熠熠生辉,显得富丽堂皇。他们为这一切付出了昂贵的代价,但由于经济萧条,物价暴涨,建筑工人长期罢工,加上管理不善,在兴建奥运会中心时,经费多次追加,工程一再延期,最终1976年奥运会被证明是负担而不是纪念。

蒙特利尔奥运会原先预算1.24亿美元,最终预算超过了15亿美元,超过了原先预算的10多倍,甚至有人估计当时的花费高达30亿美元,当时的新闻报道说由于蒙特利尔的失败,夏季奥运会可能将生存不下去了。蒙特利尔亏损了10亿美元,蒙特利尔的纳税人至今仍在缴纳为还债而设立的一种特别消费税。

举办奥运会是一件激动人心的事情,世人普遍认为它将给主办国带来巨大的荣誉和威望以及巨大的经济效益。然而,在鲜花和荣誉的背后,却是高昂的代价。奥运会可以是负债累累的赔本买卖,也可以成为名利双收的"摇钱树",一边是巨大的投入,另一边是巨大的预期收益,不论正负效应都会给整个国民经济带来深远的影响。一方面,会展业本身的发展要有一定的基础条件,如自然地理条件、交通、通信等基础设施、会展场馆、产业基础、政策环境、会展管理水平等。并不是所有的城市、所有的地区都具备这些条件。通常会展发达的地区大多集中在经济发达的地区,会展强国如德国、法国、美国也多集中在欧洲和美洲的政治、经济、文化中心。作为最高级别的会展活动的奥运会,不具备条件的城市根本无力举办。

2008年第29届奥运会在中国北京成功举办,使得全世界赞叹不已,为此,北京进行了大规模的场馆设施和环境建设,整个奥运建设工程耗资巨大。根据2008年8月4日北京奥运会准备情况新闻发布会的数据来看,北京奥运整体投入约人民币2950亿元(含城市基础设施投入),其开支大体可分成三部分,第一部分是奥运会运行资金,预计20多亿元;第二部分是场馆建设资金,预计不超过130亿元;第三部分是城市总体建设投资,预计7年来大概是2800亿元。

据专家估计,北京奥运经济内涵意义上的总收入大约为20亿美元,外延则涉及与经济相联系的各个方面。北京体育大学体育经济与产业教研室主任林显的研究成果表明,奥运产生的间接经济影响大约为2500亿元人民币,再加上直接经济影响3467亿元人民币,奥运总体的经济影响大约为6000亿元人民币。

就社会上普遍担心我国奥运后会不会出现经济低谷的问题,著名经济学家厉以宁表示,中国不会在2008年北京奥运会之后出现所谓的"后奥运衰退"。理由是,中国目前还处于工业化中期,由于更加重视环保和资源消耗率,固定资产面临大规模更新,中国工业仍将保持快速增长,服务业的重要性也在不断增强。对于北京经济是否会出现奥运后衰退现象,北京市政府主要负责人说,北京最具优势的服务业增长建立在全国良好的经济基本面基础之上,有理由相信,北京不会在奥运后出现大的经济波动。

(案例来源:http://2008.sohu.com/20080723/n258329462.shtml.)

案例思考:

1. 如何评价以上奥运会正负经济效应的影响?

2. 请根据案例信息调研2008年后北京奥运场馆,如鸟巢、水立方等主要建筑的后续利用,对此做出综合评价。

第二章 理解会展市场与会展管理

◆ **学习目标**

1. 知识：了解会展市场的概念及会展市场细分。
2. 理解：阐述会展市场参与主体及其作用。
3. 应用：归纳会展市场需求主体的特征。
4. 分析：比较分析会展行业不同管理模式的差异。
5. 综合评价：按照一定的评价指标，评价某一区域会展市场的运作模式。

◆ **学习任务**

名称	认识会展市场产业链
学习目标	1. 认知会展市场 2. 理解会展产业链分工的类型、特点
学习内容	会展市场的结构、需求特征
任务步骤	1. 分组选择不同类型的会展企业进行走访，了解它们的主要业务 2. 分析企业主要业务，每个组绘制一张该企业的业务流程图 3. 分析该企业与上下游企业的业务关系 4. 整合每组调研企业的主要业务的上下游关系，集体绘制一张产业关系图谱 5. 制作PPT简报
学习成果	"会展市场产业链简报"

◆ **案例引导**

《财富》全球论坛三次选址中国

《财富》全球论坛是由美国时代华纳集团所属的《财富》杂志于1995年创办，每16—18个月在世界上选一个具有吸引力的"热门"地点举行一次，邀请全球跨国公司的主席、总裁、首席执行官，世界知名的政治家、政府官员和经济学者参加，共同探讨全球经济所面临的问题。到2005年为止，《财富》全球论坛已举办9届。

《财富》全球论坛首次选择中国上海作为当年的举办地,其主题也首次以一个国家的名字来命名——"中国:未来50年"。在那之前,凭借改革开放积累的经济实力,中国不仅成功抵御了亚洲金融风暴,而且勇敢地担负起大国的责任,与其他亚洲国家和地区携手走出了经济低谷,受到包括亚洲国家在内的全世界的瞩目与尊重。

2001年,《财富》全球论坛又把新千年的第一次盛会安排在中国香港。香港回归之后,依托祖国的强大后盾,经济获得稳步增长,甚至"笑傲亚洲"。此次论坛的主题为"亚洲新貌",论坛议程中出现频率较高的词汇几乎都与中国有关。

2005年,《财富》全球论坛第三次选择了中国,5月16日—18日,《财富》全球论坛在北京举办。此次论坛以"中国和新的亚洲世纪"为主题,与会国外宾近700人,其中来自全球500强的CEO近80人。通用汽车、沃尔玛、壳牌、索尼、汇丰、三星、宝马、雅虎等跨国巨头高层悉数登场。中国国家主席胡锦涛出席开幕式并发表主旨演讲,国务院总理温家宝会见了出席论坛的代表。

短短7年间,《财富》全球论坛三次选址中国,还没有其他国家享此殊荣。《财富》国际版主编罗伯特·弗里德曼认为,2005年选址北京是一个"绝佳的决定",因为中国乃至北京近年来的飞速发展令世界瞩目,特别是随着2008年奥运会的召开,北京对国际经济界人士的吸引力与日俱增。《财富》集团出版人麦克·福德利表示,虽然《财富》论坛连续在中国举办,但是对于跨国企业的领袖们来说,中国的魅力依然有增无减。麦克·福德利曾说:"我们选择举办地的标准是经济活力和举办能力。前者包括经济发展能力、市场前景、社会稳定和对大公司的吸引力;后者包括组织能力、软硬件设备和参与水平。"其实,自1995年创办以来,《财富》全球论坛便制定了一个标准,即其举办地不一定是经济最发达的地区,但一定要是经济发展最富活力、不断创新的地区。

(文献来源:http://www.doc88.com/p-0911981136732.html.)

案例思考:

1. 《财富》全球论坛三次选择中国的因素有哪些?
2. 归纳选择会展活动举办地需要考虑的主要影响因素。

第一节 会展市场

一、会展市场概述

(一) 会展市场的概念

对于"市场"(market)的概念,随着社会发展与经济研究的深入,人们有很多不同的理解。从经济学的角度来说,"市场"分为两个方面,即从消费者的角度来看的需求市场以及从生产者角度来看的供给市场。一般来说,典型的"市场"概念有以下几种。

|同步讨论| 如何扩大会展市场的需求?

1. 市场是商品交换的场所

市场是商品经济的产物,把市场看作商品交易的场所,是最原始也是最直观的一种看法,是市场最表层的含义。随着社会交往的网络虚拟化,市场不一定是真实的场所和地点,许多买卖行为都是通过计算机网络来实现的,电子商务网站就是提供商品交易的虚拟市场。随着科学技术的发展,交通物流、通信设施的改善,网络应用系统的发展以及交易活动契约化,虚拟市场的发展越来越普遍。

2. 市场是经济关系的体现

市场是建立在社会分工和商品生产基础上的交换关系的总和,是不同的生产资料所有者之间经济关系的体现,这里的经济关系包括社会生产与社会需求之间,商品可供量与有支付能力的需求之间,生产者与消费者之间和国民经济各部门之间的关系。从经济学的角度来看,这些关系实际上是商品从生产到流通过程中的各种经济关系,即供给与需求之间的关系。

市场上某种商品的供给是生产者提供该商品的总和,形成市场供给;而市场需求则是消费者对该商品的有支付能力和购买力的总和,生产者与消费者通过市场交换使商品的价值和使用价值得以实现。这些经济关系实际上是供给和需求构成的关系。

3. 市场是某一产品的现实购买者或潜在购买者的总和

这一观点从需求的角度出发来描述市场。从这一角度出发,市场实际上是由一切有特定需求并且愿意和可能从事交换来使需求和欲望得到满足的现实或潜在的顾客所组成,即某种产品的现实购买者与潜在购买者的总和。现实购买者的总和称为现实市场,而潜在购买者的总和称为潜在市场。要形成现实市场需要满足3个条件,即人口、购买力和购买欲望,用公式表示为:

$$现实市场 = 人口 \times 购买力 \times 购买欲望$$

这3个条件缺一不可,只有同时具备了这3个条件才能实现真正的交易。若只有人口和购买力而没有购买欲望,或者只有人口和购买欲望而没有购买力,则不可能形成现实市场。而此时,只要再具备3个条件中的某一个条件即可构成消费,像这样的市场就是潜在市场,用公式表示为:

$$潜在市场 = 人口 \times 购买力$$

或

$$潜在市场 = 人口 \times 购买欲望$$

潜在市场是有可能转变为现实市场的,与此同时,一个地区的人口数量也在很大程度上影响着市场的大小。一种观点认为,市场指具有某些相同特点被认为是某些产品的潜在购买者的总和,这种观点认为市场仅仅是指潜在顾客市场,这里的"购买者"包括可能进行此项产品消费的人群或企业。

另一种观点认为,市场是交易必须具备的条件或规则。这些条件包括可供商品量(或可提供的服务)、对此商品的需求、价格和政府或其他组织的参与管理。从这个意义来说，市场是保证交易顺利进行的规则，包括自然法则(在市场中自发形成)和规章制度(由政府或人为制定)。市场就是这些客观条件，是规章制度。这一观点是从新制度经济学的角度出发得出的结论。新制度经济学认为，交易是市场的前提。在交易成本为正的现实世界里，没有适当的制度，在所有意义下的市场经济都是不可能的。

综上所述，"市场"的含义多从需求的角度出发，指的是需求市场(如现实顾客市场和潜在顾客市场)，当然，在有些情况下，"市场"一词也用来指供给市场，但此用法并不普遍。

(二) "会展市场"概念的内涵

从以上对"市场"的理解中不难看出，要给会展市场下一个确切的定义尚具有一定的难度。在此，根据上述几个观点，可将广义的会展市场定义为：在一定社会条件下，为组织或个体实现效益，供给或需求的，一系列集中时间、空间的交易活动及其经济关系的总和。狭义的会展市场是指会展需求市场。

理解会展市场，需要把握好以下几个方面。

1. 会展市场存在的前提

在此，"一定的社会条件"是指能保证会展中的交易活动顺利进行的一切条件，包括政府的政策法规、市场机制和行业规范等。这些条件都为会展交易活动提供必要的也是最基本的保障，如果没有一定的秩序和制度，会展市场就没有了发展起来的基石，因此，认识"会展市场"这一概念时，首先要明白会展市场的存在前提就是要有一定的社会条件。

2. 会展市场的主体及其谋求的利益

在此概念中，会展市场的主体包括需求主体和供给主体。然而，不管是需求主体还是供给主体，都包括组织和个体。此外，会展市场主体谋求的利益不单是经济效益，还包括社会效益、环境效益等。此时的市场是一个广义的市场，不单是经济市场，还有更多、更广泛的社会市场、公益市场等。

3. 会展市场的供需关系

单纯的会展供给市场或会展需求市场都不能构成真正意义上的会展市场，真正的市场是由供需两个方面组成的，会展市场也不例外，供给市场主要是会展活动提供者的总和，包括政府、教育机构、行业协会、工商企业等会展活动主办方，而需求市场主要是那些对会展有需求的组织和人的总和。需求市场是供给市场存在的前提，供给市场是需求市场得以增长的条件，两者是互相作用的。作为会展市场的两个方面，供给市场和需求市场也分别包括现实的和潜在的供给者和需求者的总和。

4. 会展的时空限制

会展活动的最大特点在于"集中"。会展活动的举办通常都有时间和空间的限制。从本质上来说，会展活动都是在固定的场所、短时间范围内举办，这就是会展活动集中性的体现。

二、会展市场的细分

(一)会展市场细分的意义

市场细分,是指根据消费者对产品不同的欲望与需求,以及不同的购买行为与购买习惯,把整体市场分割成不同的或相同的小市场群。

在当今社会,市场营销观念已经从卖方市场转为买方市场,即从以生产为中心转变成以顾客为中心,而以顾客为中心就是要满足顾客的需求。顾客的需求应成为企业营销活动的出发点,而顾客的需求随着商品经济的发展表现出多样性。针对每个消费者群体采取独特的产品或市场营销组合,能够使企业找到并描述自己的目标市场,确定针对目标市场的最佳营销方案,以求获得最佳收益。分解或划分为不同的消费者群的过程,就是市场细分,所划分出来的不同消费者群是整个市场的一部分,称为细分市场。

会展市场细分就是要根据不同的会展需求、群体的需求特征将整个会展市场划分为不同的细分市场,将会展市场细分后才能更好地针对不同市场采取不同措施以达到最佳效益。

会展市场的细分对会展供应者来说有着非常重要的意义,大致可以概括为以下4点。

1. 有利于根据实际情况选定会展目标市场

将会展市场进行细分后,每个细分市场的特点便突显出来。此时,对于会展供应者特别是实力还不够雄厚的供应者来说,能更好地根据自己的实力来选择合适自己的目标市场,另外,在此基础上,对目标市场的再分析,可以对其分析得更具体、更详细,更加有助于会展供应者根据此分析发挥其优势,避开对其不利的因素。

2. 有利于集中人力、物力和财力,对目标市场进行会展产品的开发

在选定了会展目标市场之后,会展供应者根据此细分市场的具体特点,可以有针对性地集中人力、物力和财力来进行会展产品的开发,开发出适合此细分市场的会展产品。同时,也将会使会展产品的开发更有特色和更具人性化。

3. 有利于针对会展目标市场进行促销

促销的方法有很多,选择哪种促销方式往往是令会展供应者头疼的问题。进行市场细分后,每个细分市场都将展示出它们自己的特点。"具体问题具体分析",只有把问题具体化后,才能选择恰当的方法,这也是会展市场细分的意义所在。

> **同步练习** 依据参展商的需求动机,为本区域大型展览项目进行市场细分。

4. 有利于开发更广阔的会展市场

会展市场的细分使我们了解整个会展市场的内容,同时也可以借此来发现整个市场还欠缺的部分,从而去发掘、开拓,只有这样会展市场才能不断创新、进步。

(二) 会展市场细分的基础

会展市场细分与其他市场细分一样,都需要遵循几个基本原则,即可衡量原则、可赢利原则、可实现性原则和可区分性原则。在遵循以上原则的基础上,按不同的细分标准可以细分出不同的细分市场。

会展市场的细分标准有很多,一般来说将其归纳为两大类,即地理因素、会展购买者的需求及购买行为的特点。会展供给者可以根据自己的情况和需要,按不同的细分标准来进行划分。

1. 按地理范围来细分

根据地理范围来细分,会展市场可分为本地、地区、全国和国际4个层次。本地会展市场的规模相对较小,旨在吸引附近的参观者,如各城市举办的房展会等;地区性会展市场一般是全国性会展市场的一部分;国际性会展市场的参展商和观众往往来自许多国家,如由德国汉诺威展览公司在上海光大展览中心举办的亚洲信息技术展览会、中国进出口商品交易会(广交会)等。对于每一个层次的市场,又可以按照行为或习惯分为更加细分的地域性的市场。

2. 按需求动机来细分

需求动机即参加会展活动的目的,如参展商的需求动机有销售产品,树立、维护品牌形象,推出新产品或服务,调查了解市场,建立并巩固客户关系等;观众的需求动机有购买会展产品、了解市场行情、欣赏会展产品等。可以根据这些不同的需求动机来将会展市场进行划分,以便找出适合供给企业的目标市场。

一般来说,从宏观的角度分析会展市场时较多采用地理范围来细分;从会展供给商这个微观的角度来看,一般采用需求动机的细分方法,因为只有这样才更加符合以顾客为中心的现代营销观,才能提供市场所需要的东西。

三、会展市场运作机制

(一) 会展市场主体识别

会展市场主体指的是会议与展览运作过程中的主要参与者,主要包括需求主体和供给主体两部分。会展市场需求主体一般包括参展商、参会者和观众,供给主体涉及的单位比较多,根据所举办展会、会议的性质、规模等不同,有不同的供给主体,而且每一次展会、会议的供给主体也不止一个,除此之外,还有一些为需求和供给搭建中间桥梁的中介,也是会展市场的参与者,也称为会展主体。所以具体来说,会展市场参与主体应该有以下几个。

1. 会展市场供给主体

1) 政府

在会展业发展初期,有必要借助于政府的力量,将散布于其他行业的资源整合起来加以利用。虽然政府一般不直接参与会展活动,但它对会展市场的运作有重要的意义。

会展业是一项综合性产业,对主办地的硬件和软件设施都有较高的要求。会展业的这种综合性,从经济学的角度看,就是强大的外部性。一方面,从正的外部性来看,会展业像某些公共产业一样,它使会展业之外的诸多产业和群体受益,如果没有制度和机制保证,受益者就不会从这种正的外部性受益而"买单";另一方面,会展业具有负的外部性,如造成交通堵塞、酒店价格攀升(增加其他商务交流的成本)等,客观上影响了其他产业的发展,失败的会展活动造成的影响远远不限于经济上的损失,同时会对城市的制度、信用和基础设施等经济发展环境的形象造成负面影响。会展业对一个城市来说,不仅是一项经济联动作用显著的产业,而且是一项对社会效益,特别是对城市形象、城市产业结构调整作用较大的产业。因此,会展业的发展,直接关系到城市的全局利益,需要政府的协调。

一个城市发展会展业,必须考虑自身的产业结构和优势,如城市基础设施功能、会展场馆基础设施、会展策划和组织人才、交通、技术支持能力等要素,对城市的会展业发展制定确实可行的战略发展规划,这些工作只有政府才能完成。

市场发展的基础之一是市场主体的市场化。政府可以按照社会主义市场经济的原则,使城市会展市场主体尽快脱离中间状态,尽快市场化,成为市场竞争的理性主体,培育专业化的会展主体。

会展业对公共产品和服务的需求非常大。在会展活动期间,公安、消防、海关、检疫和邮电等社会资源都需要集中在短时间内达到较大的供给高峰。实际上,政府官员出席会展活动,也是公共服务的一种。会展业最大的公共产品是会展中心,在很多城市,会议展览中心是作为城市基础设施由政府负责建设,委托专业公司管理。

会展活动总是在一定的地理区域发生的。围绕会展产业链企业,中介机构、科研教育机构、政府和协会等机构形成了一个分工合作、相互作用的产业网络,这就是会展产业群。一个成熟的会展产业群通常包括产业链核心企业(包括会展业直接生产和销售部门)、相关产业部门(为了完成会展活动需要诸多辅助性产品、服务和人员提供商的配合)和支持机构(包括政府主管部门和相关部门)3个方面,会展业在一个城市的集聚和提升过程中,政府应该起到重要的促进作用。

2)会展项目发起者

会展项目的发起人计划办何种展览、开何种会议,具体的实施再交给专业人士去完成。

会展项目发起者可以是政府,也可以是学术机构、行业协会或企业组织,其根据市场竞争或自身发展的需要发起相关的会展项目。换句话说,会展发起者是整个会展项目的最直接受益者,也是会展产业生态链条的前端,没有会展计划者就没有举办会展的理由,没有理由举办会展,其余的一切都将失去其价值。

3)专业会议组织者和展览公司

专业会议组织者(Professional Conference Organizer,PCO)一般是一些小型公司,是负责申办、策划、组织、协调、安排和接待国际会议和大型活动的专业公司。展览公司是主要以展览为主进行专业化操作的机构。专业会议组织者和展览公司在会展市场的运作中通常起着直接操作与控制的作用。如果说在会展活动中政府一般充当主办者角色,专业会议组织者和展览公司则应该是承办者的角色。由于所扮演的角色不同,使得两者对会展市场的影响不同,前者是间接的影响,后者是直接的影响。

4)目的地管理公司

目的地管理公司(Destination Management Company,DMC)最初是从事会展活动过程中的后勤管理的机构，包括配套设施及人员的供应、会展服务的提供和管理人才的培养等。后来逐渐承担起专业会议组织者的部分工作，它们与会展场馆的关系是委托经营，当然也有会展场馆自己经营管理的。

5）会议展览中心

会议展览中心主要的营销对象是会议公司、专业会议组织者及展览公司，会议展览中心凭借完善的设施、优良的配套服务和先进的管理，吸引更多、更高档次的展会或会议在本中心举办。

2. 会展市场需求主体

1）参展商和会议代表

参展商和会议代表是会展需求的最主要的参与主体，是交易产品的买家，其实对于参展商而言，参加展览是一项低成本的活动。在展览中，他们可以和客户面对面地进行交流，同时也可以获取同行业的相关信息，这是一个极好的机会，不用登门拜访，也可以收集到最新、最好的行业信息；对于会议代表来说，参加会议可能是他们的一项任务，但是，不管是否出于自愿，会议代表是会议的核心这一事实是不可否认的。会议各方代表带着自己组织的观点，在会议上达成共识的，可能会签订经济合同，不能达成共识的，经过思维的碰撞也有一定的思想收获。

2）展会观众

展会观众是会展需求主体的另一部分，分为专业观众和普通观众，他们对会展产生需求的原因多为欲购买参展商的产品。此外，对新产品的欣赏，也构成了观众参与到会展市场中来的重要原因。

 同步阅读　　中国会展业的专业化和整合度，还没有成为世界模板？

3）其他中介组织

其他中介组织，或称中介机构，目前看来，通常由一些行业协会来充当。中介机构在帮助政府部门决策、执行政府决定和说服会展参与机构、接受会展理念等诸多方面，是一支不可或缺的主力军，对会展市场的兴旺发展起到巨大的促进作用。另外，金融机构作为促进和加快会展市场运转的工具，对推动会展市场的发展也起了不可或缺的作用。各类学会协会、媒介和教育单位也都是参与会展业的机构。

（二）会展市场的运作机制

1. 展览市场运作机制

展览是会展活动的重要组成部分，也是主要部分，因此，展览市场的运作机制也成为会展市场运作的典型模式。它的运作模式是主办单位将展览产品（创意、主题或品牌）出售给展览公司，展览公司组织展商（展览的买家）购买产品，为了更好地吸引展商，还要帮助组织观众，这当中的接待工作交给目的地管理公司去完成。现在的目的地管理公司有时直接与主办单位接触,甚至自行办展、销售展览产品,因此,现在的目的地管理公司承担了展览公司的一部分职责。

2. 会议市场运作机制

会议市场运作从流程上看,比展览市场简单一点,即需求方面只涉及参会者而不涉及观众。因此,会议市场的运作机制可表述为:由会议计划者或主办方提出召开会议的想法及会议主题,再将其委托给专业会议组织者,专业会议组织者对整个会议进行策划后,与会议当地的目的地管理公司联系落实相关具体事宜,与此同时,向可能参会群体进行宣传。现在的目的地管理公司有时直接与会议的计划者接触,销售会议产品,因此,现在的目的地管理公司实际上承担了一部分专业会议组织者的职责。

3. 节事活动市场运作机制

节事活动是从长远或短期目的出发,一次性或重复举办的、延续时间较短的活动,其主要目的在于加强外界对于旅游目的地的认同、增强吸引力和提高其经济收入。节事活动一般由政府部门充当主办方,确定节事活动主题,再由专业公司联合充当承办方将活动开展起来。由于这样大型的活动涉及面比较广,一般来说,都有两个或两个以上的承办单位。

四、会展市场发展的分析框架

科学地构建会展产业发展系统有利于政府和行业主管部门进一步认识影响会展业持续发展的相关要素,从而扬长避短,制定准确的产业定位并选择合适的会展业发展模式。以下是《国际城市会展业发展理论与实践》(王春雷、王晶主编,中国旅游出版社2014年出版)课题组提到的几个常见的分析框架。

(一)基于系统论的城市会展业发展系统

王春雷和诸大建(2006)认为,城市会展业发展系统是一个主要由会展市场需求牵动和会展市场供给推动所构成的,并由中介机构引导和相关发展条件辅助的互动系统。它主要包括5个子系统,即会展市场需求系统、会展市场供给系统、会展市场吸引系统、会展产业支持系统和行业中介系统。各子系统之间相互支持、相互作用,从而构成了一个庞杂的产业系统,如图2-1所示。

会展业发展系统是所有能影响城市会展业发展因素的统一,这些因素按照各自的关联性组合成相应的子系统,各子系统的主要构成要素,如表2-1所示。

表2-1 各子系统的主要构成要素

子系统	主要构成要素
市场需求系统	经济和贸易发展、参展企业、其他中介组织、展会观众等
市场供给系统	会展活动的主承办机构、展览运输企业、媒体、展示设计与搭建企业、酒店餐饮企业、会展场馆及物业管理企业、休闲娱乐企业等

续表

子系统	主要构成要素
市场吸引系统	城市经济、城市文化、城市形象、信息科技、旅游资源等
产业支持系统	硬件资源(城市交通等公共设施、酒店餐饮服务设施、会展场馆等专业设施)、软件资源(行业管理体制、公共服务水平、政策法规、人力资源状况等)
行业中介系统	行业协会、专业代理机构等

(资料来源：王春雷，诸大建.中美会展产业发展系统比较研究——兼论美国会展产业发展对中国的启示[J].世界地理研究,2006(2),有改动。)

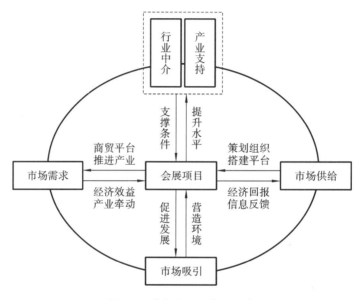

图 2-1 城市会展业发展系统

(二) 基于 GEM 模型的城市会展产业集群竞争力评估体系

迈克尔·波特(1998)认为,产业集群是在某一特定领域内互相联系的、在地理上位置集中的公司和机构的集合,它包括一批对竞争起重要作用的、相互联系的产业和其他实体。产业集群经常向下延伸至销售渠道和客户,从侧面扩展到辅助性产品的制造商以及与技能技术相关的产业公司。同时,它还包括提供专业化培训、教育、信息研究和技术支持的政府和其他机构。

加拿大学者 Tim Padmore 和 Hervey Gibson 经过多年研究,在迈克尔·波特"钻石模型"的基础上提出了分析产业集群竞争力的新框架 GEM 模型,即基础(grounding)—企业(enterprises)—市场(market)。张莉莉等(2010)以 GEM 模型为基本分析框架,构建了一个会展产业集群竞争力评价指标体系(见表 2-2),该指标体系也可供研究国际城市会展业发展经验时参考。

表 2-2 城市会展产业集群竞争力评价指标体系

框架层次	评价因素	二级指标
基础	资源	会展企业所处的地理区位 会展企业融资的难易程度 会展企业的人力资源水平 会展企业的品牌影响力 会展企业的信息服务水平
基础	设施	会展基础设施状况 会展科技水平与科研条件 政府对会展业的支持性服务 会展行业协会作用和服务水平 会展场馆设施条件
企业	供应商和相关辅助行业	参展商数量及实力 辅助行业能力与服务水平 会展企业间的协作与沟通
企业	企业战略、结构与竞争	会展企业的数量和实力 会展企业管理模式和发展规划 会展企业市场营销能力 会展企业财务状况 会展企业产品、服务创新能力
市场	本地市场	本地会展市场发展前景 本地会展业发展水平 本地会展业合理竞争程度 本地企业参展需求程度
市场	外地市场	外地会展业发展前景 外地会展业发展水平 外地企业在本地的参展需求

(资料来源:张俐俐,周丽丽,庞华.基于GEM模型的广州会展产业集群竞争力研究[J].商业研究,2010(5).)

第二节 会展行业管理与运作模式

一、会展管理的对象

会展管理的对象主要包括会展企业、会展场馆、会展项目、会展组织以及会展政策,这5个主体共同构成了会展业的运行体系。会展业运行体系构成要素关系示意图如图2-2所示。

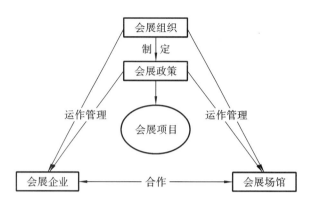

图 2-2 会展业运行体系构成要素关系示意图

(一) 会展企业

会展业是由多种不同的企业构成的,不同的企业又隶属不同的行业,如展会组织与策划公司属于会展业,而展品运输公司属于交通运输业,展台设计与搭建属于广告业,参展商和专业观众的住宿接待属于饭店业等,因此会展业是多种类型企业的总和。各种不同类型的会展企业相互依托,经营不同的业务,但都是为参展商、观众和所有与会者服务的。会展企业的主体是会议策划、服务公司和展览公司,而展品运输公司、广告公司、展台设计与搭建公司等都属于外围服务企业。

(二) 会展场馆

会展场馆是会展经济发展的重要物质依托,其国际化、智能化与特色化程度是会展业发展水平的重要衡量标志之一。但是由于中国会展业起步较晚,会展场馆的发展在国际会展业的发展也相对落后。会展场馆作为会展管理的主要对象,亟待解决的问题主要包括以下几个方面:现有场馆规模偏小、市场容量有限的问题;场馆配套设施不足、服务功能单一的问题;会展场馆科技含量较少、智能化水平较低的问题;会展场馆的设计与分布缺乏长远规划和合理布局的问题等。

(三) 会展项目

广泛意义上的项目一般是指一项独特的主题性工作,即遵照某种规范及应用标准导入或生产某种新产品或新服务。会展项目简单地讲就是每一次的展会活动,即每一次的会议或展览。会展经济将会展项目视为重要的研究对象,其研究的主要任务就是加强我国会展业的会展项目管理能力。会展项目管理贯穿于会展项目启动、会展项目规划、会展项目执行以及会展项目结束等各个阶段。

(四) 会展组织

会展组织包括以下两个方面。

一是会展业权威的行业管理机构,可以是政府性质的,也可以是非政府性质的。如在会展业发达的德国有全国性的经济展览和博览会委员会(AUMA),AUMA 参与政府制定的国内外展览政策,并对展览市场进行协调、监督和管理;在日本全国性的日本观光公社下也设立了日本会议局;新加坡会展业的行业管理机构是新加坡会展发展局下设立的新加坡会议局;而"会展之都"巴黎则成立了专门性的会展会议局。

二是会展业专门的行业协会。会展行业协会主要负责根据相关政策法规,制定相应的行业规范、发布会展信息、协调行业矛盾,负责国际、国内会议及展览界之间的横向交流与联系,从而使得会展业的行业自律、内部协调能力以及国际化水平都大大提升。

目前在会展业管理体制上,国际上通行的做法是行业管理机构和政府通过制定法规来对会展市场运作进行宏观调控,而会展业的自律则由行业协会来施行。中国会展业的管理体制还很不健全,既没有统一的行业管理部门,也没有全国性的行业协会,会展市场秩序比较混乱,因此我国会展组织机构的成长步伐需要加快。

(五)会展政策

会展政策包括指导和规范会展业发展的各种相关政策、法规、条例和规定。健全的会展政策体系将对主办者的资质条件、参展商的行业标准、展会地点与频率、招展程序与费用标准、展会评估体系等事项都有明确的规定,从而使会展活动的审批、促销、运行及接待等各个环节都有法可依。

我国会展相关政策法规亟待健全。虽然我国已经出台了《关于出国(境)举办招商和办展等经贸活动的管理办法》《出国举办经济贸易展览会审批管理办法》《商品展销会管理办法》《关于审核境内举办对外经济技术展览会主办单位资格的通知》《国务院办公厅关于对在我国境内举办对外经济技术展览会加强管理的通知》《在境内举办对外经济技术展览会管理暂行办法》等一系列法规,但这些管理措施仍面临着中国会展业快速发展的新形势所带来的新问题,必须加强对会展政策法规的研究,加快会展业发展的法制化进程。

会展组织负责制定会展政策,会展组织和会展政策都对会展场馆和会展企业的运作管理进行调控、监督与指导,会展场馆和会展企业之间相互合作。然而无论是会展组织、会展政策,还是会展企业和会展场馆,其目标都是会展项目的策划与举办,都围绕着会展项目,会展项目是会展业运行体系中的中心要素。

二、会展行业组织的管理模式

(一)会展行业管理模式

行业管理模式是指政府通过设置一定的政府机构并制定相应的政策,或通过行业中介组织对某一特定行业进行监督和管理。目前,世界上主要有3种具有代表性的会展行业管理模式,即政府干预模式、政策扶持模式和市场运作模式。

同步阅读 智能时代呼唤会展生态圈

1. 政府干预模式

德国和法国是政府干预模式的典型代表。在德国会展业的发展过程中,政府扮演着重要的角色,政府干预色彩浓厚。这种干预模式主要表现在以下几个方面。

1) 管理方面

德国政府授权的权威协调管理机构——德国经济展览会和博览会委员会(AUMA),对每年的国内外博览会进行组织和协调。AUMA是德国全国性的行业协会,是代表德国政府进行宏观调控的唯一的会展管理机构,成立于1907年,总部设在科隆。AUMA是德国展览业的最高联合会,它是由参展商、购买者和博览会组织者三方力量组合而成的联合体,其主要职能是:审定年度展览计划;严格审查和评定展览会名称、内容;监督展览会服务;核查展览组织者的能力和信誉;统计调查展览后效果;支持中小企业到海外参展。

AUMA具有标准性、权威性,其地位在德国是不可动摇的,AUMA为确保德国博览会市场的透明度,制定了许多规章制度和措施,对每年的国内外博览会、展览会进行组织协调,尽量避免国内或国际展览会之间出现重复的情况,如为制止会展雷同、保护名牌会展,AUMA对会展名称给予类似商标的保护。AUMA还根据章程要求,在会议、展览的类别、展出地点、日期、展期、周期等方面进行协调,保护了参展商、组织者、参观者多方面的利益。另外,AUMA还聘请业内人士对展会进行考察,并对会展经济进行研究,为德国政府管理会展经济提供了很好的建议和发挥了非常重要的参考作用。此外,它还每年与经济部、农业部、能源部等政府各个部门协调,准备一个国家会展计划,该计划一旦批准,便由AUMA会同有关部门协调选择专业会展公司进行具体的运作。

2) 德国政府大力支持展览场馆的建设

展览场馆属于展览的硬件设施,是衡量展览水平的主要标志之一。但由于展览场馆属于固定资产,资本投入大,回收期长,投资风险和经营风险比一般的资产要大得多,所以一般来说,在会展发业初期,民营资本或社会资本不愿进入展览场馆市场,这就导致展览场馆资本不足和场馆供给不足的现象,并严重制约会展业经济的发展。

任何一个国家在会展发展初期都会面临这样的问题。为了支持会展产业的发展,德国政府不惜斥巨资建造大型现代化展馆,极大地促进了德国会展业经济的发展。政府投资建立规模宏大的展馆设施,在确定展馆归属国有的前提下,不直接参与展馆的日常运作,而是以长期租赁或委托经营等形式把场馆的经营管理权授让给德国大型的会展管理公司。政府的职责主要体现在对行业的宏观调控方面。

3) 国有展馆的市场运作模式

政府投资建设展览场馆后便委托会展公司经营,政府只作为展馆的所有者存在。德国会展公司在授让国有展馆后,既从事展馆经营又组织会展项目,是以展馆经营管理者和会展项目组织者的双重身份存在。如汉诺威国际展览公司通过政府授权管理的展馆就超过100万平方米,同时,它还每年在全世界主办50多个国际展览会,场馆经营与项目经营结合的方式构成了德国展览公司特有的经营管理模式,共同构筑成集团经营的核心内容。

会展公司在成功组织会展项目后,便将所有的会展服务委托给各会展服务公司实施,这些公司将根据与会展公司签订的合同,以专业化服务能力为参展商、观展商提供周到的会展及配套服务。多年来,德国会展业能在世界一直独占鳌头,很大程度上归功于这种运作模式的成功实践。

2. 政策扶持模式

新加坡和日本是政府扶持模式的典型代表。新加坡把展览业作为国民经济的支柱产业,各部门、各行业全力扶持,通力合作,制订了一整套扶持、服务、规范、协调和发展的计划。比如特准国际贸易展览会资格计划(AIF),从国家贸易政策和发展目标出发,对符合政府产业发展方向的展览会,或者评估符合标准的委员会,授予 AIF 资格证书,并给予最高达 2 万新币的政府资助提高其竞争力。新加坡减免参展企业税收,并压低场馆租金,从周边的饭店、餐饮等服务设施收入中拿出 10% 补贴场馆。

日本政府于 1994 年制定了《通过促销和举办国际会议等振兴国际旅游法》及《实施细则》,规定具备条件的市、街道、村可向政府提出办理资格认定申请,经认定的国际会议旅游城市由国际旅游振兴会负责提供信息、宣传促销资金援助以及人员培训等。此外,东京投资 10 亿美元建造一座 8 万平方米的现代化东京国际展览中心,成为城市的象征。

3. 市场运作模式

中国香港的市场运作模式是比较明显的。在香港会展业发展的过程中,半官方机构——香港贸易发展局的地位和作用十分凸显。会展中心在建设和扩建过程中始终采取政府出地,贸易发展局招商,专门管理公司的经营模式。1984 年,贸易发展局与新世界有限公司合作新建会议展览中心,1997 年会议展览中心落成,会展场地总面积达到 6.4 万平方米。会议展览中心建好后,贸易发展局把建设的重点转向招展,公平参与市场竞争,重视提高服务质量,创立名牌展会。2010 年香港商贸展有超过 64.8 万来自外地的买家人次,较 2009 年上升 13% 以上,超过了金融海啸前的水平。其中,亚太地区的访客人次上升 13%,至 20.2 万人次;中国内地的访客人次达 23.2 万,较往年增长约 10%。同时,参加商贸展的本地访客人次也大幅上升,这些都与香港市场经济体制完善、市场发育成熟紧密相关。

我国会展管理体制目前实行的是审批制,也带有强烈的政府干预色彩,但与德国和法国不同的是,我国的审批制表现为政府对会展企业是否具备主办会展的主体资格进行审批,对会展公司的市场行为进行干预,甚至表现为政府直接作为主体进行市场活动。目前政府的管理职能正在发生转变,由原来的市场干预转为市场服务,而会展管理体制也由审批制转为备案制或登记制。学习和借鉴发达国家的会展行业管理模式,对于我国会展业的发展有很好的参考作用。

(二)会展行业协会运作模式

目前,国际上会展行业协会的运行模式,按照行业协会、政府、市场和企业之间的关系,主要可归纳为 3 种。第一种是以美国为代表的水平运作模式,第二种是以日本和德国为代表的垂直运作模式,第三种是以法国、中国香港为代表的交叉运作模式。

1. 水平运作模式——企业推动型

以美国为代表的水平运作模式是一种主要以会展企业自发而形成的组织、自愿参加为特点的行业协会模式,具有较强的民间性,在管理上自由放任、规范松解,其最大的特点就是企业自主推动。会展企业在发展过程中,碰到同行业内部价格上的相互倾轧与产品质量问题时,会展企业组织出于维护自身利益和市场秩序的需要,被迫产生组建行业协会的行为,尝试着用行业自律的方式规范市场行业秩序,例如,国际展览管理协会(IAEM)。显然,在这种背景下所成立的行业协会,其动力源就在于企业本身,其他的因素,如政府提供帮助或指导仅仅是动力源的外部因素。

会展企业只要存在相同的利益,就可以建立一个行业协会,政府对此既不干预,也不予资助。行业协会为企业提供技术与信息服务,协调政府、企业、消费者之间的关系,同时实力强劲的行业协会,如美国商会及美国制造商协会与联邦政府、议会都保持密切关系。当政府、企业发生矛盾时,这些行业协会组织寻求议会的支持与介入,按照长期以来美国人所推崇的对立制衡原则处理政府与行业协会的关系。

2. 垂直运作模式——政府推动型

以日本和德国为代表的垂直运作模式是一种政府行政作用参与其中、大型会展企业起主导、中小会展企业广泛参与的行业协会模式,其突出特点是强调政府的推动作用,对内是政府机构,对外是民间团体。日本和德国的政府通过机构改革与职能调整,大大削减专业经济管理部门,使专业经济管理由过去偏重独立性的部门管理向偏重综合性的行业管理转化。

这样,从政府职能中逐渐剥离出一些职能转交给行业协会,使行业协会在政府的主导下得以产生,都积极致力于高速发展本国市场经济,力图建立政府与社会合作或官民协调的宏观管理模式。行业协会具有庞大的组织机构和较高的组织化程度,协会的覆盖面广,政府与行业协会是一种合作协调关系。

3. 交叉运作模式——市场推动型

以法国、瑞士、中国香港为代表的交叉运作模式不像企业自主推动和政府主导推动那样单一,主要是指在市场的推动下,市场出现了管理混乱,会展管理的对象主要包括会展企业、会展场馆、会展项目、会展组织以及会展政策5个主体,于是政府与会展企业在组建协会的过程中都倾注了大量的精力,很难分清到底是企业还是政府起了主导作用,可以说行业协会是企业和政府合力推动的产物。而且行业协会与政府的关系非常密切,如中国香港的香港展览会议协会(HKECOSA)的主要职责是配合政府宣传把中国香港建成"亚太展览之都",提供行业培训以提高行业水平,为会员单位制造商机,增强会员之间的联络,代表行业向媒体和政府表达统一意见等。

本章小结

会展市场的定义为:在一定社会条件下,为组织或个体实现效益、供给或需求的,一系列集中时间、空间的交易活动及其经济关系的总和。会展市场的细分对会展供应者来说有着非常重要的意义。一般来说,从宏观的角度分析会展市场时较多采用地理范围来细分;从会展供给商这个微观的角度来看,一般采用需求动机的细分方法。

会展市场主体指的是会议与展览运作过程中的主要参与者,主要包括需求主体和供给主体两部分。会展市场供给主体主要包括政府、会展项目发起者、专业会议组织者和展览公司、目的地管理公司和会议展览中心;会展市场需求主体主要包括参展商和会议代表、展会观众和其他中介组织。

会展管理的对象主要包括会展企业、会展场馆、会展项目、会展组织以及会展政策，这5个管理对象共同构成了会展业的运行体系。目前，世界上主要有3种具有代表性的会展行业管理模式，即政府干预模式、政策扶持模式和市场运作模式。

关键概念

会展市场　会展市场细分　会展业发展系统　会展行业管理模式

复习思考

1. 试比较不同会展项目的运作机制的差异。
2. 会展业体系由哪些主题构成，它们各自发挥怎样的作用？
3. 举例说明会展行业管理模式形成的背景因素和各自的特点。

拓展案例　　消失的产业环境——COMDEX展会停办

电脑经销商博览会（Computer Dealers Expo，以下简称COMDEX）是1979年最早由Interface集团发展起来的一系列展览会的总称，1995年展会举办权被整体出售给了Softbank公司，后者将COMDEX展会与其本身的Ziff-Davis附属公司合并，其后Ziff-Davis展览集团从Softbank公司剥离，创建了曾是全球最大的展览会及会议主办机构Key3 Media集团。在北美地区，COMDEX平均每年举办44个展览会及会议，在其他地区，平均每年举办22个展览会及会议，举办地包括中国、澳大利亚、日本、瑞典、新加坡、韩国、美国、加拿大、墨西哥、阿根廷、巴西、法国、希腊、印度、以色列、埃及、沙特阿拉伯和南非18个国家。COMDEX作为世界上曾经最大的电脑产品展会和较具权威的IT展会之一，COMDEX可以说充分起到了电脑行业晴雨表的作用，为世界各国IT厂商提供了提高企业知名度、推广新产品和新技术、有效找到买家或合作伙伴、加强国际交流与合作的有效平台。

第一届COMDEX在拉斯维加斯举办，当时的参展商只有160家，观众人数4000人，随着PC业的发展与壮大，到1998年参展商高达2400家，观众达22万人，1999年，甚至连赌城的会议场地也无法容纳下所有报名的参展商了。2000年，美国前总统比尔·克林顿在COMDEX大会上说："很高兴我是出席COMDEX大会的第一位总统，但我相信，我绝不是最后一位出席此大会的总统。"

COMDEX在其创办之初，主要展示电脑最新硬件、软件、外围设备、网络产品和最新技术。随着展会的高速发展，COMDEX已远远超出电脑这个行业，成为全球电子业的代名词。在其高峰时期，COMDEX展览内容覆盖全面的IT技术，包括信息化产品、软件、应用平台、组网、电子商务和数字媒体。其IT新产品展示数量及媒体广泛报道的程度为其他同类展览所无法比拟。

参加COMDEX这样的国际性展会，往往是企业身份的一种象征，并不在乎花费多少，早期的COMDEX就像一个大盛会，吸引了来自世界各地的所有计算机及相关产业中的厂商、渠道、用户,来自世界各地的人们不仅填满了拉斯维加斯会议中心,也几乎塞满了会议中心周边所有的饭店、宾馆。有资料统计,财富500强中85%的企业,包括软件、硬件、通信业三大支柱,都曾经是COMDEX的座上宾。

然而,随着互联网泡沫的破裂以及PC产业在西方市场的衰退,从2001年开始COMDEX出现了衰败的现象,参展厂商和参观人数开始持续大幅度下滑。2001年"9·11恐怖袭击事件"使许多人放弃了商务旅行计划,COMDEX遭受重创,参展厂商锐减到2000家,参观人数从20万人降至15万人。2002年,COMDEX主办方Key3 Media传出申请破产的消息,2002年COMDEX参展厂商仅有1100家,参观人数为12万人。与此相反,其竞争对手同年3月在德国举行的CEBIT的参观人数则多达70万人,10月的东京WPC EXPO展会参观者也达到36万人。

2003年2月,Key3 Media宣布破产,同年6月宣布重组成功,新公司更名为Medialive International Inc,它不再担负原有的近4亿美元的债务,并在该年的秋天举办了COMDEX 2003,但展会令人失望,只吸引了少数大企业参展,尽管主办方降低了场地的租金,参展公司只有550家、展出面积只有15万平方英尺(1平方英尺≈0.09290304平方米),参观人数不到5万人,这和鼎盛时期的2000多家参展公司、120万平方英尺的展出面积、20多万的参观人数相比,简直是天壤之别。

而展会的收益也每况愈下:2000年COMDEX为拉斯维加斯创造了2亿5460万美元的收入(不包括博彩娱乐业的收入),2001年的收益为1亿6800万美元,2003年萎缩到了6900万美元。2004年,主办方Medialive International Inc考虑到接连几年参展厂商数量减少、营销策略不一致和消费电子大展(CES)等同类商展的激烈竞争,取消了2004年的活动,一度曾被认为是科技业年度盛事的COMDEX于2004年在拉斯维加斯停办,其主要竞争对手为另外两大IT展会——CeBIT 2004、CFES 2004却成功举办,基于同样的考虑,2005年COMDEX再次停办。目前COMDEX展会依然举办,但与全盛时期相比已不可同日而语。

(案例来源:http://www.doc88.com/p-0117150861848.html.)

案例思考:

1. 如何评价COMDEX展会停办的必然与偶然因素?
2. 请收集更多信息,分析COMDEX展会衰落的本质原因。

会展策划与组织

第二篇

◆ **本篇导读**

会展活动尤其是大型展览、国际会议、重要节事,是一项复杂而系统的工程,包括会展策划、会展现场管理和会展运营与保障等一系列的工作环节。会展策划是会展活动的灵魂,是会展活动的始端和核心;会展营销使会展活动更加具有活力和可持续性;会展项目管理是一项贯穿会展活动的基本职能,是科学而卓有成效的组织工作。本篇主要介绍会展策划与组织的三大知识模块,即会展策划、会展营销和会展项目管理。

第三章 会展策划

◆ 学习目标

1. 知识:了解会展策划的内涵。
2. 理解:掌握会展策划的基本原则。
3. 应用:依据会展策划的基本流程,完成会展策划活动。
4. 分析:通过环境分析,开发新的会展题材。
5. 综合评价:撰写会展市场调查报告,评估会展主题策划的可行性。

◆ 学习任务

名称	校园活动项目策划
学习目标	1. 掌握会展题材开发方法 2. 评估会展项目可行性
学习内容	会展项目策划基本流程、可行性分析
任务步骤	1. 由4—5名学习者组成小组,各组按照会展项目策划的内容进行分工 2. 以校园内开展的大型活动为目标,通过环境分析,开发一个创新性的会展项目主题 3. 围绕会展项目主题完成策划方案 4. 各小组完成PPT简报,并进行汇报
学习成果	"校园活动项目策划简报"

◆ 案例引导

西安年·最中国

2018年,在西安过大年的人,无一不称赞西安年的中国味道,人们都说找到了春节发源地、最地道的年味儿。

今年的春节,大西安为海内外游客奉上了一场"最中国、最正宗、最有味、最梦幻、最幸福"的节日盛宴,绝对的西安特色、陕西味道、中国风、硬科技范儿、国际范儿!

今年的"西安年·最中国"共策划了18类180多项活动,古城西安在这个春节里,传统与时尚交相辉映,东方与西方同台亮相,民俗与高雅融合呈现,也让海内外游客在西安度过了一个红红火火、有滋有味的中国年!

"西安年·最中国"已然成为西安的一张金字名片,旅游接待人数和旅游收入均创历史新高。春节假期,西安共接待游客1269.49万人次,同比增长66.56%,实现旅游收入103.15亿元,同比增长137.08%。此外,西安还被网友票选为"2018年春节最火爆旅游目的地""全国最美夜景城市"和"春节假日旅游大餐最丰盛、最有年味的城市"。据携程网、去哪儿网、驴妈妈旅游网联合发布的《中国旅行口碑榜》和《狗年春节出游盘点报告》,西安首超成都、杭州,名列全国十佳旅游目的地第三名,位居十大国内长线旅游目的地城市第四名。

(案例来源:http://www.xiancity.cn.)

案例思考:

1. 为什么主题策划在一场成功的会展活动中占据重要的地位?
2. "西安年·最中国"活动成功举办,策划主题的核心是什么?

第一节 会展策划概述

会展项目的成功举办是离不开策划的。成功的会展策划,会产生强大的市场效应,并使会展项目准确地达到预期的效果,形成会展效应。

一、会展策划的内涵

策划是指充分利用现有信息和资源,判断事物变化发展的趋势,全面构思、设计,选择合理、有效的方案,使之达到预期目标的活动。策划是一个综合性的系统工程,目标是起点,信息是基础,创意是核心。会展策划就是会展企业根据收集和掌握的信息,对会展项目的立项、方案实施、品牌树立和推广、会展相关活动的开展、会展营销及会展管理进行总体部署和具有前瞻性规划的活动。会展策划对会展活动的全过程进行全方位的设计并找出最佳解决方案,以实现企业开展会展活动的目标。

成功的会展活动源于成功的会展策划,成功的会展策划源于对社会资源的有效整合。会展策划是对相关社会资源进行整合的过程,是一个系统工程。因此,用系统的观念去认识资源,用系统的方法去分析整合资源,用系统的功能去实现资源的优化是会展成功策划的创造性思维原理之一。从会展策划系统来看,一般而言,会展策划系统包括策划者、策划对象、策划依据、策划方案和策划效果评估等要素。

(一)策划者

策划者是会展策划的主体,在会展活动过程中起着"智囊"的作用,主要负责会展的项目开发、市场调研、方案策划、销售制定和营运管理等相关活动,起到控制全局、把握全局的作用,策划者的素质高低直接影响策划的质量。

 会展策划者面临的最大挑战

(二)策划对象

策划对象是会展策划的客体,可以是某项整体会展活动,也可以是会展项目中的某一个要素,如会展项目宣传、品牌设计等。

(三)策划依据

策划依据既包括策划者的知识结构、专业信息储备,也包括会展项目的行业背景、政府的政策法规、市场条件、企业本身的资源状况等,它是会展项目策划的基础。

(四)策划方案

策划方案即策划者为实现会展策划目标,针对策划对象设计创意的一套策略、方法和步骤。

(五)策划效果评估

策划效果评估是对实施策划方案可能产生的效果进行预先的判断和评估。

会展策划各要素之间互相影响、互相制约,构成一个完整的体系。

二、会展策划的特点

会展策划具有以下特点。

(一)针对性

会展策划是具有针对性的活动。它是会展理论在会展活动中的具体运用。在进行会展策划时,应首先明确会展活动应达到什么目的,它是针对什么问题而举办的。例如,有的会展以特定消费群体的生活方式为依据,具有鲜明的主题,这就要求在进行策划时必须围绕主题组织展品、开展活动。

(二)系统性

会展策划是对整个会展活动的运筹规划,因此具有系统性的特点。系统性表现在策划时要针对会展的各个方面、各个环节进行权衡,通过权衡,使企业目标特别是通过参展而实现的企业市场营销目标具有一致性,使其在产品、包装、品牌、价格、服务、渠道、推销、广告、促销、宣传等方面保持统一性。系统性可以减少会展策划的随意性和无序性,提高效率。

随着会展理论研究的不断深入,近年来有学者提出"立体策划"的概念,可以说是会展策划系统性的一种表现。

(三)风险性

人们在决策时总希望选择达到目标的最佳途径,但是内外部环境是在不断变化的,许多因素是策划者无法预测和控制的,因此对于会展策划产生的结果总是存在一定的不确定性。在进行会展策划时,应尽可能将未来活动的不确定性及风险降到最低程度。

(四)可行性

可行性是指会展策划方案在实施过程中要切实可行。会展策划方案必须经过围绕策划目标定位、实施方案、经济效益等方面分析论证其切实可行才能实施。这要求策划者对会展项目在执行过程中可能遇到的问题和障碍有充分的考虑,设计好应对策略,并且对企业自身的实力、企业外部情况进行充分的了解和理智的分析。

三、会展策划的基本原则

会展企业在进行项目策划时要遵循市场经济运行的客观规律和会展策划的基本原则。会展策划的基本原则有效益性原则、整合性原则、可操作性原则、创新性原则、规范性原则。

同步讨论 在实施会展项目策划时,这些原则是如何体现的?

(一)效益性原则

会展企业要获得持续发展,每一个项目的推出都应以实现某种预期的利益为目的。作为一种服务性的项目,企业在策划时应该考虑的目标利益包括以下几点。

1. 会展企业自身的利益

对于每一个会展项目来说,会展企业都要在人、财、物、时间等方面投入,任何的投入都希望获得回报。任何会展策划都是从企业的利益出发而开展的,策划任何项目都要考虑在使企业尽量实现"投入-产出"的最大化的基础上进行,能否保证会展企业自身利益的实现是衡量一项策划是否成功的主要指标之一。企业的利益包括长期利益和短期利益,在策划时应合理协调好长期利益和短期利益的关系,保证企业健康持续发展。

2. 目标客户的利益

会展企业的目标客户是会展企业生存发展的根本。满足客户的利益,为客户实现其价值,企业自身的利益才能获得实现。因此,在进行会展项目策划时,要充分考虑客户希望获得哪些利益,并为实现客户的利益进行合理的设计安排。比如,一项展览策划,就是要通过策划,为参展企业提供使其在参展中获益的方案,包括展位的设计、展品的摆放、广告的投放、专业观众的来源、参展商的贸易机会等。一项理想的会展策划应该是一项实现客户利益和企业自身利益的双赢策划。

第23届洛杉矶奥运会,美国政府及洛杉矶政府都表示不予提供经济援助,但是美国第一旅游公司副董事长尤伯罗斯实行了一系列策划方案,如出售电视转播权、以每千米300美元卖出火炬传递权、提升开幕式和闭幕式门票价格等,成功地改写了奥运会亏损的历史,并盈利2.5亿美元。

(二)整合性原则

会展策划是一项系统工程,它要将相关联的事物联系起来,进行整合,围绕企业的整体目标展开。一场成功会展的举行,从展前的准备到展后的评估,包括会议场地的选择、食宿安排、出席者邀请函的设计和分发、会展期间的组织与管理,所有这些都需要将有关资源整合在一起。这些不是一个人能够完成的,也不是一件单独的事情,在这个时候就需要整合。

随着社会化大生产的形成,社会活动也日益复杂多样,活动规模、层面越来越大,相关事项也越来越多,策划活动所处理的数据资料也更多、更复杂,而策划活动的影响也越来越大,许多策划工作不仅仅是一个人、一个单位能够完成的,而需要集中集体智慧或请各方面的专家才能完成,参加单位也不是一个或两个,而需要好几个单位。这时,整合本身就变成了一个策划,怎样整合这些人和单位,怎样进行最佳搭配和组合,这本身就需要策划。从某种意义上讲,整合就是策划。

(三)可操作性原则

会展策划的方案必须符合市场的客观实际情况,具有针对性和可操作性,这是会展策划的落脚点和归宿。会展策划的目的是解决实际问题,推动会展活动的开展,如果不能达到这一目的,或为这一目的服务,会展策划也就失去了意义。也就是说会展方案设计要具有很强的实践性和客观性,较强的可操作性和可行性,才能收到立竿见影的效果。因此,会展策划的可操作性原则要求在做策划方案时要结合市场的客观实际情况,以及企业、会展公司的具体情况、实施能力来进行,避免不切实际的策划。

(四)创新性原则

创新是策划的动力源泉,也是会展策划追求的目标。要想在市场经济的浪尖中达到万商云集、闻名遐迩,创新性是必不可少的。会展的"新"主要体现在策划的"新"。会展策划的创新性主要表现在会展理念的创新、目标的选择与决策的创新、组织与管理的创新、会展设计的创新等。

(五)规范性原则

随着中国加入世界贸易组织(WTO),作为服务贸易的一部分,会展业将全方位对外开放,服务贸易壁垒将逐步被拆除,中国会展业将面临外国同行更为直接和激烈的冲击,会展经济将会以更快的速度与国际接轨。因此,尽快建立统一、公平、有序的市场体系,提高会展市场的透明度和规范度,是我国会展业亟待解决的问题。

会展策划的规范性原则要求,首先,必须遵守法律,在不违反法律法规的前提下开展会展策划。我国会展方面的法律规范主要包括国务院各部委颁布的行政法规和其他一些规范性文件,如《中国加入世界贸易组织(WTO)服务贸易谈判中关于展示和展览服务中的承诺和减让》以及国家工商行政管理局发布的《商品展销会管理办法》《展览会的章程与海关对展览品的监管办法》等。其次,必须遵守伦理道德,在不违背人们的价值观念、宗教信仰、图腾禁忌、风俗习惯的前提条件下进行策划。最后,必须遵循行业规范,做到管理规范、程序合理、操作有方、竞争有序,在深刻把握会展经济内在规律的基础上完成策划。

四、会展策划的内容

会展策划行为尤其是经营贸易性的会展活动策划离不开市场,策划者必须以市场为导向,利用各种宣传、广告手段,营造氛围,形成市场声势,并利用各种关系和途径,建立起庞大的会展营销网络,进行广泛的市场推广,最终使得目标客户纷纷前来报名参加展会。

在整个策划活动中,以专业的展会服务赢得买家和卖家的支持与信赖十分重要。以展览为例,会展策划原则上以80%以上的参展商都达到参展目的、70%以上的参观商都达到参观效果为标准。

会展策划是一项综合性的工程,它所涉及的内容是多方面的,一般来说,会展策划的内容主要有会展的调查与分析、会展的立项与决策、会展的运作与实施、会展的效果评价与测定。

(一)会展的调查与分析

展会成功的关键在于严密的计划和细致入微的先期准备工作。收集、分析市场信息是策划会展活动最基础的工作。市场信息收集的过程是一个系统的、有目的的市场调查过程。它主要通过各种市场调查手段,有目的地收集、记录和整理有关市场信息和资料,客观地反映市场态势,进行市场分析和预测,为办展机构进行科学决策提供依据。

会展的市场调查是选定会展项目的重要依据,它是会展策划的基础,是必不可少的环节,是会展策划与组织的逻辑起点。会展调查可以是为会展本身提供资讯的调研,也可以是以展会为平台解决营销问题的调研。各种展会需要解决的问题不同,其基本调查实施的内容也随之有别。

一般情况下,市场调查要根据本地、本区域的经济结构、产业结构、地理位置、交通状况和展会设施条件等特点,围绕市场进行调查。市场调查的主要内容包括会展环境的调查、会展企业情况的调查、会展项目情况的调查、会展市场竞争情况的调查以及参展商、参观商、参会者、参加者、支持协助单位等情况的调查。

从为会展主办方提供会展策划必需的资讯角度来分,会展市场调查包括主题调研、场馆调研、参观人数预测、同类展会竞争者调研、居民意见调研以及环境影响调研等方面。在会展调查的过程中,根据需要,每一方面的调查又可以进行细分。例如,场馆调研的具体内容包括硬件条件调研,如场馆地点、交通情况、周边住宿条件、停车位数量、场馆空间规模、内部空间使用的便利程度、陈列道具的种类、多媒体设备条件、照明、空调、消防等;软件条件调研,如网络通信便利程度、邮政电信便利程度、管理系统等;服务水平调研,如基本设计制作水平、场馆内部搭建服务水平、施工水平等。只有在充分了解市场潜力、市场限制以及市场动态等信息的基础上,才能有的放矢地进行策划。

(二) 会展的立项与决策

在经过充分的市场调查与分析之后,是否举办或参加会展活动是必须明确的问题。做会展决定是一个立项的过程,也是一个决策的过程,会展的立项与决策应该掌握一定的策略。影响会展决策的要素有营销需要、市场条件、营销方式、内部条件等,会展的立项与决策应从分析决策的要素入手,确定会展的基本目标、集体目标和管理目标,然后决定会展的战略安排、市场安排、方式安排等。

在会展立项与决策阶段,可行性论证报告是一份非常重要的材料。会展项目立项可行性论证报告是会展策划者就某一个项目进行可行性研究的书面表达,它是会展组织者决定是否继续进行某项会展活动的依据。

(三) 会展的运作与实施

会展的运作与实施是会展的中心环节,也是会展策划的重心之所在。在这个阶段,会展策划人员根据会展策划方案的计划与安排进行广告宣传工作、会展组织工作、会展设计工作以及会展相关活动策划等工作。

会展宣传的主要方式包括媒体广告、户外广告以及推介活动等。媒体广告(包括专业媒体,如报纸、杂志、网站等;大众媒体,如电视、电台、主导性报纸等),主办者可以围绕不同的会展特点和亮点来进行宣传;户外广告,则是利用人流量较大的公共场所,以海报、灯箱、广告牌、宣传条幅、彩旗等形式进行宣传。除此之外,还可以通过新闻发布会、行业研讨会等形式来传播会展信息。

会展组织工作要求充分宣传、认真选择。以展览为例,在招展的准备阶段,需要建立潜在客户名单、设计并发放参展说明书、熟知参展中的知识产权问题等,展览工作筹划的步骤一般为:第一,按实际需要将工作分为招展组团、设计施工、展品运输、宣传联络、行政后勤、展台工作、后续工作等几大类;第二,在各大类之下详细列明具体事项;第三,弄清工作之间的关系;第四,定期检查工作进度和质量,及时发现并解决问题,以保证整体工作协调正常运作。

(四) 会展的效果评价与测定

会展的效果评价与测定是全面验证会展策划实施情况必不可少的工作。当整个会展策划、实施工作结束后,会展人员应及时进行评估、总结经验、寻找问题,并写出评估测定工作总结报告,为以后会展工作准备可借鉴的历史参考文献,不断提高会展策划的水平。

> **同步练习** 绘制一张发布会策划工作的思维导图。

五、会展策划的流程

大型展会的策划如世博会,不仅要考虑经济因素,还要考虑政治因素、社会文化因素等,因而它的策划有时政府部长乃至国家元首都会参与。在我国,虽然会展市场化的进程在加快,但不少展会还带有政府行为的色彩,因而其决策规划情况比较复杂。这里,参照国际展会的惯例,就一般展会的策划流程进行概述。

(一)成立策划小组

会展策划工作需要集合各方面的人士进行集体决策,因此首先要成立一个会展策划小组,具体负责会展策划工作。一般而言,会展策划小组应由以下几种人员组成。

1. 项目主管

项目主管一般由总经理、副总经理或业务部经理、创作总监、策划部经理等人担任。在会展公司里,项目主管具有特殊地位,负责展会项目的全部工作。项目主管是沟通会展公司与展会服务承包商、参展商的中介,一方面,他代表会展公司与展会服务承包商、参展商等洽谈业务;另一方面,他又代表展会服务承包商、参展商等管理、监督会展公司一切活动的开展。

大型会议或节事活动的项目主管往往由举办单位的重要领导人担任,因为在具体的会展策划过程中有许多相关政策、资金、人事的资源需要领导人来平衡、调配、定夺。

2. 策划人员

策划人员一般由策划部门的正、副主管和业务骨干来承担,主要负责编拟会展计划,协助项目主管主持、开展会展策划的具体工作。

3. 文案撰写人员

文案撰写人员专门负责撰写各种会展文案,包括会展常用文书、会展业务社交文书、会展业务专用文书、会展业务推介文书、会展业务事务文书、会展业务合同协议文书、会展业务法律文书等。文案撰写人员应该能够准确地领悟策划小组的集体意图,具有很强的文字表述能力。

4. 艺术设计人员

艺术设计人员专门负责进行各种类型视觉形象的设计。艺术设计人员是策划小组重要的组成部分。因为在整个会展策划过程中,诸如各种类型的系统设计、标志设计、广告设计、展示设计、展示空间设计等都需要设计人员的参与。艺术设计人员必须具有很强的领悟能力和将策划意图转化为文字、设计、图画的能力。

5. 市场调查人员

市场调查人员要能进行各种复杂的市场行情调查,并能写出精辟的市场调查报告。

6. 媒体联络人员

媒体联络人员要熟悉各种媒体的优势、劣势、刊播价格,并且与媒体有良好的关系,能按照会展策划方案的部署进行媒体规划,争取获得最佳的广告宣传效果。公关人员能够为会展公司创造融洽、和谐的公共关系氛围,获得各方面的支持和帮助,同时能够从公关的角度提供建议。

在会展策划过程中,由项目主管负责,各方面人员需通力配合,协调一致,共同做好会展策划工作。

（二）进行市场调查

市场调查是以科学的方法,有系统、有计划、有目的地收集、调查、记录、整理、分析有关产品或劳务市场等方面的信息,客观地测定与评价,发现各种实际情况,用以协助解决有关营销的问题,并作为各种营销决策的依据。

会展市场调查是会展策划的基础。从传播学的角度来看,市场调查是会展策划者为了了解市场信息,把握市场动态,进而确定会展目标和主题,编写会展策划方案,选择会展策略,评价会展效果等所必需的调研工作。只有在系统地收集有关市场与相关背景的资料,并在加以科学概括分析的基础上确立的会展策划,才能卓有成效地实现会展活动的总体目标。

在进行市场调查时,不仅要考虑本区域的优势产业和主导产业,还要综合考虑重点发展中的行业、政府扶植的行业等。具体分析行业市场状况,要摸清市场的类型,即属于买方市场还是卖方市场等。

以展览会为例,主办者需要将市场调研的重点放在以下四个方面。

(1) 市场前景分析(如政策可行性、市场规模及类型等)。
(2) 同类展览会的竞争能力分析。
(3) 本次展览会的优势条件分析。
(4) 潜在客商需求调查。

总之,在瞬息万变的市场中,如果没有科学的市场调研和预测做先导,会展的策划、运作就很难达到预期的目的。

（三）决定会展策略

做出会展立项的决定是一个决策过程,应该有相应的程序。在一般情况下,会展的立项与决策应考虑营销需求、市场条件、营销方式、内部条件等因素。在充分地进行市场调研与预测之后,需要进行会展目标市场的定位与制订会展营销计划。

以展览会为例,组织者在进行目标市场定位时需考虑以下因素。

1. 展览会的类型

组织者首先要明确自己所主办的是什么类型的展览会,因为政府主办的展览会、公益性质的展览会和商贸展览会在具体操作模式和策略的制定上有很大区别。

2. 产业标准

导致展览目标市场定位复杂的原因之一是一次展览会往往要涉及多个产业。如举办一次汽车展览会,组织者除考虑汽车生产企业外,还要努力吸引物流、运输等对汽车需求较大的企业,甚至一些研究机构等。

3. 地理细分

由于不同地区的参展商和专业观众有着不同的需求特征及营销反应,所以地理变量经常被作为划分展览市场的依据。在进行地理细分时,展会组织者不仅要分析不同国家的参展商对展览会的个性化要求,而且要弄清参展商在本国的具体分布,这样的决策才能行之有效。

4. 行为细分

行为细分是指根据参展商的参展动机、购买动机、购买状态或对展览会的态度等对其进行分类。其中,参展动机被认为是进行展览市场细分的最佳起点。

决定会展策略应该在充分掌握现有相关资料的基础上进行,如宏观政策环境、企业经营实力、会展市场竞争状况、顾客满意程度等。如从会展营销的角度来说,一份会展营销计划应包括会展营销现状分析、企业(或具体会议、展览会)SWOT 分析、营销目标的确立、市场营销组合策略、具体的行动方案、营销预算费用以及营销计划的执行与控制等。

(四)制定媒体策略

现代社会是一个信息社会,人与人之间、企业与企业之间都需要交流,而信息交流的主要载体便是各种各样的媒体。实施有效的媒体策略对会展活动组织至关重要,会展组织者要根据有限的广告预算以及举办会展活动的需要和条件来选择合适的媒体。在选择媒体的类型时需要综合考虑目标受众的媒体习惯、产品性质、信息类型以及广告成本等因素。

在会展活动中,不同利益的相关主体面向特定的公众需要采取不同的媒体策略。例如,若从提升城市形象的角度分析,在一次大型的国际会议、展览会或节事活动中,城市政府面向媒体的主要工作包括以下几点。

(1) 在会展活动开始之前,政府需要媒体对展会前期的准备工作、展会的特点、创新等做大量宣传报道。如举行记者招待会或组织专家学者讨论并在专门的媒体上发表声明,以吸引市民和潜在专业观众的注意。

(2) 在展会举办期间,继续组织有关媒体,尤其是本地的主流报纸或电视台对会展活动做进一步宣传,以满足不同公众对此次活动的关注需要。

(3) 展会活动结束之后,政府应该鼓励媒体对此次活动的效应和成果等做总结性的报道,以加深公众的印象,并达到提升城市形象的目的。

以展览会为例,若从参展商的角度来说,在展览会开幕之前,参展商除了通过直接邮寄等方式与客户联系并邀请对方光临自己的展台外,还要积极利用各种形式的媒体对本企业的参展活动做大量的宣传工作。如在报纸、杂志或参展手册上刊登广告,也可以利用展会主办者发行的展览快讯,宣传和介绍企业参展产品,以吸引专业买家来洽谈。在展览会期间,还可以通过别出心裁的现场表演、公关事件,或召开新产品推介会等,来吸引媒体和专业观众的广泛关注。

另一方面,为推广企业的品牌形象或提高产品的知名度,参展商必须与媒体保持良好的关系,并积极提供有价值的新闻,争取让媒体在展会期间对本企业给予更多的报道。

随着会展活动的不断升温,不仅是大众媒体,专业媒体也跟着热起来。纵观现有的会展杂志、报纸及网站的竞争格局和特点可以发现,专业刊物正走向多元化,刊物定位也更加鲜明,媒体的形式丰富多彩,互联网正在被深入应用,因此,在媒体策略的制定上,必须与时俱进,选择更加有效的媒体策略。

(五)制定设计策略

在会展活动中,展览活动的设计是最具代表性的。一般来说,展会设计包含总体设计方案和局部设计方案。

1. 总体设计方案

在总体设计方案中,首先,对展会的环境、场地空间进行规划,在平面、立体规划处理的基础上,结合展示内容和表现形式以及展出场地现存的建筑结构、风格,确定采光形式、整体空间的组织施工,考虑协调空间的环境等。其次,要确立展会的基调,主要包括展出形式的色彩基调和动势基调。在色彩基调的策划方面,要根据展出内容的特性、展出场地的环境特色、展出的季节、采光效果及功能区域划分等因素,分别选择适宜的色彩基调,提出相关的色谱,画出色彩效果图;在展出形式的动势基调方面,策划者要注意对韵律、节奏起伏的控制,要尽量给人以舒适的动感。

会展设计的总体设计方案还包括设计实施进度的安排、制订施工材料的计划、设计实施的经费预算等,这些都必须由总体设计人员进行精细的组织和策划。

2. 局部设计方案

会展的局部设计方案包括布展陈列中的会标屏风、展架、展台、道具、栏杆展品组合等;版面设计中的版式、图片、灯箱、声像、字体、色彩等;公关服务中的广告、请柬、参观券、会刊、纪念章、样品等。这些都应在总体设计思想的指导下设计完成。

好的设计不但能提高展会的品位,吸引参展者、参观者,而且对产品营销也起着潜移默化的作用。一般而言,较大的展览会的有关设计问题在开展前9个月就开始了。从参展商的角度来说,设计不仅仅是展台设计的问题,在策划阶段就要考虑设计展览结构、取得展览公司的设计批准资格、制作展览宣传册等。展台设计根据具体情况要求有不同的设计原则、功能区分,所以其设计的策略也是千变万化的。

以宣传材料的设计与制作为例,对于参展商来说,狭义的宣传材料主要指各种文印资料,如宣传册页、新闻稿件等。而事实上,宣传材料不仅仅限于现场分发给观众或记者的文字资料,它还包括很多形式,如邀请函、直接邮寄资料、产品介绍、DVD纪念包(手提袋)、酒店的户外广告或展览会的每日快讯等。

在宣传材料外观的设计上,必须体现整体风格,同时要能形成强大的视觉冲击力。外观设计主要是要解决材料的形状和大小两个问题,并要求设计富有人性化,便于携带。

(六)制定预算方案

良好的财务管理和预算控制是筹办会展重要的因素之一,如果安排得当不仅能起到增加收益、提高效益的作用,而且能使管理者了解收入的来源和结构,分析主要的投入项目,确定主要的收入来源。预算是协助实现财务目标的一个工具,可以把预算看作一张特殊的地图,它能引导公司达到所寻找的目标,为了达到这个目标,会展在制定预算时必须做到有计划、有步骤,不断更新信息。一般来说,一份会展预算至少包括以下几个方面。

(1)历史数据。回顾过去的工作,以便制定出相对精确的新预算。

(2)行政管理费。此项费用包括项目共享的费用,如工资、奖金、复印费、通信费等。

(3)收益。收益即预计的收入,包括公司拨款、注册费、出售展品和纪念品的收入、赞助等。

(4)固定费用。如印刷和邮寄宣传资料所需的费用。

(5)可变费用。如餐饮费等。

(6) 详细开列的项目。详细开列的项目列明预算中的各个项目。

(7) 调整控制。由于预算是根据估计而制定的,因此不一定准确,需要不断地调整。

在会展中,为了衡量一个项目的财务成果,必须设置一个用于实现既定财务目标的预算开支。预算采用的方式可视具体情况而定。

(七) 撰写策划方案

会展策划就是会展的策略规划,是为了会展的成功进行,对会展的整体性和未来性的策略进行的规划。它包括构想、分析、归纳、判断,一直到制定策略、方案的实施、事后的追踪与评估过程等。

会展项目策划与计划不同,它包括为达到目的的各种构想和创意,这些构想和创意是新颖的,与目标保持一致,有实现的可能。把项目策划过程用文字完整地记录下来就是会展项目策划案。

广义的会展策划案可以涵盖经市场调查而产生的可行性研究报告、项目意向书、项目建议书以及广告策划方案、宣传手册等,包括围绕某次会展的展前、展中、展后所有的策划文案。

(八) 实施效果评估

对于参加会展活动的各方来说,如果说会展相当于"播种",建立新的客户关系,那么会展的后续工作就相当于"耕耘"与"收获",将新的关系发展为实际的客户关系。会展的后续工作有很多,实施效果评估是其中的重要一环。

会展效果评估的内容也很丰富,包括工作评估和效果评估。会展效果评估需要由展出者自己安排或委托专业评估公司来做。会展效果的评估内容有定性的内容,也有定量的内容,在条件许可的情况下,尽量用定量的评估内容,这样能使评估的结果更客观、更有价值。

第二节　会展市场调查

会展市场调查与分析是会展策划的基础,也是会展策划必不可少的第一步。它是以科学的方法,有系统、有计划、有目的地收集、记录、整理和分析与会展相关的各种信息,从而为会展项目的确立和会展方案的设计提供科学依据的活动。只有在全面收集有关会展信息,并加以科学概括分析基础上确立的会展策划,才能确保实现其预期的效果。

一、市场调查与分析的内容

会展市场调查与分析的内容十分广泛,主要包括以下5个方面。

(一) 产业环境

一个会展活动可能会涉及一个或几个相关联的产业,涉及产业规模的大小会直接影响会展活动的规模。同时，收集的产业的相关信息，对于会展活动的主题选择、市场定位、战略管理甚至时间安排等都有重要的参考价值。

 同步阅读　浅谈如何通过市场调研策划会展

1. 产业规模

产业规模主要是指该产业的生产总值、销售总额、进出口总额和生产企业、经销商及从业人员数量等，这些信息是策划会展项目时需要参考的重要数据。例如，了解产业的生产总值和销售总额可以为预测会展的规模提供依据，而了解产业的生产企业、经销商及从业人员数量可以为预测会展的参展商和专业观众数量提供参考。

2. 产业发展阶段

一般而言，一个产业的发展都要经过投入、成长、成熟和衰退四个阶段。处在成长期和成熟期的产业比较适合举办会展项目，其主要原因是处于这个阶段的产业的企业数量多、利润空间大、竞争欲望强烈，并且会利用各种手段去扩大自己的市场占有份额。所以，企业会有较强的参展欲望。而处于投入期和衰退期的产业，由于企业数量少、市场容量小、营利性较差，较难举办会展项目。

3. 产业分布状况

产业分布状况主要是指该产业的产品的生产地和销售地的分布情况。了解产业的分布状况是制定展会招展招商和宣传推广策略的基础。任何一个产业都会有相对集中的产业带，这是按照其自身的发展规律，经过一定时间的发展而自然形成的。

一般来说，产业集中区域，由于企业的数量和从业人员众多，也就是展会招展招商和宣传推广的重点区域。

4. 产品销售方式

产业的产品销售渠道模式及其成熟度对举办会展项目的影响较大。例如，某产业产品的批发渠道比较发达，大型批发市场较多，或者各个企业的销售渠道已经自成体系，则在该产业内举办会展项目就会遇到很大的困难。另外，有些产业产品的订货和销售的季节性都很强，在这些产业中举办会展项目，应该结合产品订货和销售的季节性来确定举办时间。例如，国内家电行业有一个惯例，即大多数厂家和中间商都在每年的6月底确定下一年的销售或采购合同。此外，夏季即将来临时，市场对电冰箱、空调、冷柜等需求量将会陡增。因此，将家电类的展览会安排在6月份举办比较合适。

5. 产品形态

产品形态主要是指该产业的产品体积、重量和大小等。了解这些信息，对于会展场地的选择有着十分重要的参考意义。由于产品形态的差异，不同产业的会展项目对会展场馆在展馆室内高度、场地承重、展馆进出通道等方面的要求是不一样的。例如，重型机械设备展览会，由于展品庞大、沉重，就必须选择进出通道较大、室内高度较高、地面承重量较大的展馆。

此外,在调查和分析产业环境时,还应该密切关注该产业的发展趋势、最新动态和热点话题等信息,这些信息对于策划会展项目的各种相关活动很有帮助。

(二)目标市场

举办市场化的商业性会展,需要对目标市场信息进行全面的了解和深入的分析,并能在其基础上做出科学的应对决策。当策划一个新会展项目时,市场调研首先应回答三个问题:谁是我们的目标顾客?目标顾客有什么样的需求特点?市场需求量有多大?

对于会展项目而言,目标市场由潜在的与会者或参展商以及目标观众构成。

1. 与会者或参展商

应该了解和统计分析他们所关注的主题、可能会提出的要求、在某地区或某行业的影响力和辐射力等。尤其对于会展项目的举办者而言,可以通过向前几届举办者索取参展商信息,了解并分析这些公司的状况和在行业内的业绩表现,以及是否连续参展等,以估算本次展览的规模、成交额大小和参展商的特定要求等。

2. 目标观众

应该调查和分析目标观众的数量、行业构成、职务构成、地域构成等。通常目标观众的数量越多,最后的质量和效果就越好,因此目标观众可以算是决定会展项目质量的重要因素。通过了解目标观众的总体规模、是否来自会展项目主办者所期望的行业、对订货的决策权、来自哪些地区等情况,主办者大体能够得出现有环境和条件与会展质量的对应关系,从而为选择会展项目的决策提供依据。

(三)政策法规

所有会展活动都不同程度地受到所在国家有关政策和法律法规的影响和约束。因此,了解国家的政策法规对于成功策划会展项目十分重要。

1. 产业政策

一个国家在不同的历史发展时期会制定不同的产业政策,根据国民经济健康、平稳发展的需要,采取鼓励、扶持、限制等政策来促进或限制某一个或几个产业的发展。如果会展项目所涉及产业属于国家鼓励和扶持的产业范畴,不仅在发展环境方面能够得到政府的支持,而且也会吸引众多踊跃参展的企业。

2. 产业发展规划

产业发展规划是指国家和地方政府对某一产业的发展所做的长远和宏观规划。这种规划在某种程度上决定着该产业在今后较长时期内的发展状况和发展趋势。一般来说,在政府规划的重点产业和优先发展产业里举办的会展项目更容易成功,并具有较为广阔的发展空间。

3. 市场准入法规

市场准入包括两个方面:一是国家对举办会展项目的企业或机构的资格的限定;二是对产业产品的销售、使用和生产等方面的市场准入规定,如对药品实行"特许经营"、对香烟和酒实行"专卖"等。前者对会展举办者能否举办会展项目产生直接的影响,后者则直接或间接地影响企业的参展意愿和参展行为。

4. 进出口政策和海关规定

货物进出口政策直接影响海外企业的参展意愿,是策划国际会展项目必须了解的内容。另外,我国对展览会参展商品的报关有着详细的规定,在举办国际性展览会时,还必须详细地了解展品报关、监管和清关的手续与程序,以确保展览会的顺利举办。

5. 知识产权保护法规

展览会是参展企业发布和推介新产品较为理想的场所,很多企业利用参加展览会这一有利时机来展示和宣传自己的新产品与新设计。因此,如何保护参展品的知识产权,维护参展企业的合法权益,是会展主办者必须面对的一个现实问题。

此外,由于会展活动牵涉面广,还会涉及诸如交通、消防、安全、卫生等有关法律法规,在策划会展项目时,对这些法律法规也要有所了解。

(四)同类会展

在策划会展项目时,一定要对该产业内的现有同类展会的情况有所了解。一方面,可以为决定是否在该产业内举办展会提供决策依据;另一方面,也可以为在该产业内举办展会、制定竞争策略提供参考。

1. 同类展会的数量和区域分布状况

一般而言,同类展会的数量越多,意味着客户资源争夺越激烈,对在该产业中策划举办新展会越不利;而同类展会的分布区域越分散,说明会展企业之间的竞争激烈程度越弱,对举办类似的新展会也越有利。

2. 同类展会之间的竞争态势

在策划新的会展项目时,会展组织者必须尽可能详细地了解同类展会之间的竞争关系和它们竞争的激烈程度。

3. 同类重点展会的基本情况

所谓重点展会,是指那些规模和影响都较大、行业口碑较好,或者与计划举办的新会展项目有直接的竞争关系的展会。对于这些展会的基本信息,如主题定位、主办机构、举办时间、举办频率、举办地点、规模、参展企业数量及分布、观众数量和结构、展品范围等,应该予以全面、详细的了解。

(五)自身资源

只有会展举办者自身的资源条件能够满足会展项目的要求,该项目才能成功举办。因此,策划会展项目时,还必须对会展举办者的自身资源进行调查和分析。

1. 资金实力

资金实力即会展举办者是否有充足的资金支持所举办的会展项目。

2. 人力资源素质

人力资源素质即项目团队成员的素质是否能达到会展项目的要求。在考虑人力资源的调配时,举办者要考察自身能否在短期内为各项工作配备充足的人员,以及自身是否具备选择和培训人员、使之具备相应的专业知识和技术的能力。

3. 管理能力

管理能力即会展举办者是否具备举办所选择会展项目的管理经验和水平。

此外,企业品牌形象、数据库信息、营销网络和社会关系等也是会展举办者自身资源的重要组成部分。

二、市场调查与分析的过程

会展市场调查与分析是一个有目的、科学和系统的活动过程,这一过程大致可分为以下6个环节。

(一)确定调研目标

开展市场调研,首先要明确调研什么。在会展举办过程中,可能会遇到各式各样的市场问题,准确地界定这些问题是会展举办者面临的首要任务。因此,调研过程的开始首先是认识问题,明确开展调研究竟要解决什么问题。

(二)生成调研设计

会展调研设计就是要制订一个能够反映调研目标的要求并指导调研活动顺利进行的计划,其基本内容包括对调研目标的解释、拟定调研提纲、说明信息来源、选择调研对象、确定调研方法、安排调研进度以及经费预算等。调研计划的科学性至关重要,因为它是整个会展调研活动的纲领性文件和行动指南,所以这一阶段更需要调研人员具备非凡的组织设计能力和创新能力。

(三)收集会展信息

在会展调研过程中,收集信息是最难控制、最艰苦但却最终决定调研质量与结果的环节。会展信息的收集方式主要有两种:文案研究和实地调研。前者收集第二手资料,后者则收集第一手资料。两种方式都有自身的优缺点和适用范围,调查者应根据具体情况进行选择。一般情况下,通过实地调研所获得的信息更具体、更准确、更富针对性,当然其成本也高得多。

(四)整理分析资料

会展调研人员在收集到大量与会展项目有关的信息后,就要对这些信息进行筛选、整理和分析。整理分析资料的目的是解释所收集的大量信息和数据并提出结论。资料的分析需要具备一定的专业技巧和手段。根据工作流程,对资料的整理分析可分为以下三个步骤。

1. 筛选编辑

筛选编辑即从所收集到的调研资料中挑选出对解决调研问题有用的资料,并对这些资料的可靠性和准确性进行审核。

2. 分类编码

分类编码即按照特定的标准,对经过审核的资料进行分类编码,便于调研人员录入、统计。

3. 统计分析

统计分析即在资料整理的基础上,利用各种统计技术和分析模型,对信息进行加工、处理,并利用各类统计图表来明确、具体地说明调研的结果。

(五)撰写调研报告

会展调研活动的结果应该通过调研报告反映出来,在调研报告中所提出的结论将成为进行会展策划的依据。一份完整的会展调研报告大致分为6个部分:封面、目录、简介、调研结论摘要、报告正文及附录,见表3-1。

表3-1 会展调研报告的内容

要素	主要内容
封面	• 调研题目 • 调研会展公司名称或调研人员的姓名及所属部门 • 准备呈送的部门名称或具体收件人姓名 • 调研日期
目录	• 报告的各章节标题和对应页码
简介	• 调研原因说明 • 调研意义说明 • 调研人员构成
调研结论摘要	• 调研目标及意义 • 调研的基本方法 • 调研的主要结论 • 创新性建议
报告正文	• 对会展市场背景的详细介绍 • 对调研目标与纲要的详细说明 • 对调研过程与方法的详细说明 • 调研的基本结论 • 建设性意见和建议
附录	• 在调研过程中所使用的各种调查问卷,以及选定样本的详细资料 • 在调研报告正文中提及的相关统计图表 • 实地调研资料来源的单位和个人的名单及地址一览表 • 上门拜访人员的约访时间表、工作日志以及访谈记录等 • 今后可能需要保持联系的机构名单 • 其他相关资料

(六)跟踪调研成果

撰写和提交调研报告并不意味着会展调研工作的结束,调研人员还面临着一项重要任务:在使用调研结果的过程中进行跟踪检查。通过对调研结果的跟踪检查,不仅能进一步确认调研结果的正确性和适用性,同时还可以对调研活动的不足之处进行及时的调整。

三、市场调查与分析的方法

市场调查与分析的方法很多,在会展市场调研中常用的方法主要有观察法、询问法、实验法和文献法4种。

(一)观察法

观察法指调研人员根据调研的需要,深入调研现场,对调研对象进行直接的查看或测量(通过自身的感觉器官,如眼看、耳闻,或借助各种仪器,如照相机、摄像机等),以获取第一手资料的方法。会展调研所使用的观察法大致可分为非参与观察法和参与观察法两类。

1. 非参与观察法

非参与观察法是指将被调查者视为局外人,从旁进行观察,而不参与其活动。调查员可以分布在会展的不同位置,根据之前统一的要求进行现场观察,并在印制好的记录单上予以记录。调查员的观察不应打扰被调查者的行为,最好能够避免引起被调查者的注意。另外,也可以安装一些被允许的装置进行机器观察,如流量计数器、条形码识别仪、录像机、现场监测仪等。会展主办方可以利用这种方法对与会者、参展商和观众的行为进行观察,从而获得有用的信息。

2. 参与观察法

参与观察法是指调查员要和被调查者直接相处并与其一起活动,以便更深入地了解被调查者的观察方法。参与观察法仍是以观察为主,调查员可以作为会展中的一分子,参与产品试用、参加专业研讨等,有的放矢地进行观察研究。装成参观者考察本会展及同类会展活动的情况,在会展市场调研中往往能收到理想的效果。许多会展公司的调研人员都利用这种方法来考察自身及竞争对手的会展服务质量、现场管理水平以及会展参加者对会展活动的评价等。

观察法简便易行且直接、客观,但与此同时也存在明显的缺陷,即往往只能了解事件表象,而对于表象背后的真正原因或问题的实质挖掘不够。因此,会展调研人员在使用观察法收集信息时,应注意以下3点:第一,准确选择观察对象、时间和地点,如要选择合适的同类会展或有代表性的参展商等;第二,做到观察与思考相结合,努力捕捉有价值的信息;第三,认真做好观察记录,避免观察过程中的遗漏和记忆差错。

(二)询问法

询问法是由调研人员事先拟定调研提纲,然后请被调查者回答相关问题,以此来收集资料和获取信息的调查方法。这种调查方法被广泛采用,并且又分为许多不同的类型。

1. 问卷调查法

问卷调查法是一种利用统一设计好的问卷,向被调查者了解、收集会展信息的间接的、书面的、标准化的调查方法。按照问卷传递方式的不同,可以将问卷调查分为留置调查、邮寄调查或当面调查等类型。问卷调查法能够突破时空限制,在广阔范围内,对众多调查对象同时进行调查,并且具有匿名性、经济性、实用性和规范性等优点,因此是最常使用的调查方法。问卷调查法的一般程序为:①设计调查问卷;②选择调查对象;③分发问卷;④回收和审查问卷;⑤对问卷调查结果进行统计分析。在实施问卷调查时,首先必须精心设计和制作问卷。问卷的结构一般分为卷首语和主体两部分,其中,卷首语一般包括自我介绍、调查的目的、问卷填写方式、回收问卷的时间和方式及其他事项等内容;主体即为了达到调研目标和收集必要数据而设计好的一系列问题,分为开放式问题和封闭式问题两种。

2. 电话调查法

电话调查法是通过打电话向被调查者询问一系列问题并记下答案的调查方法。电话调查法是调研人员获取会展信息的一种非常简单、快捷的方式,它可以在短时间内与被调查者进行"接触",并从成千上万个装有电话的企业或客户中获取市场信息。但这种调查方法对调研人员有很高的要求,调查者不仅要具备一定的专业知识、调研经验和随机应变能力,还要有良好的沟通技巧和语言驾驭能力。在具体运用时,调研人员需要注意以下问题:①精心设计问句尤其是开场白,努力降低电话访问的被拒绝率;②在打电话之前应做好充分的准备,如熟悉调研问题、了解被调查者的职务及背景等;③把握好访问时间,一般在9:30—11:30,14:30—16:30,以及19:30—20:30为宜;④控制谈话内容,力求做到简短、实用;⑤做好电话访问记录。

3. 网络调查法

网络调查法是通过互联网向被调查者提出问题来收集信息的方法。从严格意义上讲,网络调查法属于问卷调查法的一种。其基本原理是调研人员将调查问卷通过互联网传递给被调查者,被调查者则在互联网上回答问题,然后调研人员利用预先设计好的程序对问卷调查结果进行统计。这种调查方法的优点是简单迅速、节省经费,缺点是调查结果的可信度较低。

网络调查法的操作方式主要有:①网上会展搭载的调研,这种方式成本较低,数据的回收与分析在技术上可以实现即时化;②门户网站的会展频道搭载的调研,门户网站的会展频道备受专业人士的关注,因而通过门户网站的会展频道开展市场调研是极佳途径;③通过 e-mail 邮寄问卷。

网络调查法正日益受到众多会展公司的青睐。因为会展活动具有典型的交互性特点,无论是会议公司、展览公司、搭建公司还是会展场馆,几乎都实现了企业上网,而且广大会展从业人员早已习惯了在互联网上搜索各类市场信息。

4. 小组焦点访谈法

小组焦点访谈法是调研人员组织若干名专业人士围绕某个会展问题展开当面讨论,最终获得比较一致的结果的调查方法。小组焦点访谈法的访谈人数通常为6—10人。这种调研方法的优点是能够集思广益,而且意见反馈迅速,但对主持人和小组成员的要求较高。在会展活动中,来自四面八方的业内专业人士汇聚一堂,使得平时几乎无法实现的小组焦点访谈成为可能。

5. 深度访谈法

深度访谈法是调研人员通过与某位受访者面对面的口头交谈方式来深入了解会展信

息的调查方法。深度访谈的对象主要有参加会展的重要官员、学者,以及参展企业的高层管理者和重要观众等。会展企业可以运用这种方法收集多方面的信息,最常见的如上门拜访重要客户,了解他们参会参展的特殊要求;在会展现场访问与会者、参展商和专业观众,征求他们的意见;向业内专家征询他们对会展项目的意见和建议等。深度访谈法的优点是应用广泛、了解深入、便于交流、反馈迅速、可控性强,缺点是在时间、资金和人员成本方面相对较高,同时对调查人员的综合素质和访问技巧要求也较高。

访谈时应注意以下问题:①做好充分的准备,事先了解访谈对象;②使受访者在充分了解问题的情况下做答,并尽可能结合受访者当时的具体情形开始访谈;③访谈的问题应该由浅入深、由简入繁;④控制好访谈,避免谈话跑题;⑤随时进行记录;⑥讲究礼貌。

(三) 实验法

实验法是调研人员从影响调查对象的若干因素中,选出一个或几个因素作为实验因素,在其余诸因素均不发生变化的条件下,了解该实验因素变化对调查对象的影响的调查方法。一般将实验因素称为自变量,如产品价格、服务质量、广告宣传或促销力度等;将被影响的指标称为因变量,如市场销售额、销售利润或市场份额等。实验法特别适用于与会展产品营销推广方案相关的调查,如分析价格变化对展览会招展工作的影响。在所有的市场调研方法中,实验法无论是在时间上、资金上还是在人力上,投入都是相对较大的。

(四) 文献法

文献法也称二手资料调查法,是调研人员从各种文献、档案资料中收集会展信息的调查方法。其调查对象是各种文献、档案,如图书、期刊、报纸、调查报告、政府文件、统计数据、会议记录、专刊文献、学术论文、历史档案、信息数据库和网络资料等。二手资料作为相对于原始资料而言的现成资料,一般不是围绕特定的调研主题而专门收集和整理的,但它们却与该主题具有一定的相关性,调研人员可以从中获得大量的有用信息。二手资料可以来自会展企业的内部,也可以来自会展企业的外部。其中,内部资料是企业的营销、客户管理、财务等部门经常记录或收集的资料,如参展商的参展申请、销售资料、财务报表等;外部资料常见的来源渠道有政府统计部门、行业管理部门、行业协会、商会、会展组织、外国驻华机构、新闻媒体、专业刊物和网站、科研机构等。

文献法是一种相对快捷、成本较低的调查方法,通常适用于对"某一行业会展市场的总体情况""会展项目的外部环境评价"等一般性问题的调查。

第三节 会展主题、会展题材

一、概念界定

确定题材,找对主题,这是会展策划的关键工作。通过调研,确定题材,找对主题,能防止内容雷同和重复。这无论对于办展者还是参展者都是一件利好的事。只有这样才能使展会办出特色,办出新意,办出品牌,并能赢得自己独特的展商群体和观展群体,才能使展会各方得利。

> **同步讨论** 会展主题策划更需要逻辑思维还是发散性思维?

(一)会展主题

会展主题也称为会展主题思想,它是一个会展的灵魂和精髓,是整个会展的核心理念,应对活动内容高度概括,指导整个会展活动的进行。那我们如何界定会展主题的概念呢?对此,学术界较为一致的观点是:会展主题是整合会展活动过程所反映的政治、经济、科学文化等社会生活内容的中心思想,也是会展主题思想。这一界定至少包括以下两层含义:第一,会展主题是对会展指导思想、宗旨、目的、要求等最凝练的概括与表达,是统领会展各个环节的"纲",并贯穿于会展活动的始终,它是会展的精髓,在一定程度上影响会展内容的安排、活动形式的选择和其他诸要素的设计;第二,会展主题是会展的主办者传递给参展商和公众的一个明确的信息,同时也是社会了解会展的首要方面。

会展主题就像一篇文章的中心思想,一个会展活动有了好的主题,就如一篇文章有了灵气,魅力倍增。一个会展活动如果没有主题,或主题不鲜明,就无法激发参与者的兴趣,必将难逃失败的命运。

1970 年,日本大阪世博会是亚洲首次举办的世界博览会,主题是"人类的进步与和谐",确定这样一个主题是因为此次世博会是美国宇航员于 1969 年 7 月 20 日登上月球的第二年举行的,故在该博览会上美国馆中展出了"月亮上的石头"。人们重温了当年宇航员的名言:"我现在走出登月舱了,这是一个人的一小步,更是人类的一大步。"

(二)会展题材

会展题材的确定是一项非常细致和专业的工作,它往往涉及产业的专业分类和专业配置。会展题材选择准确与否,直接影响到会展的专业性和市场拓展性,对会展的招展招商和未来发展有着重大影响。

所谓会展题材就是会展活动所涉及的行业或领域。就展览而言,就是举办一个展览会计划要展出的展品范围,换句话说,就是计划让哪些产品在展览会上展出。

二、会展主题策划

会展主题策划就是选择和确定会展主题并围绕主题策划会展活动的过程。策划者通过所要传达的中心信息刺激和约束参与者的行为,使他们能够依循策划者的信息去完成工作。它统帅着整个会展策划的创意、构成、方案、形象等各个要素,贯穿于整个会展策划之中,并把各种因素紧密地结合起来。

会展的主题是会展的灵魂。主题的好坏直接决定会展的当期利润和会展的生命。因此,会展主题的策划要注意以下几点。

(一) 主题的先进性

一个有吸引力的主题应该与时俱进。纵观国内外举办成功的大型展览会,无不与其主题的先进性密切相关。如拉斯维加斯的计算机分销商博览会(COMDEX),世界各国的计算机厂商都前往参加,成为世界IT界的知名盛会。而IT技术是当今社会和经济发展的热点主题,世界各国非常重视IT技术的发展。由于其主题的先进性,COMDEX吸引了大量的参展商和参观者。主题除了自身的先进性以外,还必须具有在应用领域上的先进性和广泛性。这样,可以吸引大量相关领域及应用领域的厂商参加展示及参观。

(二) 主题的广泛性

在确定会展主题之前,一定要进行充分的调研,主题必须具有研究、生产、销售及应用的广泛性。例如,北京国际科技产业博览会就具有广泛性的展览主题。科技是第一生产力,科技在促进生产力的过程中起着决定性作用。如科研院所、企事业单位都需要通过科技成果的展示与交易,来了解国内外的科技发展,同时促进科技成果的转化。因而,北京国际科技产业博览会成为名牌精品展会,规模一届比一届大,效果一届比一届好。

(三) 主题的可持续发展性

一个会展主题不能仅仅只办一两届就无法办下去,只有办的次数多了,在国内的影响力大了,会展才有可能办成精品展、名牌展,为未来发展打下坚实的基础。

(四) 主题的区位集散性

会展的目的是搭建技术、产品与服务的交易、交流平台。在具有技术与产品集散中心地位的城市,应该选择其具有流通区位优势的主题组织展览。如北京、深圳是我国科技力量很强、技术应用转化很快的区域,因而北京"科博会"、深圳"科博会"特别红火。而义乌是我国重要的小商品集散地,使得当地每年举办的小商品交易会客商云集,展览效果与效益都很好。目前,世界上有影响力的会展城市,如汉诺威、巴黎、新加坡等都具有很强的区位优势,我国的香港、北京、上海、广州等城市也具有较强的区位优势。

(五) 主题的综合服务性

选择会展主题能否成功,还要看其综合服务效应。会展主题太专一,不便于招展和组织观众。会展主题的综合服务性则是强调会展主题具有多种功能,可以满足有不同层次需求的展商与观众。如各种综合类型的博览会、交易会等,可以将各种类型的厂商都招进来,扩大规模和影响力。

(六) 重视地域特色

"民族的才是世界的",这句话告诉会展策划者一个道理,做会展要突出会展举办城市的特色,这些特色一般包括以下两个方面。

1. 产业优势

一般来说,选择展览会的展览题材,要根据展览会举办地的经济结构、产业结构、地理位置、交通状况和展览设施等条件来确定。展览会的策划要依托展览会举办地的产业优势,首先,考虑本区域的优势产业和主导产业;其次,考虑国家或本地区重点发展的产业;最后,考虑政府扶持的产业。有的城市是老工业基地,如沈阳等一些城市装备制造业发达,所举办的展览会就要体现出工业文明;有的城市旅游资源丰富,如杭州等一些城市要体现出旅游文化。

2. 文化特色

努力挖掘会展所在城市的文化底蕴,提炼会展主题,策划具有当地民族特色、反映当地风土人情的展会。例如:铜陵市的铜产业为该市的支柱产业,该市曾举办过"铜文化节";杭州丝绸展、西湖展、义乌小商品展等都体现了当地的特色;西藏文化、敦煌文化、徽文化为中国三大地方文化,西藏、甘肃、安徽可以举办相应的文化展,在全国甚至全世界进行巡回展出;淮南八功山为豆腐发源地,该市每年举办"淮南豆腐节";广西刘三姐的歌声余音绕梁,代代不绝,张艺谋在广西执导了2003年的"广西民歌节"。

(七)办展机构自身的办展目标和资源

在会展主题策划中,策划者除了具备策划的理论和相关的信息外,还必须对办展机构的优势、劣势有一个清醒的认识,然后扬长避短,做出选择。通过对细分市场的评估,策划人员可以发现一个或几个值得办展机构进入的行业,办展机构可以根据自身的实力选择进入一个或几个行业举办一个或几个专业展会。选定进入的行业以后,策划人员下一步就要决定哪些具体题材可作为会展的展览题材。如科技部门举办科技周,建材部门举办建材展,农业部门举办农产品展,卫生部门举办医疗器械展,家具协会举办家具展等,这些都与办展机构的行业特色有关。

三、会展题材选择

选择会展题材,一般根据会展举办地及其周边区域的经济结构、产业结构、地理位置、交通状况等会展设施等条件,首先考虑本区域的优势产业和主导产业,其次考虑国家或本地区重点发展的产业,最后考虑政府扶持的产业。在详细掌握了产业发展状况、经营环境等各种市场信息后,策划人员可以利用市场营销中的市场细分方法来确定将在哪个行业举办展会。

一般而言,在对各行业细分市场进行评估时,会展策划者需要重点考虑五个方面:第一,细分市场能否给企业带来合理的利润;第二,细分市场是否具有一定的规模和发展潜力;第三,会展企业的资源条件及经营目标是否与细分市场的需求相吻合;第四,会展企业是否在细分市场上具有竞争优势;第五,在该细分市场上举办会展是否具备可操作性。会展题材选择的方法如下。

(一)新立题材

新立题材就是涉足办展机构从来没有涉及过的产业,并从中选择展览题材。选择题材的方法有两种,一是市场调查法,选择一个或几个产业作为候选对象,进行市场调查,经过认真科学的分析以后,从中甄选几个比较有利的候选题材,然后进行项目可行性分析,以最终确定展览题材。二是模仿法,即办展机构可以从国外已经举办的展览题材中选择新的题材,在有些行业中,国内还没有展览会,但在国外该题材的展览可能已经发展得比较好,可以通过收集国内外的现有资料,进行对比,从中发现适合目前在国内办展的新题材。

1. 新立题材的优点

(1) 新题材往往是新兴行业,适合市场的发展趋势,举办成功的概率非常大,并且可以给举办机构带来可观的效益。

(2) 开发了新的业务范围,有利于办展机构拓展新的投资空间。

(3) 新的题材可以避开激烈的竞争,特别有利于新的、实力较弱的办展机构。

2. 新立题材的缺点

(1) 办展机构可能缺乏足够的资源,对新行业的厂商、行业协会、顾客等的信息掌握不够全面,不利于筹备工作的开展。

(2) 由于办展机构缺乏对该行业的了解,对行业的发展现状以及发展趋势把握不够准确,因此会削弱其市场号召力。

(二) 分列题材

所谓分列题材,就是将办展机构已有的展览题材做进一步细分,从原有的大题材中分列出小题材,并将这些小题材办成独立展会的一种选择展览题材的方式。

分列题材要满足以下条件才可以分列。

(1) 原有的展会已经发展到一定的规模,某一细分题材在原有的展会中已占有一定的展览面积。

(2) 由于场地限制等原因,某一细分题材在原有的展会中的面积已经很难进一步扩大,但是,如果将这一细分题材分列出来单独发展,其发展的空间将更大。

(3) 尽管某一细分题材在原有的展会中已经占有一定的展出面积,但是,如果就这一细分题材分列出来,原有的展会不会受到太大的影响,或者,这一细分题材分列出来后,原有的展会还可以得到更好的发展。

(4) 某一细分题材与原有展会其他题材之间有相对的独立性,这一细分题材的企业和客户可以从原有展会中分离出来。

(5) 收集到的各种信息表明,这一细分题材适合单独举办展会。

如果达不到上述条件,分列题材就可能会导致失败。

采用分列题材的办法选择新展览题材有以下几个优势。

(1) 由于细分题材是从原有展会大题材中分列出来的,公司对该题材有一定的了解,并有一定的客户基础,新展会容易举办成功。

(2) 该细分题材分列出来以后,不仅为原有展会的其他题材让出了更大的发展空间,而且依据细分题材所办的新展览会也可以更加发展壮大。

(3) 原有展会和依据细分题材所办的新展会都将更加专业化。

但是,采用分列题材的办法选择新展览题材也有一定的风险。

（1）分列的时机很难把握，很难确定什么时候才是将某一细分题材从原有的展会中分列出来的最佳时机，如果时机把握不好，题材分列就很难成功。

（2）将某一细分题材从原有的展会中分列出来，会给原有展览会造成多大的冲击往往较难把握。

（3）办展机构是否已经具备将某一细分题材从原有的展会中分列出来独立办展的实力，要经过慎重考虑才能决定。

（三）拓展题材

所谓拓展题材，就是将现有展会所没有包含的但与现有展会密切关联的题材，或者是将现有展会大题材中还未包含的某一细分题材列入现有展会题材的一种方法。

要采用拓展题材，必须具备如下条件。

（1）计划拓展的题材与现有的展览题材要有一定的关联性，否则，拓展展览题材的必要性就不大。

（2）现有展会能容纳计划拓展题材的加入，即计划拓展题材的加入不会给现有展会造成任何操作上的不便。

（3）现有展会的专业性不会因计划拓展题材的加入而受到影响。总之，计划拓展题材的加入对现有的展会不能是"画蛇添足"，而应是"锦上添花"。

在会展中，拓展展览题材具有很多优势。一方面，拓展展览题材可以扩大展会的展品范围，而为扩大会展规模做出贡献；另一方面，拓展展览题材也可以扩大参展企业数量和观众来源，拓展会展发展空间。

与上述优势相对，拓展展览题材处理不当也会给展会带来风险。

（1）如果拓展的展览题材与现有展会的题材关联性不大，会使现有展会失去其专业性。

（2）新题材的加入可能会影响到现有展会的展区划分，影响到现有展会的现场布置和管理。

所以，在执行拓展会展题材策略时，满足上述三个拓展条件是其执行的重要前提。

（四）合并题材

合并题材有两层含义：一是，将两个或两个以上的展会中相同或相关联的展览题材合并在一起展出；二是将两个或两个以上题材相同或相关联的会展合并为一个会展。合并题材是小型展会常用的办展方法。为了降低风险，必须做好前期工作，前期工作主要包括以下几点。

（1）考察合并题材，要求题材是同一题材，或者是关联性很强的题材。

（2）考察合并题材后的影响，应充分估计合并会给各会展带来什么样的影响，并且制定相应的策略，以降低不利影响。

（3）确定办展机构之间的分工协作、利润分配、会展的发展战略等，为会展的成功举办打牢基础。

（4）选择合并时机，使该行业的厂商、顾客等能充分了解并接受。

合并题材带来的好处主要表现在以下方面。

(1) 题材合并以后,两个或两个以上的办展机构可以投入相对于原会展更多的精力,办好办强会展。

(2) 两个或两个以上的会展题材合并后,可以减小竞争,投入更多的资源办好会展。

(3) 合并后的会展具有规模效应,可以吸引更多的厂商、观众参与,提高会展的影响力,从而得到行业内知名企业的支持,从而提高会展的档次和水平。

本章小结

会展是经济活动中的一种有效的营销方式,而会展策划是会展运作的核心环节。会展活动要从创意变成项目真正实施,离不开会展策划。会展策划是对会展的整体战略与策略的运筹规划,是指对于提出会展战略和计划、实施并检验会展决策的全过程做预先的考虑和设想。本章在梳理清楚现代会展概念的基础上,对会展策划的概念、特点、基本原则、基本内容和程序做了讲解。进一步说明了做好会展策划的两项基本前提工作——会展市场调查和会展主题策划。只有在全面收集有关会展信息,并加以科学概括分析的基础上确立的会展策划,才能确保实现其预期的效果。会展市场调查包括会展市场调查的内容、过程和方法。会展主题即会展的精髓,是会展的指导思想、宗旨、目的、要求等最凝练的概括与表述,是贯穿于整个会展过程所反映的经济、政治、文化等社会生活内容的中心思想。它是对于会展的整体的策划过程,贯穿于整个会展策划之中,统帅着整个会展策划的创意、构成、方案、形象等各个要素,并把各种因素紧密地结合起来。

通过本章的学习,学生可以学会客观地分析影响会展活动开展的各种因素,能够进行会展项目市场调查,掌握会展操作的一些基本思路和常用手法,并能灵活运用正确的理论知识进行会展策划与组织,以便为以后从事会展行业工作打下坚实的基础。

关键概念

会展策划　产业环境　目标观众　会展主题

复习思考

1. 结合某项会展活动,阐述会展策划的内容。
2. 列举会展题材选择的方法。
3. 用所学知识,思考一项会展活动如何进行市场调查分析?

拓展案例 "上交会"主角为何转向消费品?

1992年,上海全国商品交易会(简称上交会)首次成功举办,此后规模越来越大,参会客商遍及全国各地。截至2000年,前6届累计参展企业近万家,参观人数超过80万人次,成交总金额达到500亿元。上交会展出的商品从高科技的数控机床到人们日常的吃、穿用品,逐渐发展成为我国规模最大的"内贸会",对促进市场繁荣,推进省际的经贸发展起到了积极作用。

2001年,上交会正式更名为上海全国消费品交易会,展品扩张到了几乎百分之百的吃、穿、用等生活类消费品,而往年作为高科技代表的数控机床等产品悄然隐退。上交会明确定位于消费品市场,这一转变是极有远见的。

进入21世纪以后,上海会展业飞速发展,各种展览会、交易会急剧增多,每年举办的各类国际性、全国性展会达到200余个,特色鲜明的工博会、旅交会、华交会频频亮相,促使上交会必须与兄弟展会分流,走创新之路。

上海本来就是中国最重要的消费品市场,国际知名商品开拓中国市场,把它当作"桥头堡";国内特色商品走向全国,乃至世界,上海又是中转站。同时,国家扩大内需的政策和消费品市场的巨大发展潜力将给上交会带来更大的发展空间。上交会聚焦消费品,聚焦扩大内需,使它的目标客户群更明确。果然,更名后的上交会参展商比上一届增加了将近一成,前来索取参观券的观众也大幅增长,上交会再一次表现出蓬勃的生命力。

(案例来源:http://www.bizhong.com/6577.html.)

案例思考:

1. "上交会"会展题材选择的依据是什么?
2. 通过"上交会"的成功转型,如何理解会展定位?

第四章 会展营销

◆ 学习目标

1. 知识:阐述市场营销的核心概念。
2. 理解:归纳、解释会展营销的特点。
3. 应用:会展营销与一般产品营销的不同特点。
4. 分析:针对典型案例,综合运用会展营销知识进行会展营销策略分析。

◆ 学习任务

名称	会展营销策略分析
学习目标	1. 理解会展营销产品的特点 2. 针对典型案例,进行会展营销策略分析
学习内容	会展营销策略分析
任务步骤	1. 由4—5名学习者组成小组,各组寻找一个会展案例 2. 对案例进行会展营销策略分析,包括目标市场分析、营销组合策略设计 3. 进一步调研,从会展营销策略选择到营销内容设计,比较同类型标杆案例,进行对比分析 4. 各小组完成分析报告和PPT汇报
学习成果	"会展营销策略分析简报"

◆ 案例引导

小松山"把买家留住"的营销管理

小松山是日本一家生产推土机和巨型挖掘机的集团公司。小松山参展目标并没有非常特别之处,无数参展商每年都制定出相似的主题和可以比较的目标。但是,小松山突出的地方却是利用高明的措施,真正留住了买家。

1. 汇聚人气

小松山展区的前区和中区,这是一个有着80个座位的剧场式的主活动场所,舞台被点缀得像飘扬的风筝,是参观者到达小松山展区的第一站。每隔半个小时,公司派出的4个演员就会进行一段12分钟的演出,节目直接表现展销主题,即生产率、可靠率和价值率。节目间隙,小松山播出婴儿潮时期出生的人喜欢听的摇滚音乐,目的是吸引这群人。

2. 推动观众

每场演出结束时,迷人的女主持人就会把小松山的帽子发给要离去的观众。大约80%的观众为演出所吸引,进入小松山的展区,只有5%的人去了其他展区。进入小松山展区的参观者很快发现,这些女主持人对他们很有帮助,因为主持人熟知产品经理、工程师以及具体产品的销售代表,她们可以帮助潜在买家与小松山的任何管理者见面。

3. 多层展示

中心活动区域的演出结束一分钟之后,还有两个更短的演示活动。这两个演示主要是对具体产品的描述:中心区的左侧是推土机和滑动装货机产品系列;中心区的右侧是挖土机、轮转装货机和垃圾车。产品演示原先设计都为8分钟,但在第一天的演示中发现,右侧的演示不能让观众坚持8分钟。于是,策划者们把其中的原因记下,以避免下一届展览犯同样的错误,同时把这一侧的演示时间减少了3.15分钟。女主持人也运用她们学到的小松山产品知识,引导参观者积极参与进来,这样就延长了来此区域的参观者停留的时间。

4. 持续推动

在展区后部的轮转装货机模拟装置和操纵杆是真实装货机上的复制品。人们可以通过它来测试自己的操作技能,就像一个真正的重型机械的操作手。外面排队的人可以同时观看现场即兴的表演和参赛者们的操作水平,真是一种享受。参观者平均等待的时间为20分钟,但是,他们花在这里的每一分钟都意味着对手失去了观众本该花费在他们展台上的时间。

个人照片是对参观展览的回忆,这种回忆证明是对上述问题的绝妙回答。在展中和展后的6周时间里,网站就被点击了375000次。由于点击者要查看他们的照片,所以他们也能查看小松山在博览会展出的21种机械产品的技术指标。

自参展以来,小松山每周都通过保存在"快速反应系统"内的客户资料来追踪分销商的销售进展。由于参展的缘故,他们在短时间内已经做成了好几笔买卖,包括博览会第二天就达成的交易。

(资料来源:杨顺勇,丁萍萍.会展营销[M].北京:化学工业出版社,2009.)

案例思考:

1. 参展企业营销的主要策略有哪些,思考可以从哪些方面进行创新?
2. 会展企业如何围绕会展营销管理配置资源?

世界会展业得以发展到今天的规模和档次,营销推广从中发挥了重要作用。会议、展览会、活动、奖励旅游甚至一座城市的会展业本身就是一个抽象化的产品,因而需要制订周密并可行的市场营销计划,这样才能将会展活动环境更好地推销出去,从而最大限度地实现预期的目的。本章将从对营销的重新认识入手,辨析会展营销的几个基本概念,最后构建会展营销的体系。

第一节 会展营销原理

一、市场营销的概念

市场营销的英文是 marketing,是从市场(market)词引申出来的。市场营销是一个动态的概念,其含义随着市场营销学的演变而不断地发展和完善。几十年来,国内外学者对其定义提出了许多不同的表述。

1962年,美国市场营销协会委员会曾将市场营销表述为"是引导商品和劳务从生产者手中到达消费者手中所实行的一种商业活动"。这个表述有两层含义:①市场营销作为一种商业活动,是从生产过程结束时开始的,中间经过商品交换、广告宣传、推销、仓储、运输等一系列的活动才把商品传达到消费者手中;②这个表述是以企业生产的商品能够适合顾客需要为前提的,即它假定企业提供的所有商品都一定能够找到销路。

从社会角度来看,市场营销是个人和集体通过创造产品,并同他人自由交换产品和价值,从而获得所需东西的一种社会过程。这个定义包含了以下一些核心概念:需要、欲望和需求,产品、价值和满足,交换和交易,市场、营销和营销者。随着市场营销活动的发展,现代市场营销活动的起点也越来越高,内容越来越复杂,其含义远远超过了美国市场营销协会委员会当时所下的定义,因为他们把市场营销活动仅看作流通领域中一种单纯的商品出售分配活动,在范围上缩小了,不能体现现代市场营销活动的本质特征。市场营销活动的范围应远远超出商品的流通领域,渗透到生产领域和消费领域。

因此,现代的市场营销是以满足顾客需求为出发点,从目标市场出发采取有效的市场营销组合来创造利润,不仅如此,还有意地激发和引导需求,并进一步使顾客的潜在购买力转变为产品或服务的有效需求的管理过程。市场营销的管理过程体现了以下核心概念。

(一) 需求

需求分析是市场营销活动的出发点,正如管理学大师彼得·德鲁克所说:"营销的目的就是要增加需求。为此,要深入了解顾客,以便产品和服务具有适用性,并由自身产生销售。"需求指针对特定产品的欲望,这种欲望得到满足必须具备两个条件:一是消费者愿意购买,二是有支付能力。人们总是依据自身的愿望和支付能力来选择能最大限度地满足其欲望的产品。市场营销活动的目标就是通过发现、满足、引导顾客需求来占领、创造和管理市场。

(二) 产品

产品是联系买卖双方的纽带。所谓产品,是指可以通过交换来满足人们需要和欲望的任何事物,它涵盖了实物产品、无形服务和其他能够满足消费者需求的一切载体。顾客购买许多产品的目的并不在于拥有它们,而是因为这些产品能带给自己某种利益。因而,市场营销工作的重点不是单纯地描述产品的物理性质或服务的优良,而是要深入分析市场需求和顾客利益,进而设计和销售适销对路的产品和服务。

产品大致由三个层次构成,即产品核心利益、一般产品和延伸产品。其中,核心利益是指产品所具有的满足顾客需求的效用,即顾客所购产品的使用价值;一般产品指产品的外在形态,即产品使用价值的载体,它既包括有形的实物,也包括无形的服务、概念等;延伸产品是指顾客购买产品时获得的所有扩展性的服务和利益,如产品或企业的信誉和保证、送货与储存、安装调试、咨询、技术培训等。

(三)顾客价值与顾客满意

顾客价值是指顾客拥有和使用某种产品所享受的利益与获得该产品所需成本之间的差别(菲利普·科特勒,Philip Kotler)。产品的顾客价值越大,消费者就越愿意购买。面对可以满足某种特定需要的诸多产品,消费者一般根据对产品所能提供价值的感知做出购买决策。成功的市场营销应通过一系列活动,让受众认识到产品的价值以及对自己的独特利益,以提高产品或服务在顾客心中的感知价值。顾客满意度取决于产品的感知使用效果,当产品的感知使用效果高于顾客的期望时他们才会满意。顾客满意对产品质量提出了百分之百的要求,一个企业只有在其产品和服务满足或超过顾客的期望值时才算达到了全面质量标准。"100—1—0"的质量管理理念正好说明了这个问题。

(四)交换

交换是营销的核心理念,因为营销是伴随人们的交换行为而产生的,只不过与一般意义上的交换活动相比,营销的内涵要丰富得多。在简单的市场交换中,卖方售出商品换成货币,买方付出货币获取生产资料或生活资料,而营销是通过创造和交换价值,使个人或群体的欲望和需要得到满足。

随着现代市场营销的迅速发展,交换概念有了更新、更深、更广的含义。首先,交易双方交换的只是彼此所拥有的价值,而不仅是购买或交换某种产品或服务;其次,营销者除了要实现短期交易行为外,还努力与消费者、分销商、政府等一切目标受众建立和保持长期的关系。换个角度说,现代市场营销者的目的就是使目标人群对某种思想、产品、服务或其他事物产生预期反应,而不仅仅是关心其是否在短期内购买。

二、会展营销的内涵与特征

(一)会展营销的内涵

会展业是一个特殊的行业,会展项目是一种特殊的商品,这种商品在时空上具有特殊的特征,它不可存储,留待以后出售。会展营销(exhibition marketing)与一般市场营销相比,也有自己特殊的规律。因为会展活动必须有与会人员与参展单位的参与,所以从某种意义上说,市场营销对于会展业比其他行业更为重要。如果不能在特定的时间内达成参展商的购买、吸引目标群体的参与,那在一定时期后便失去了价值。

所以说,会展营销是指会展主办单位对会展项目、会展服务的策划、设计、定价、招展以及展后服务的计划和执行过程,以参展单位的需求为中心,适应会展市场环境的变化,实现会展项目的价值交换。

作为一种服务性产品,会展产品具有自己的特点。会展产品的特点包括以下几个内容。

首先,会展产品的无形性。会展产品是一种服务性产品,必须依托一定的实物形态的资源与设施(展台)。会展产品中实物形态的产品是无形的会展服务的载体。会展产品的价值并不是体现在具体的实物上,而是凝结在无形的会展服务之中。参展企业购买会展产品前,并不可能通过身体器官感受和了解会展服务,只有在接受整体会展服务时才能体验到。因此对于会展产品质量的评价,取决于参展者个人的主观感受。会展产品的深层次开发较多地依赖于无形产品的开发,在大体相同的会展基础设施条件下,会展产品的设计策划具有很大差异,会展经营者必须通过提高会展服务质量和服务水平,不断进行服务创新来满足参展企业的需求,树立起会展产品的信誉,从而赢得参展企业的信赖。

其次,会展产品的同一性。会展产品具有生产与消费高度同一性的特点,会展产品的销售过程同时也就是参展企业对会展产品的消费过程,两者在时空上不可分隔。会展产品的销售必须由参展企业直接加入其中,才能有效完成对参展企业的服务。也就是说,会展产品的生产过程中生产者与消费者必须直接发生联系,两者之间是一种互动的行为。会展产品生产与消费同一性的特征,使会展产品无法像其他有形产品那样暂时销售不出去而储存起来。由于会展产品不存在独立的生产过程,而且其产品形式不是具体的实物产品,所以只有当参展企业购买它并在现场消费时,会展产品的使用价值才能实现。

同步思考 会展营销与一般产品营销的差别在哪里?

最后,会展产品的不可重复性。会展产品所凭借的会展资源和会展基础设施是相对固定不变的,参展企业必须到会展目的地进行展览活动,而不能像其他实物产品一样通过从生产地运输到异地销售实现商品流通,而只能通过招展活动把参展企业从各地聚集起来。会展经营者必须采用先进的传播手段和工具向参展者宣传会展产品,另一方面做好市场调研工作,提供适销对路的会展产品。

(二)会展营销的特点

会展营销是一个资源综合利用的过程,会展营销牵涉的利益主体、内容、手段等皆有其特殊性,与一般营销活动存在明显区别。其特点主要有以下几点。

1. 综合性

综合性是指一次展会可能要牵涉众多的企业和组织,大型的国际性展会可能由当地政府主办,由一家或几家展会企业承办,其中,个别较复杂的活动则由具体的项目组去承担。换句话说,一个展会由多方面共同操作,且各自承担的工作在深度与广度上有所不同,但进程必须保持一致,合作也必须紧密有效。

2. 整体性

会展营销的内容具有整体性,展会举办时间、地点、主题及内容都是参展商和专业观众所关心的,所有环节在策划时都必须周密考虑。会展营销的整体性大到展会或大型活动的外部环境,如城市安全状况、城市综合接待能力等,小到展会项目本身有无吸引参展商或参会者的细节问题,如展会简报、手提袋的设计等。

3. 多样性

多样性是针对会展营销的手段而言的。会展企业必须利用各种手段进行宣传,以达到预期的营销目的。以广告手段为例,从传统的广播、电视、报纸,到各类行业杂志、专业会展杂志、户外广告、互联网广告等。根据会展项目的特点,需要综合调动多样的媒体予以宣传。

4. 参与性

在展会活动中,与会者和参展商的参与性都比较强,组织者必须与其实现互动,才能提高与会者和参展商的满意度。因而,对于会展营销人员来说,要策划、设计出合适的参展项目,需要与参展单位、展会人员充分沟通,以达成默契。

  "互联网+会展"之会展营销新变革

三、会展营销管理的内容与过程

(一)会展营销管理的特征

会展营销管理是指对会展企业的经营项目和营销活动进行计划、组织、执行和控制,以便能创造、建立和维持与会展企业目标市场的良好交换关系,实现会展企业目标的活动。

会展营销管理的特点如下。

①会展营销管理的目的是使期望中的交易达成。

②会展营销管理是一种包括分析、计划、执行和控制的综合性活动。

③会展营销管理的实施可增加企业和顾客双方的利益。

④会展营销管理注重产品、价格、促销、渠道、人、有形展示和过程的相互协调和适应,以实现有效的营销。

会展营销管理不同于会展企业的其他内部管理活动如项目管理、财务管理、人事管理等,具体表现在以下几个方面。

①会展营销管理所牵涉的对象不是处于会展企业内的,而是处于会展企业外的不特定对象。

②营销管理的中心是交易过程。

③由于营销管理与外在环境的密切性,任何调整不仅仅涉及会展企业内部的行动,并且还要求外在环境的配合。

（二）会展营销的主体

会展业是一项综合性的行业，举办一次活动所牵涉的利益主体很多。会展企业也不仅仅指承办展览会或会议的专业公司，还包括会议中心、展览场馆、展品运输公司等一系列为会展活动服务的机构。这里所说的会展营销主体是指会展运作过程中的主要参与者，包括组织者、参展商、展会观众3类。其中，组织者是一个展会事件的发起者、展会事务的执行者和展后事务的处理者，在会展营销中处于主体地位；参展商是受会展组织者邀请，通过订立参展协议书或提前注册入场参观，与参展商进行洽谈的自然人、企业以及其他相关的市场主体。

1. 展会组织者

展会组织者通常包括主办者和承办者两类。展会的主办者主要包括各级政府部门、各级贸易促进机构、各类行业协会、商会和部分规模较大的会展专业公司。各级政府部门和贸易促进机构代表国家和地方利益，在组织展会时，主要考虑的因素是国家和地方经济发展规划、贸易和产业政策等，在此基础上兼顾考虑其他因素做出展会的决定。例如，现今世界各地争相举办的世界博览会就是如此。商会、行业协会代表行业的利益，因此，其主办的展会主要考虑产业或行业政策和发展规划。由于这些机构是建立或设立在企业的基础上的，因此，它还强调为企业服务。一些公司、企业也会举办或赞助展会，主要目的在于在展会上推销其产品或服务。他们还可能与政府部门结成伙伴举办展会，以便发布新产品，促进销售，提升公司形象。

展会的承办者一般为企业法人，受主办者委托，主要负责展会的具体运作过程。我国原对外贸易合作部在《关于出国（境）举办招商和办展等经贸活动的管理办法》中规定了展会承办单位的职责，即根据举办单位的要求，具体办理布置会场、运送展品、安全保卫、广告宣传、现场活动、安排人员食宿交通、办理出国手续、收取费用等工作。在我国展会的实际运作过程中，展会的承办者的职能在不断地扩充，随着展会市场竞争程度的加剧，展会承办者的职能会得到进一步扩大。

2. 参展商

参展商是参加展会展出产品或服务的企业或公司。对于参展企业来说，参展是企业的一种营销活动，企业在展会中不仅可以展示新技术、新产品，还可以借此树立品牌形象，提高企业或产品的知名度。在企业的所有行销方式中，参加展会是一项费时费力的活动。它环节多、周期长，而且各个环节紧密相连。因此，参展商的参展筹备工作十分重要。在现代会展项目策划与组织中，参展商对参展项目需要进行周密的计划与安排，从经费预算、人员安排（包括筹备人员和参展人员），到项目运作（包括调研、联络、展品、运输、设计、施工、宣传、公关、膳食住行）等都要统筹考虑。参展商要使自己的参展做到有备而来、满意而归，可以归纳为以下几句话：谨慎选择、及时决定、用心准备、完善服务。

参展商在展后要重视展会的一些后续工作，即对客户的跟踪调查、售后服务、参展效益评估、参展活动总结等。

3. 展会观众

展会观众是会展主体的一个重要组成部分，按照展会观众的身份、目的的不同，可分为专业观众和一般观众两类。专业观众是直接与参展者利益相关,为会展市场中关键要素的观众群体。他们或扮演供给方的角色,或成为需求方,因此,专业观众参加展会的目的直接与其业务相关。按照专业观众的参会目的又可以将其分为产品供需型和技术探求型两类。产品供需型专业观众以产品交易为最终目的,通常由市场人员组成,如采购员、市场部经理等。技术探求型专业观众则不以达成合约为目的,其观展的目的在于探求相关领域技术的发展状况,了解该领域的最新动态,该类观众主要由技术人员构成,如软件开发者、工程师、设计师等。

一般观众是出于兴趣和爱好来了解展会情况的群体。由于一般观众只是希望初步了解展会的情况,因此,许多展会,尤其是专业技术展会是不允许一般观众入场的,即使允许,也只是安排在展会的最后两天,而且,参展商通常不太重视一般观众,只有在消费类产品和服务的展会上,一般观众才得到重视。

(三) 会展营销管理组合

会展项目作为一种产品,与一般产品的营销活动相仿,也可以采用营销策略组合来进行营销。在传统的 4Ps 营销组合(产品、价格、渠道、促销)基础上发展而来的 7Ps 营销组合策略更加符合会展产品作为服务业产品的特征要求。即会展营销策略组合可以由以下 7 个要素构成:产品、价格、渠道、促销、过程、人员、实体展示,7 大元素构成了会展营销 7Ps 策略。

1. 产品(Product)

对于会展组织者来说,会展活动本身即是其提供给市场的产品。在这一框架内,会展产品体现为多层次、多形式的产品复合体,不但包括展览展位、会议席位等有形的要素,也包括服务质量、品牌形象等无形的要素。

会展的主题的选择和开发是形成会展产品的基础。项目选择的准确意味着会展产品符合市场调研的结果,具有市场针对性和可行性。会展产品是个复合体系,不仅意味着会展产品的内涵丰富,构成复杂,也意味着不同的利益相关方对产品认识将各不相同,产品开发和营销的不同阶段其产品内涵也要不尽相同。因此,对于会展产品的任何一个组成要素都应该要精心考量,系统开发,动态发展,不断创新,使得会展产品日益完善,具有可持续发展的能力。当然,在这里不得不提到,会展产品必须注重品牌,品牌会展是会展组织者的重要无形资产,对于今后的会展产品策划和营销有着重要和深远的意义。

2. 价格(Price)

一般而言,会展项目产品的价值主要是通过参展商、专业观众的参展、观展,与会者的参会来实现的。会展产品营销成功后的收益主要来自参展商的参展费、与会者的参会费,以及租赁费、会刊收入、赞助费等。

而会展组织者要负担的成本主要包括各项调研费、场地费、营销推广费、设备费,以及会展结束后的信息搜集整理、客户维护以及其他营运和一般管理费。除了一些公益性会展活动、奖励型会议与公司展览等项目外,会展产品的定价都应该注重成本与收益的比较,并在项目运营后获取一定利润的。

主办方或会展企业在制定会展产品的价格时,需要考虑以下因素:会展行业竞争状况及企业的竞争能力、会展项目的成本情况、会展市场需求状况水平、会展项目周期、市场发展情况以及市场环境、会展产品定价目标、会展企业整体经营战略等。

综合以上的因素,确定会展组织者承担的成本和预期获得的收益,在运用成本导向、需求导向、竞争导向等定位方法,以及心理定价法、折扣定价法等定价技巧来确定产品。

3. 渠道(Place)

会展营销渠道是指对会展项目进行推广的路径和机构。通常,会展营销渠道可以分为直接营销、代理营销、直接与代理相结合的营销三大种类。

 会展营销的方法

4. 促销(Promotion)

会展产品的促销方法主要包括人员推销、媒体广告、直接邮寄、公共关系、相关活动、相关展会促销等。

在制定和实施会展促销活动的过程中,首先要对促销对象的心理、行为、职业、媒体接触习惯等特征记性分析,并在此基础上确定选择何种促销方式,然后制定促销预算,再将各种促销活动投入运营,并根据促销效果对促销策略进行动态调整。在应用与调整促销方法时,广告成本一定要重点关注。

5. 过程(Process)

会展活动作为服务性产品,具有生产与消费同时进行的特征,很难在活动结束后通过"退换产品"的方式弥补产品的缺陷或者客户的损失。因此,会展组织者必须注重会展服务过程,以客户为本,在会展前、中、后阶段提供完善、连贯、一致的服务,优化各个服务环节,关注服务细节,尽量减少参展商和专业观众的不便,提高对展会的满意度。

6. 人员(Participants)

在会展活动中,客户始终都会与会展服务或管理人员接触,人员服务的质量对会展产品的质量有着重要的直接影响。因此,在会展产品的营销过程中,要充分重视员工服务的作用,与客户建立良好的关系,提高营销的效率和效果。会展相关机构都应根据市场要求和自身情况来培训员工,开发会展人才,使员工明确工作任务、服务内容,以及服务规范,逐步提高其经营和管理技能。

7. 实体展示(Physical Evidence)

尽管会展产品是一种服务复合体,但产品构成中也包含"实体展示"的要素,而且这种有形的要素往往成为会展参与者的第一印象要素,直接影响到会展客户对产品的评价。因此,会展营销主题应该重视"实体展示"环节,将无形的会展服务用可见的具体有形的形式表现出来,便于客户对无形的会展服务有所感知。

现阶段,会展产品实体展示的内容一般包括硬件环境、设施装备、导引系统。硬件环境是指会展场馆中的展厅展位、会议室、餐厅等;设施装备包括网络、电梯、通信、水电、视听

等;导引系统设置包括会展现场的标识标志、周边的交通指引等。

(四) 会展营销的过程

1. 会展营销调研

首先选择目标市场并进行定位目标市场,即会展企业的目标参展企业群体,也就是会展企业会展项目的销售对象,它是会展企业在整体会展市场上选定作为营销活动领域的某一或某些细分市场。会展目标市场是会展市场营销活动中的一个重要概念,因为会展企业必须把满足参展企业的需求放在首位,充分满足参展企业的需求,会展企业才能生存和发展。

确定会展目标市场之后,紧接着就要确定会展项目的特色、会展项目在市场中的地位,并由此预测会展项目的市场份额,这就是市场定位的任务。市场定位是会展项目切入市场的依据,指通过对会展项目独特优势、竞争者分析、目标市场的深入,决定会展项目在市场中的地位和份额的活动。

2. 制订市场营销计划

会展营销计划的制订,因参展企业所处行业、市场需求、竞争状况和会展企业实力的差异各不相同。一般而言,在营销计划中以下内容是较为重要的。

(1) 既定目标市场综述。

(2) 营销目标的确定及分析。

(3) 合理的营销组合策略。

(4) 营销预算的编制。

(5) 营销控制和进一步的规划方案。

3. 执行和控制营销计划

会展企业进行营销控制与管理是推行现代科学管理的重要一环,是目标管理推行和目标利润实现的重要保证。在会展营销过程中,常见的营销控制形态有以下几种。

(1) 项目计划控制。

(2) 盈利水平控制。

(3) 效率控制。

(4) 战略控制。

4. 评估会展营销结果

首先要清楚会展的目标是什么,其次是评估的内容。评估必须弄清楚展览会的目标是什么。衡量是科学化的,判断则可以说是一门艺术。评估是非常繁重困难的工作,要保证客观公平。

第二节 会展客户关系管理

从市场的角度看,每一个客户都是一个细分市场。如何有针对性地向客户提供产品解决方案,如何把握客户的需求并以最快的速度做出响应,即如何吸引并保持客户已成为当今企业竞争的焦点。与客户建立伙伴关系或建立战略联盟,已成为许多企业的服务重点。在经历了质量战、价格战、服务战以及资本战之后,企业将生存和赢利空间寄托在企业客户这一最重要的企业资源上来,力求通过获得与客户关系的最优化来达到企业利润的最优化。

一、客户关系管理概念

对于客户关系管理的界定,国外众多著名的研究机构和跨国公司都进行了不同的诠释,其中较具代表性的有以下几种定义。

第一种说法认为,客户关系管理是企业的一项商业策略,它按照客户的分割情况有效地组织企业资源,培养以客户为中心的经营方式以及实施以客户为中心的业务流程,并以此为手段来提高企业的获利能力、收入和客户的满意度。

第二种说法认为客户关系管理是企业在营销、销售和服务业务范围内,对现实的和潜在的客户关系以及业务伙伴进行多渠道管理的一系列过程和技术。

我国的众多学者在国外研究的基础上也对客户关系管理的定义提出了自己的见解,综合看来,客户关系管理主要包含以下3个层面的含义。

首先,客户关系管理是一种现代的经营管理理念。它起源于西方的市场营销理论,又逐步融合了近年来信息技术为市场营销理念带来的新发展,吸收了"数据库营销""关系营销""一对营销"等多种新管理思想的精华,形成了以客户为中心,视客户为企业资源,通过客户关怀实现客户满意的现代经营理念。它旨在通过与客户的个性化交流来掌握其个性化的需求,并在此基础上提供个性化交流的产品和服务,不断增加企业给客户的交付价值,提高客户的满意度和忠诚度,最终实现企业和客户的双赢。

其次,客户关系管理是一种新型的管理机制。其成功实现了"以产品为中心"的商业模式向以"客户为中心"的商业模式的转化,完善了管理过程。以客户为资产的客户关系管理帮助企业最大限度地利用其以客户为中心的资源(包括人员和资产),并将这些资源集中应用于客户和潜在客户身上,缩减了销售周期和销售成本,有助于寻求扩展业务所需的新市场和新渠道,并且通过改进客户价值、满意度、赢利能力以及客户的忠诚度来改善企业的有效性。

最后,客户关系管理是一套新型的应用软件系统。它凝聚了市场营销等管理科学的核心理念,又以市场营销、销售管理、客户关怀、服务支持等构成了客户关系管理软件的模块基石,从而将管理理念通过信息技术的手段集成在软件上面。它集合了当今最新的信息技术,包括呼叫中心(Call Center)、工作流管理、多媒体技术、数据仓库和数据挖掘(Data Minin)、企业应用集成(EAD)、计算机网络、信息安全、专家系统和人工智能以及相应的硬件环境,同时还包括与客户关系管理相关的专业咨询等。

在客户关系管理的领域,涉及几个重要的理论。

(一)客户满意和客户忠诚

客户满意是指客户接受产品或服务时感受到需求被满足的状态。每位满意的顾客一般会将其满意的原因告诉至少3个人,相反,一个非常不满意的顾客会把他的不满意告诉11个人以上。因此,"获得一个新顾客的成本是保持一个满意顾客成本的5倍"。

而客户忠诚是指客户对于企业员工、产品或服务的满意或依恋的感情,或是"对某种品牌有一种长久的喜爱和重复选择(忠心)"。客户忠诚度侧重于客户忠诚的程度,实际上是客户行为的持续性反应。客户忠诚往往通过以下几种模式表现出来:一是购买意向,二是实际再购买行为,三是从属行为。而从属行为是指客户的选择、认可和口碑。

（二）关系营销

关系营销的概念最早由学者Berry于1983年提出,他将其界定为"吸引、保持以及加强客户关系",这一概念的提出促使企业纷纷从简单的交易性营销转向关系营销,即在企业与客户和其他利益相关者之间建立、保持并稳固一种长远的关系,进而实现信息及其他价值的相互交换。所谓关系营销,是把营销活动看成是一个企业与消费者、供应商、分销商、竞争者、政府机构及其他公众发生互动作用的过程,其核心是建立和发展与这些公众的良好关系。而进行关系营销需要遵循以下几个原则:主动沟通原则、承诺信任原则和互惠原则。

为了更清楚地了解关系营销的概念,首先要区分关系营销与传统营销之间的差别。首先,营销核心内容不同。传统营销的核心是交易,关心如何实现交易和吸引新顾客;关系营销的核心是关系,强调如何保持与客户友好关系,获取忠诚客户。其次是营销对象。传统营销的营销对象只是顾客;关系营销的营销对象则包括顾客、供应商、员工、分销商等与企业利益相关的多重市场。最后是营销部门。传统的营销部门职责就是完成企业的营销任务,其他部门很少直接参与企业营销活动;奉行关系营销思想的企业,其营销任务不仅仅由营销部门完成,许多部门都积极参与和各方建立良好关系,营销部门成了关系营销的协调中心。

关系营销和客户关系管理(也称关键客户管理)都是用来描述与客户建立和培养关系的术语。关系营销专注于潜在客户的挖掘和建立联系,而客户关系学,关系营销获得成功的关键在于对这些关系的进一步培养和加强。把自己放在潜在客户的角度来考虑问题。

二、会展客户关系管理

（一）会展客户关系管理的概念

会展客户关系管理是指在会展行业,对客户进行挖掘和建立联系,并加强进一步培养,实现客户忠诚的管理方法。

对于会展客户关系管理的理解,应着重从以下几个方面进行。

1. 以关系管理为核心内容

过去营销的重点在于产品的销售,而关系管理侧重于对关系的建立与维护。

2. 以客户为导向

企业运用客户关系管理原则,其根本是以客户的价值为前提,也就是说主导者是客户。

3. 建立营销整合的基础之上

营销重点从客户需求转移到客户保持上,保证会展企业把有限的时间、资金和管理资源直接集中在这个关键任务上,实现了对客户的整合营销。

(二) 会展客户关系管理的策略

企业进行客户关系管理的过程,实际上就是企业与客户建立关系并引导关系健康发展的过程。对于这一过程的实施策略,可以分以下几个步骤来顺次推进。

1. 客户识别及细分策略

客户细分是指企业把本企业的所有客户划分为若干个客户群,同属一个细分群的客户彼此相似,而隶属于不同细分群的客户被视为是不同的。比如,那些为企业带来最多利润的客户和带来最少利润的客户都有他们自己的细分群。同一细分群的客户可能在某一方面或某些方面相似。他们可能在居住地域、收入、行为方式等方面相似,也可能在为企业带来的利润方面相似。由于客户之间存在不同的利益需要,因而客户关系的形态也有很大的不同。企业可以依据性别、年龄、职业、规模等划分成不同的客户关系类型,有针对性地采取措施,管理复杂多样的客户关系。

客户细分是企业进行客户关系管理的前提条件。不对客户进行细分,企业很难甚至根本不可能成功进行客户关系管理。为进行客户关系管理,有些企业其至认为一个价值客户就是本企业的一个细分市场。在客户关系管理文献中,许多国外学者采用不同的标准,对客户进行了细分。

1) 狄克和巴苏的客户细分法

美国学者狄克(Alan S. Dick)和巴苏(Kunal Basu)根据客户对企业的产品和服务的续购率与客户对本企业的相对态度把客户划分为忠诚者、潜在忠诚者、虚假忠诚者、不忠诚者(见图4-1)。客户对本企业的相对态度指客户偏好本企业的程度,以及客户对本企业与其他企业的态度差异。

图4-1 客户忠诚分类

同步思考 如何测量会展客户的忠诚度?

2) 忠诚感钻石

英国学者诺克思(Simon Knox)根据客户购买的产品和服务的品牌数量及客户的投入程度将客户划分为忠诚者、习惯性购买者、多品牌购买者和品牌改换者(见图4-2)。

图 4-2　忠诚感钻石

2. 会展客户预测

分析目标客户的历史信息和体征,预测客户在本次活动中的期望的参展行为的细微变化,以此来预测客户。

3. 制定策略和方案

在客户细分的基础上,企业应为不同的客户制定相应的关系发展策略。对于战略客户,由于该类客户对企业的长期发展具有重大影响,宜与其建立长期、密切的客户联盟型关系;对于主要客户,由于他们是企业利润的主要来源,应与其发展长期、稳定的学习型关系;对于交易客户,由于其人数众多,对企业的价值较小,应维持原先的交易型关系,对于风险客户,应婉拒合作服务关系。

这就加强了会展企业营销人员以及会展服务团队在展前的有效准备和展中的针对性服务,提高了会展企业在客户互动中的投资机会。在这一流程中会展企业通常要使用营销宣传策略,向目标客户输送展会各项服务信息,以吸引客户的注意力。

4. 追踪需求变化

这是会展企业借助及时的信息提供来执行和管理与客户(及潜在客户)的沟通的关键性活动阶段,它使用各种各样的互动渠道和前端办公应用系统,包括客户跟踪系统、销售应用系统、客户接触应用和互动应用系统。通过与客户的互动,会展企业可以随时追踪有关参展商的需求变化以及参展后的有关评价不断修改客户管理方案;可以对过去市场营销活动的资料进行相关分析,并且通过客户服务中心或呼叫中心及时地进行互动反馈,实时调整进一步的营销活动。

同步思考 如何为会展目的地进行营销定位?

5. 评估

这是会展企业客户关系管理的一个循环过程即将结束时,对所实施的方案计划进行绩效分析和考核的阶段。透过各种市场活动销售与客户资料的综合分析,将建立一套标准化的考核模式,考核施行成效;并通过捕捉和分析来自互动反馈中的数据,理解客户对企业各项营销活动所产生的具体反应,为下一个循环提出新的建议,以此不断改善会展企业的客户关系。

第三节 目的地营销

一、目的地营销的基本概念

目的地营销通常是指主办单位利用会展达到宣传推广的营销的目的,加大对会展目的地的营销,吸引更多会展活动,以带动举办地的相关产业(如旅游业、投资、餐饮业和交通业等)发展的经济目的。

对于目的地营销来说,地点可以有不同的指代:一个镇、一个城市、一个地区、一个岛屿、一片郊区、一个城市中心甚至一个国家(特别针对高规格的国际会议时)。

而对于目的地营销,可以从两个方面进行理解:一个是地方层面(例如城市、县或者区域)和国家层面(由国家旅游机构进行)。接下来将从这两个方面进行解释。

二、目的地营销的方式

(一)地方目的地营销

举办会展活动需要良好的外部环境作支撑,同时,会展产业的发展需要各种要素的自由流动,这客观要求外界充分了解会议或展览的主办城市,并渴望与主办城市的各类企业进行业务交流。因而,会展城市营销可以为城市会展经济的发展提供良好的环境。会展城市营销的对象主要是会议或会展主办者,主要宣传城市优越的办展环境,以下以城市目的地营销作为研究基础,探讨在营销运作时应重点关注的3个方面。

1. 政府牵头,组织整体促销

通过这种方式,城市可以将会展整体营销的市场运作和政府主导有机结合起来。当然,在具体操作时每个城市应该依自身的实际情况灵活处理。例如,除了举行以介绍城市会展业的总体情况为主题的说明会外(这部分费用一般由政府来承担),还可以策划品牌展览会的专场推介会,参加此推介会的展会主办者或企业便需要交纳适当的费用。

2. 抓住时机,开展事件营销

事件(Events)一般指有较强影响力的大型活动,其范围相当广泛,包括国际会议或展览会、重要体育赛事、旅游节庆,以及其他能产生较大轰动效应的活动。作为一种新的营销理念,事件营销(Events Marketing)的实质就是地区或组织通过制造有特色、有创意的事件来吸引公众的注意,并让其对自身的品牌或产品产生好感。会展城市进行事件营销主要有3个渠道,即举办节庆活动、利用重要事件、制造公关事件。

3. 建设DMS,推进网络营销

人类社会已经步入信息时代,各类企业在经营活动中都广泛借助国际互联网来收集、处理信息和汇集、整合资源,作为第三产业中一支重要力量的会展业也是如此。在将城市作为一个整体向外推广营销的过程中,最终形成了目的地营销系统(即 DMS,Destination Marketing System)。会展城市可以运用 DMS 来开展营销活动,甚至可以和旅游目的地营销有机结合起来,以整合各类资源,特别是基础设施、专业场馆、市民素质、科技水平等,并能有效降低营销成本。

(二)国家目的地营销

种类很多,每个国家都不一样。有时候,它们是完全意义的公共部门机构,直接在中央政府机构内拨款和运营。

下面以英国和泰国国家层面的机构为例,重点突出它们的目标以及为获得更多会议和商务活动而采取的营销措施。

1. 英国旅游组织

英国旅游组织(Visit England)是英国的国家旅游组织,拥有一个专门的商务旅游和活动团队。这个团队有 3 人在伦敦总部,10 人分布在全球各地设立的办事处(包括 3 个欧洲办事处、1 个北美办事处和 1 个印度办事处)。他们负责在全球范围内推广英国的公司活动、奖励旅游和大型会议产品。他们也获得伦敦总部各个部门的大力支持,包括公关、营销合作伙伴关系、国际运营和研究部门。

英国旅游组织并没有作为一个提供全套服务的会议局来运营,而是通过它的销售团队获取客户问询,然后将问询转送给英国的各个目的地提供报价。英国旅游组织也提供销售和营销平台,例如组织参展(IMEX 法兰克福、EIBTN 和 IMEX 美国),让英国的目的地和场地能够在国家大旗下开展营销活动。它的角色还包括通过其网站和向买家发送的季度电子杂志提供行业最新资讯;通过成立和组织专家小组的活动,分享赢得和接待商务活动的优秀经验和方法。

2012 年之前,英国旅游组织的营销活动主要专注在西欧和北美地区,但现在开始扩展到了金砖国家(巴西、俄罗斯、印度和中国)。市场目标客户包括代理商、公司和协会。英国旅游组织每年针对协会买家组织 2 至 3 个英国买家活动(通常是晚宴的形式),其中包括一个在布鲁塞尔举办的非常受欢迎的活动。类似的活动也会在日内瓦和巴黎举办。它关注的主要行业包括生命科学、能源、高级工程、创意产业、计算机/互联网和电子通信、环境技术。

2. 泰国会展局

作为战略性营销和活动五年规划的一部分,泰国会展局(Thailand Convention and Exhibition Bureau)在 2011 年 10 月开展了一个以提升在泰国举办的展会质量和数量为目的的营销项目。该项目名为"下一个最好的展"(The Next Best Shows),目标是增加 60%的海外观众,并且到 2014 年活动结束时共创造 140 亿泰铢的收入。"下一个最好的展"活动旨在发展泰国现有的国际展会,提升展会的标准和质量,增强展会在东盟经济体内的竞争力。泰国会展局拥有 8500 万泰铢(约合 175 万英镑)的预算来运作这个为期 3 年的项目,对符合标准的展会进行补贴。

本章小结

通过本章学习,要求懂得会展营销管理的概念、特点及基本流程,并能够区分会展营销与一般产品营销的区别,了解会展客户关系管理以及目的地营销管理的理念和现实意义。

关键概念

会展营销　会展营销组合　会展客户关系管理　目的地营销

复习思考

1. 简述会展营销的概念。
2. 阐述目的地的营销方式。
3. 谈谈会展品牌管理的方式。

拓展案例　会议主题营销——博鳌亚洲论坛聚焦全球化

博鳌亚洲论坛(Boao Forum for Asia)成立于2001年,是一个非官方、非营利、定期、定址的开放性国际组织,目前论坛已发展成亚洲以及其他大洲有关国家政府、工商界和学术界领袖就亚洲以及全球重要事务进行对话的高层次平台。论坛以"立足亚洲,深化亚洲各国间的交流、协调与合作,以此促进亚洲经济与社会的发展;面向世界,增强亚洲与世界其他地区的对话和经济联系等各个方面问题的高层对话"为宗旨。

博鳌亚洲论坛是由三位亚太国家的前政要,即菲律宾前总统拉莫斯、澳大利亚前总理霍克、日本前首相细川护熙于1998年共同发起倡议的,2000年落户中国海南,2001年2月,论坛正式宣告成立。论坛强调开放性和国际性,自成立以来,积极促进亚洲各国间的对话与合作,为实现亚洲国家的共同发展做出了重要的贡献。

博鳌亚洲论坛的形象定位鲜明,除了利用亚洲地缘优势,最大限度地突出论坛的特色之外,更注重论坛与国际论坛之间的接轨,在组织形式、经营模式上不断对论坛进行改革,以保证论坛的生机和活力。首先,论坛在年会组织形式上进一步与国际性论坛组织按惯例接轨,以满足各领域、各层次与会代表对话交流的需要。其次,一年一度的博鳌亚洲论坛年会已成为思想激荡和观点碰撞的盛会。围绕着亚洲的发展前景和方式,各抒己见,畅所欲言,其精辟的观点、深刻的阐释、热烈的讨论以及自由开放的交流气氛,成就了博鳌亚洲论坛年会独特的魅力。另外,博鳌亚洲论坛还通过与国内外一些智囊机构、战略研究机构合作,以建立和完善论坛智力支持网络,使论坛成为一个高水平的世界性论坛。

博鳌亚洲论坛2017年年会于3月23—26日在海南博鳌举行,主题为"直面全球化与自由贸易的未来"。

博鳌亚洲论坛秘书长周文重表示，近几年来，针对全球化的质疑和反对之声有增无减，逆全球化思潮上升，全球化遭受挫折。2016年年末，博鳌亚洲论坛在澳大利亚墨尔本市召开会议探讨全球化未来，形成重要共识。一方面，全球化要照顾到被边缘化和利益受损的人群，具有更大的包容性。另一方面，全球化的基本原则和积极面应予以充分肯定和坚持，不能开倒车。

根据这一主题，将2017年年会分为全球化、增长、改革、新经济四大板块，设置了42场分论坛、12场闭门对话。

其中，围绕更加包容的全球化是年会的基调。年会在开幕式当天下午增设全体大会，邀请重量级国际组织负责人、企业家、学者，就全球化的未来展开专题讨论。

"一带一路"仍是重点。年会将安排沿线国家领导人和政府高官间的对话，以及中国和沿线国家的部长与CEO对话。亚洲区域合作、多哈回合、全球价值链重构、中国倡导的亚太自贸区等如何继续推进，也将在年会进行专场讨论。

此外，多措并举、刺激增长是各国政府和企业界最为关注、最为紧迫的课题。2017年年会将从多个角度探讨增长的新路径、新思路、新动力。相关议题包括全球经济亚健康、货币政策的极限、财政政策再发力、紧缩与增长、跨境投资、工匠精神、中小企业隐形冠军、重振民间投资等。

年会还将对亚洲金融风暴和次贷危机进行回顾、反思，以及对中美两国的经济走势举行专题讨论。

2017年会围绕一带一路、增长、改革、新经济等四大主题展开。年会规模空前，共有1800多名代表参会，6个国家的领导人将光临开幕式。年会共有200多名演讲人，其中100多人是首次参加年会。

（案例来源：http://jjckb.xinhuanet.com/2017-01/09/c_135967525.html.）

案例思考：

1. 博鳌亚洲论坛如何打造论坛的独特优势？
2. 本届博鳌亚洲论坛的会议主题营销有什么特别的构思与举措？

第五章 会展项目管理

◆ **学习目标**

1. 知识:会展项目、会展项目管理的概念。
2. 理解:会展项目管理的特征。
3. 应用:会展项目管理的过程。
4. 分析:比较选择会展项目管理的方法。
5. 综合评价:对不同会展项目进行信息收集,评估会展项目的可行性。

◆ **学习任务**

名称	家乡休闲农业调研
学习目标	1. 认知会展项目 2. 理解会展项目管理的维度
学习内容	会展项目管理的过程与特点
任务步骤	1. 由2—3名同学组成小组,每组选择一个真实的校园会展活动项目 2. 对该项目的目标、项目范围进行工作分解 3. 依据工作分解,进行时间规划和预算安排 4. 分析项目实际运作中项目范围、时间规划和项目预算之间的约束关系,并为实现目标提出项目管理的改进策略 5. 制作PPT简报
学习成果	"校园会展果冻项目管理简报"

◆ **案例引导**

————— 文化会展项目运作——歌华集团 —————

中华世纪坛艺术馆是北京市第一个由政府委托企业管理的公立艺术馆。通过举办一系列高水平的大型展览,不仅树立了中华世纪坛艺术馆的展览品牌,而且对艺术展馆的展览项目运作模式进行了有益的探索。

歌华集团会展项目运作流程为：展览项目发起、市场调查和观众定位分析、展览可行性论证分析、展览立项、展览运作策略制定、展览运作实施、展览跟踪调查与信息反馈、展览总结、以本展览的经验指导下一项目。

歌华集团在会展项目运作中主要体现了以下几个方面的特点。

1. 精塑展览品牌

以"世纪国宝——中华的文明展"为代表的"世界文明系列"，以"黑白意向——毕加索版画展"为代表的"世界大师系列"，以及"当代艺术系列展"、"新媒体系列展"等文化艺术精品展览，整体地、全方位地向社会展示了中华世纪坛艺术馆正在形成的系列展览品牌。

2. 注重人文关怀

"黑白意向——毕加索版画展"期间举行的"大师画，我也画"少儿绘画创作大赛以及面向大、中、小学生推出的优惠举措、举办免费讲座等，体现了中华世纪坛艺术馆的人文关怀和社会责任感，突出了艺术馆的公益性、学术性和服务性。"神秘的玛雅——墨西哥古代文明展"周末晚场的开设，给京城人晚间纳凉提供了极具文化品位的休闲场所。

3. 市场化的运作思路

"神秘的玛雅——墨西哥古代文明展"是中华世纪坛艺术馆展览市场化运作的首次尝试，中华世纪坛艺术馆就展览项目的集资、融资、推广、外延品的开发、销售、媒体的利用以及艺术品的委托经营等，与投资者、广告商、新闻出版机构、礼品公司等进行广泛合作，共同对展览项目进行多重开发和利用。

4. "策展人"的制度引进

作为"狂想的旅程——大师达利互动展"中国巡回展的总代理，运作如此"重量级"的京、沪、穗巡展，标志着中华艺术馆已开始尝试扮演国际策展人的角色。

5. "哑铃形"的人才结构

在展览项目运作方面，采用两端大、中间小的"哑铃形"人才结构模式：一端是有展览项目策划研究能力的策展人，另一端是展览项目宣传推广和销售人员。联结两者的是人数较少的能熟练操作展览项目的经理，保证展览项目实施准确到位，并控制成本。

（案例来源：http://www.gehua.com.）

思考：

1. 会展项目管理的基本流程是什么？

2. 与其他会展项目相比，文化会展项目具备哪些特点？在文化会展项目管理中应该突出哪些工作？

第一节　会展项目管理知识体系

在现代市场经济中，项目已成为组织经营活动的一种典型形式，其应用已从最初的建筑施工延展到科学研究、商业贸易、文化教育以及军事等各个领域。一个成功的项目能托起一个企业,因此,项目管理也已经在全球得到了广泛重视。项目管理学在西方已成为一门新兴的学科,欧洲和美国还相继成立了国际项目管理协会(IPMA)和项目管理学会(PMI)等组织。

会展业以会议和展览为中心展开各项工作。由于会议与展览的时效性,要求会展组织者在有限的时间里做好展会的组织工作。在这一过程中如果以项目的概念贯穿始终,能更好地实现时间、技术和人力的有效利用,使会展组织者最大限度地实现会展目的,服务好参展商与观展者。项目管理在国外会展业运作中已得到广泛应用,会展项目管理在中国会展业中的应用也将为中国会展经济提供有效和较为理想的运作模式。

一、项目的内涵与特征

(一)项目的定义

现代经济社会中项目随处可见,小到一次聚会、一次郊游,大到一场文艺演出、一次教育活动、一项建筑工程、一次开发活动等。项目其实来源于人类有组织的活动分化。人类有组织的活动随着人类的发展逐步分化为两类:一是连续不断、周而复始的活动,人们称之为"作业或动作"(Operation),如企业的日常生产活动;二是临时性的、一次性的活动,人们称之为"项目"(Project),如企业的技术改造活动、环保工程的实施等。

美国项目管理协会(Project Management Institute,PMI)出版的《项目管理知识体系指南》(A Guide to Project Management Body of Knowledge)中指出,项目是指为了创造独特的产品而做的临时性的努力。并且指出项目都有三个最基本的特征,即临时性、独特性和逐渐细化的特征。项目的定义是项目是一次性任务,它由一系列相关的任务构成,有一个明确的目标,具有有限的资源限制。

(二)项目的特征

1. 目标性

目标性即项目都具有明确的目标,任何项目最终都要实现一定的目标,其结果可能是一种期望的产品,也可能是一种期望的服务。项目的目标明确且不能轻易修改和变动,一旦项目的目标发生实质性的变化,它就不再是原来的项目了。

2. 独特性

独特性即项目都是独一无二的,每个项目都有自己的特点,可能由于自身的开创性而具有独特性,也可能由于项目发生的时间、地点、内部环境、外部环境以及实施过程的不同而显示出独特性,总之每个项目都因其独特性而具有开发意义。

3. 约束性

约束性即项目实施受到人、财、物等资源的约束以及时间的限制。项目实施过程中不可能无限制投入各项资源,而要以尽可能低的成本创造高质量、迎合需求的项目。同时项目实施有时间限制,不能按期完成则意味着项目开发的失败。

第五章 会展项目管理

4. 对象性

对象性即项目因需求而生,每个项目都有各自的客户,项目是在确认客户需求的基础上开发实施的,以客户为对象提供项目服务,目的是满足客户的需求。

5. 风险性

风险性即项目具有不确定性。每个项目都包含一定的不确定性,即在项目的具体实施中,由于外部环境和内部因素发生变化,项目的实施过程可能与项目计划有所偏差。比如项目提前或延时完成,项目实际成本高于或低于预期成本,项目实施结果与预计不符等。因此,在项目实施过程中要进行有效的管理和控制。

6. 不可逆性

每一个项目都是一项一次性的任务,而不是周而复始的工作,这是项目与其他重复性工作任务的最大区别。随着项目实施结果的移交和合同的终止,该项目即告结束。因此,每个项目都要根据具体的条件进行系统的管理,这一管理过程不可循环。

(三)项目的三维约束

每个项目都会以不同的方式受到范围、时间和成本目标的约束。这些限制在项目管理中被称为"三维约束"(Triple Constraint)。为了使项目成功完成,项目负责人必须平衡范围、时间和成本,解决这三个目标之间的冲突,从而顺利完成项目(见图5-1),因此,项目负责人必须考虑以下几个方面。

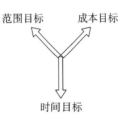

图 5-1 项目的三维约束

> **同步讨论** 列举一些项目,谈谈项目的三维约束是如何在这些项目中体现的?

1. 范围

项目应该完成哪些工作?顾客或项目发起人希望从项目中得到怎样的成果或服务?双方之间如何确认范围?

2. 时间

完成项目需要多少时间?项目的每个阶段需要多少时间?阶段与阶段之间怎样在时间上衔接起来?项目的实际进度应该怎样跟踪推进?

3. 成本

该项目的花费是多少?项目预算是多少?怎样跟踪控制成本?

二、会展项目

(一)会展项目的内涵与特征

会展业是现代都市以完善的基础设施和健全的都市服务体系为支撑,通过举办各种形式的会议或展览活动,吸引大批与会、参展人员及一般游客前来进行经贸洽谈、文化交流或旅游观光,以此带动城市相关产业发展的一项综合性经济产业。会展项目作为一种新型的项目形式,具有自身的项目特色,与其他项目存在着明显的差异。概括而言,会展项目的内涵与特征主要体现在以下几个方面。

1. 服务目标性

服务目标性即会展项目以提供令客户满意的服务为目标。会展业属于第三产业,也是一种有着自身特点的服务业。从服务业的本质出发,要求会展业的从业人员围绕人来开展工作,最终实现客户满意的目的,因此,从目标上看,会展企业引进项目管理的运作方式可以使企业最大限度地实现会展目的,服务好参展商及与会者。

2. 项目关联性

实施一个会展项目往往会涉及服务、交通、通信、建筑、装饰等诸多部门。能直接或间接带动一系列相关产业的发展。因此,以城市为依托的会展项目的开展,往往关联并带动整个城市的治理与建设,提高城市综合竞争力。

3. 客户广泛性

会展项目以客户群体而非个体为对象。会展项目的服务对象是以参展商和特定的观展为主的客户群,会展项目的构思与启动要以充分调研两类客户需求市场为基础。一个成功的会展项目往往把会议、展览和文化、旅游等活动有机结合起来,一方面吸引大量的参展商参展,丰富展会内容,另一方面也增强对观众的吸引力,扩大观展规模。

4. 效益综合性

会展项目的投资收益是综合性的。这种综合性体现在两个方面:一方面,会展项目的投资在获取经济效益的同时,还将获取社会与环境效益,比如推动社会相关行业发展、优化城市环境等;另一方面,项目的关联性决定了项目收益是由多方构成的,具有综合性的特点。

(二) 会展项目的类型

会展项目作为一种项目形式,又有着不同的分类,而不同类型的会展项目又具有各自的特征。一般情况下,有以下几种类型。

 请说说知道的会展项目,然后讨论一下所知道的会展项目属于哪个类型。

1. 科技展示型项目

科技展示型会展项目主要是指以某种高科技产业或优势产业为依托举办的专业性科技博览会或交易会等,如光电科技博览会、高新技术展示会等。这类会展项目具有以下特征。

1) 专业性强

科技展示型会展项目对参展企业和观展商都有专业性方面的要求。参展的企业必须是从事某种高科技产业的企业,对该产业有充分的认识和了解,并有相关的科技产品。而观展商一方面要具备该行业的专业知识,能识别相关产品;另一方面要具备一定的购买力,才能保证会展的交易额达到一定水平,通常是使用某项技术的专业性公司或企业。

2)技术含量高

科技展示型会展项目对会展组织者,更确切地讲应该是展会承办者提出了较高的技术要求。由于在项目任务中会涉及较多的技术性工作,比如展馆的布局、展台的设计、专业设备的配置等,因此项目的技术含量高,对工作人员的相关技术水平有一定的要求。

2. 产品交易型项目

产品交易型会展项目主要是指将某产业与内外贸相结合而开展的产品交易会、展销会等,如车展、房展等。这类会展项目具有以下特征。

1)项目针对性强

一方面,在参展商的组织上具有很强的针对性,一定是生产某产业产品的企业;另一方面,观众参与具有很强的针对性,一般情况下来观展的企业和个人大都对该产品存在消费需求并具备一定的购买能力。

2)交易目标优先

产品交易型项目以产品交易为主要目标,因此在项目目标体系中交易目标占据优先地位,展会组织者应首先满足参展商或观众的交易需求。与此相适应,展会组织者在招展过程中,一定要组织一批有购买力的专业观众,以扩大展会交易额。

3. 综合博览型项目

综合博览型会展项目主要是指以宣传本地人文资源如文化、艺术、体育等为宗旨的大型展览活动,如2010年上海世界博览会、2011年西安世界园艺博览会等。这类会展项目具有以下特征。

1)项目周期长

综合博览型项目由于其项目内容广泛往往具有较长的项目周期。首先,项目启动阶段是一个充分调研、精心构思的过程,因此要花费较长的时间;其次,项目规划阶段是一个涉及多项工作任务的复杂筹划过程,历时也较长;最后,项目执行阶段是一个需要多方监控的实施过程,由于展示内容丰富、广泛,需要提供较多的时间观展。

2)成本预算高

综合博览型会展项目以展示某地人文资源为宗旨,不以产品交易为目标,因此展会直接收益小,成本代价大。同时这类项目涉及多项工作任务,需要花费大量的人力、物力以及财力资源,成本预算高。

3)观众范围广泛

综合博览型项目由于展会内容丰富,对观众形成较强的吸引力,同时对观众没有专业性的限制,因此观众范围广泛。从观众区域范围上看,既有本地观众出于对本地人文资源深入了解的需求前往观展,更有大规模的外地旅游者出于求新、求奇的需求前去观展。

4. 会议洽谈型项目

会议洽谈型会展项目主要是指以重要的城市为中心而举办的综合性的国际会议及大型论坛活动等,如APEC会议、亚洲博鳌论坛等。这类会展项目具有以下特征。

1) 重复性强

会议洽谈型项目一般是定期举办的会展项目,重复性强。尤其是一些大型的国际会议,每年定期举行,但每届的举办地一般安排在不同的洲、不同的国家、不同的城市,在同一城市举办的重复性较小。

2) 服务全面

会议与展览不同,服务范围更加全面。一次大型的会议,从音响、通信、信息系统、场地布置到会间服务都要全面到位。比如餐饮服务,一般的展览型项目要求比较简单,只提供基本餐饮,而会议洽谈型项目通常要提供包括早餐、中餐、晚宴等的全方位服务,开会期间一般还有茶点服务。

3) 参与人数少

会议洽谈型项目与前几种展览型项目不同,与会人员有一定的人数限制。一般的展览会都有上十万的人流量,而会议型项目有上千人就算很大规模了。同时,高规格的会议对与会人员有较高的专业与其他条件要求。

 什么是项目管理,怎样理解这一概念?它与一般管理有何不同?

三、项目管理

项目管理是一种科学的管理方式,项目管理贯穿于项目实施的全过程,项目管理的关键内容是进度、费用和质量的相互协调、相互制约、相互适应,同时项目管理的组织与领导又是项目成败的关键。随着项目及其管理的发展,项目管理的应用范围也更加广泛,目前越来越多的企业逐步认识到项目管理的重要性,在各个领域都会采用项目管理,这样产生的高效率和高效益才是可观的。

近年来项目管理已被提炼成一种具有普遍科学规律的现代化理论模式,所谓项目管理就是指以项目为管理对象,在既定的约束条件下,为最优实现项目目标,根据项目的内在规律,对项目寿命周期全过程进行有效的计划、组织、指挥、控制和协调的系统管理活动。

(一) 项目管理的概念

项目管理给出的直观概念是"对项目的管理",这是项目管理的原始概念。在这个概念中,项目管理的管理对象是项目,并且项目管理是管理中的一种,其实这两点就已经概括了项目管理的主要内涵。

随着项目管理实践的发展,项目管理的内涵得到了极大的扩充,项目管理增加了新的管理方式和新的管理内容。项目管理中的一些理论、方法和技术大大扩充了项目管理的内涵,使之成为现代管理研究中一个重要的部分。项目管理也因其广泛的应用而对管理学的实践发展产生重要意义。项目管理在不同领域的应用主要是将其管理的理论和方法同行业特性相结合的过程,其核心还是项目管理的知识。

对于项目管理的定义,从不同侧重点出发,学者们给出了不同的定义。

美国项目管理协会(PMI)认为,项目管理是指在项目活动中运用专门的知识、技能、工具和方法,使项目能够实现或超过项目关系人的需要和期望。

英国建造学会编写的《项目管理实施规则》对项目管理的定义是:"为一个建设项目进行从概念到完成的全方位的计划、控制与协调,以满足委托人的要求,使项目得以在所要求的质量标准的基础上,在规定的时间内,在批准的费用预算内完成。"所以项目管理的目标有三个最主要的方面:专业目标(功能、质量、生产能力等)、工期目标和费用目标(成本、投资),它们共同构成项目管理的目标体系。

综上所述,项目管理就是以项目为对象的系统管理方法,通过一个临时性的、专门的柔性组织,对项目进行高效率的计划、组织、指导和控制,以实现项目全过程的动态管理和项目目标的综合协调与优化。

(二)项目管理的基本特征

1. 项目管理以实现项目目标为宗旨

为了保证项目目标的实现,需要将项目目标作为项目管理的总目标,然后将总目标分解为项目各阶段的分目标,再把分目标分解为每一阶段各项工作的子目标,通过子目标、分目标的实现,保证项目管理总目标的实现。工程项目和施工项目在实施过程中,可能出现新情况、新约束,使原定的实施方案不能满足项目目标的需求,这就需要及时调整实施方案,以保证项目最终目标的实现。

2. 项目管理强调项目经理负责制

项目经理是项目的全权负责人,施工单位对施工项目的组织管理要通过项目经理实现,不得越过项目经理直接管理项目内部工作。因此,施工单位在项目经理人选上须十分慎重,要通过严格的考核,任命专业技术水平、管理知识和管理经验、组织领导能力均能胜任的项目经理。

3. 项目管理要有充分的授权保证系统

相关单位要授予项目经理生产调度指挥权,人事、财务管理权,技术、组织方案决策权等,项目经理对其下属的成员也要授予分管业务方面的各种必要权利。充分的授权保证系统使项目经理和项目成员有职有权、责权统一。

(三)项目管理的基本职能

针对项目管理的特点,其主要职能有如下几个方面。

1. 计划职能

计划职能即把项目寿命周期全过程的全部目标和活动统统纳入计划轨道,用一个动态的计划系统来统筹安排整个项目,以使项目协调有序地达到预期目标。

2. 组织职能

首先要建立一个有效的项目组织机构,配备项目所需的各类人员。通过职责划分、授权及签订合同等方式进行高效的组织运转,以确保项目目标的实现。

3. 指挥职能

通过已建立的项目组织机构,逐级下达指令,保证项目管理层、作业层的各层次人员按既定计划从事各项项目活动。

4. 控制职能

项目控制是指对项目实施情况进行监督、检查、考核和调整,项目控制的目的是及时发现问题和解决问题,以保证项目按计划实施并实现项目目标。

四、会展项目管理

(一) 会展项目管理含义

所谓会展项目管理就是以会议和展览为中心展开各项工作,为有效实现项目的特定目标而制定的一整套原则、方法、辅助手段和技巧。由于会议与展览的时效性,要求会展组织者在有限的时间里做好展会的组织工作。在这一过程中如果以项目的概念贯穿始终,能更好地实现时间、技术和人力的有效利用,使会展组织者最大限度地实现会展目的,服务好参展商与观展者。项目管理在国外会展业运作中已得到广泛应用,会展项目管理在中国会展业中的应用也将为中国会展经济提供有效和较为理想的运作模式。

会展项目管理是为了实现目标而展开的一系列活动的集合,它不是一项项孤立的活动,而是一系列活动有规律地组合而形成的一个完整的过程。会展项目的运作围绕着会展项目的功效、成本和时间3个要素而运作(见图5-2)。

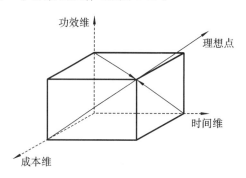

图5-2 会展项目管理的三维要素框架

1) 功效维

会展项目运作的目标就是盈利,即通过会展项目的管理达到多项收益目标,功效维属于成果性目标,是会展项目的来源也是会展项目的最终目标和目的,在会展项目实施过程中功效性目标被分解成项目的功能性要求,是会展项目全过程的主导目标。一般会展项目的功效性目标有成交额、投资额、专业观众数量、门票收入、旅游收入以及城市形象提升效果等。

2) 时间维

由于会展项目的独特性,会展一旦结束,项目即告结束,即项目是有起点和终点的,任何会展项目都会经历启动、实施和结束这样的过程。会展项目的时间维表现是启动阶段比较缓慢、实施阶段比较快速,而结束阶段又可能比较缓慢的规律。

同步案例 中国进出口商品交易会(https://baike.baidu.com/item/中国进出口商品交易会/10312424?fr=aladdin&fromid=1374269&fromtitle=广交会.)

讨论：作为一个成功的会展案例,广交会在项目管理中成功的要素有哪些?

3) 成本维

会展项目管理必须在有关利益主体的运作下,利用有限的资源(人力、物力、财力等)在规定的时间内完成任务,这些有限的资源就是成本的控制,我们把它归纳为成本维。成本越低效益就越高,成本越高,效益就越低。

在一定范围内,功效、成本和时间三者是相互制约的,当时间(即进度)要求不变时,质量要求越高;当成本不变时,质量要求越高,则进度越慢;当质量标准不变时,进度过快或过慢都会导致成本的增加。

（二）会展项目管理的知识体系

所谓会展项目管理知识体系(Event Project Management Body of Knowledge,EPMBK)是说明会展项目管理专业范围内的知识总和的概括性术语。会展策划和管理的内涵相当丰富,根据戈德布莱特的活动管理模型,按照会展项目管理的活动流程,我们分析一下在一个新的展览会从无到有的过程中,项目人员主要需运用哪些知识,具体如图5-3所示。其中,项目管理是知识平台,其他相关知识均按照会展项目管理的基本流程展开。

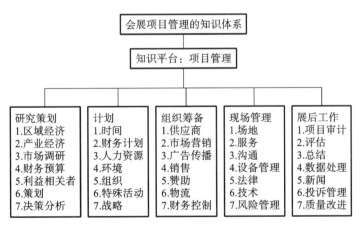

图5-3 会展项目管理知识体系

第二节 会展项目管理的基本流程

展览会是一个十分庞杂的系统,为了使会展项目取得成功,项目团队必须在项目管理中选用实现项目目标所必需的合适过程。流程就是一组为了完成一系列事先制定的产品、成果或服务而需执行的相互联系的行动和活动。按照会展项目的特点,会展项目管理过程一般可以划分为四个阶段,分别是会展项目启动阶段、会展项目规划阶段、会展项目实施与控制阶段和会展项目结束和评估阶段。

一、会展项目的启动

会展项目启动是会展项目管理过程的起点,这一阶段主要包括以下三个方面的工作。

(一) 会展项目调研

需求是项目产生的根本前提。而会展作为复杂的运作项目,涉及众多的利益相关者,而他们的需求是多种多样的。因此,该阶段以识别市场需求为目的,以便针对需求确定会展项目。按照大的方向分,会展项目调研的市场对象包括两类,即参展市场和观展市场。

参展市场的调研包括具有参展需求的产品类型、某类产品的参展需求规模、周边地区同类项目的举办情况,以及本地区举办该主题会展项目的资源优势等。

观展市场的调研包括拟参展产品的吸引力及市场需求规模、以本地区为核心的客源市场的观展优势等。

(二) 会展项目构思

会展项目构思又称会展项目创意,它以调研的结果为导向,确定会展项目主题,并对该主题项目的投资目标、功能、范围以及项目涉及的各主要相关因素进行大体轮廓的设想和初步界定。会展项目构思的具体内容包括以下几个方面。

1. 确定会展项目主题

专业展览会必须主题鲜明、目的明确。这是会展项目构思的首要步骤,组展者在客户需求识别的基础上,还需要考虑以下因素:近期同类展会的举办情况;本地区举办该主题会展的资源优势;组展单位举办该主题会展的实力,包括经济实力、场馆设施情况等。所确定的主题应该能反映本行业的专业知识、最新动态。

2. 构思相关项目内容

包括本次会展项目投资的目标,项目投资的背景及意义,项目投资的功能及价值,项目实施的环境和配套设施条件,项目的成本及资源约束,项目资金的筹措及调配计划,项目投资的风险及化解方法,项目的实施及其管理,项目实施后预期的经济、社会、环境的整体效益等。

3. 实施项目可行性研究

这是项目启动过程中最重要的一个环节,它主要包括3个方面的内容:一是从市场的角度分析,该主题的会展项目是否有投资的必要;二是从技术、设计的角度分析,以会展企业现有的硬件与软件基础,组办该主题的会展项目是否可行;三是从财务的角度分析,企业对该主题的会展项目进行投资在经济上是否合理。

(三) 会展项目立项

某主题的会展项目通过可行性论证后,一般都需要申报到有关部门进行核准后才能启动,这是避免重复办展,保证项目质量的有效手段。会展项目的正式立项意味着会展项目启动过程告一段落。

1. 国内项目立项的有关规定

中国现行的审批办法规定,在国内举办超过1000平方米的国际性展览会均需审批。按照会展项目所涉及的主题类别、办展企业种类与级别以及项目范围的不同,分别报不同级别的主管部门,以不同的渠道审批。

这种管理办法在一定程度上规范了会展项目的立项行为,但同时按主办单位的隶属关系进行分渠道、分级审批的办法存在很大的管理漏洞,仍然避免不了重复办展的现象。

2. 国际项目立项的权威机构

在国际上,一致公认的会展项目立项的权威机构是"国际博览会联盟(UFI)"。UFI有一套成熟的会展立项评估体系,对会展项目的参展商、专业观众规模、水平等进行严格评估,达到标准的准予立项,有效控制了展会质量。

二、会展项目的规划

会展项目规划是会展项目的纸上模型,它是引导项目管理工作向组展目标方向发展的蓝图,这一阶段的主要工作包括以下两个方面。

1. 制订会展项目计划

用于计划的每一分钟都可以在执行阶段得到三到四倍的回报。制订项目计划是会展项目规划的首要工作,它是项目组织根据项目目标的规定,对执行项目中的各项工作任务做出的周密安排。一般来说,制订一个简单的会展项目计划应该包括以下内容。

1) 明确会展项目目标

会展项目的实施是一种追求某种目标的过程,这一目标不仅要在组展方与客户方之间达成一致,而且必须明确、具体、切实可行。一个明确合理的会展项目目标应该具有以下特点:一是体系性,即项目目标不是单一的,而是一个满足会展组织者、参展商以及观展商三方多方面需求的多重目标体系;二是优先性,即对会展组织者而言,在项目成本、时间和技术技能3个基本目标构成的目标体系中,需要确立一个优先性目标,以便目标发生冲突时进行权衡;三是层次性,即会展项目目标具有一个从抽象到具体、从宏观到微观的层次,随着会展项目的分解不断细化,从而将项目总体目标贯彻到各实施环节中。

2) 确定会展项目范围

根据项目目标,项目计划应确定完成项目目标的项目范围或工作任务。确定会展项目范围一般包括以下内容:一是参展商规模的确定,即确定会展项目的招展范围,参展商类型、层次、数量等,以形成与项目目标相适应的参展规模,满足观展商的需求;二是观展商范围的界定,即确定观展人员的类别、购买力水平、数量等,以确保展会交易额达到一定水平,满足参展商的需求;三是会展承办企业服务范围的确定,即确定会展企业为满足客户需求,实现自身目标,应该向参展商和观展商分别提供哪些服务。

3) 估算会展项目时间

为了确保会展项目以合理的进度执行,使会展企业和客户在有限的成本约束下,发挥最大的时间效率,会展企业需要科学估算承办某主题项目可能需要的时间,这是会展项目计划中不可或缺的内容。对会展项目时间的估算包括两个方面:一是估算每项活动或工作元素从开始到完成所需的时间,如展前筹备工作所需的时间、展中客户交易所需的时间、展后项目评估所需的时间等,这种估算是基于项目团队队员平均工作能力之上的;二是估算会展项目的总体进度与花费的时间,但并不是每项活动所需时间的简单相加,还需要考虑各项目之间的时间衔接、时间重叠等因素和意外事件发生的可能性。

4) 编制会展项目预算

项目预算是项目执行的尺度,也是成本控制的有效手段。会展企业应根据会展项目范围,对企业的人、财、物等各项资源进行配置并进行合理的总体和分项预算。会展项目预算主要包括3个方面:一是人力资源预算,主要解决3个问题,即完成整个会展项目需要哪些人才以及各类人才的需求数量,这些专业人员从何而来且如何合理配置这些人员以形成会展项目团队;二是物力资源预算,主要解决以下问题,即完成该会展项目需要什么样的专业展览设施,什么样的配套服务设施和何种高新技术等;三是资金成本估算,即对由人力资源成本和物力资源成本构成的直接项目成本进行资金估算。

2. 实施项目分解设计

项目分解就是将一个会展项目整体分解成易于管理、控制的若干个子项目或工作任务,实际上就是给出明确的会展项目范围。一般而言,一个会展项目可以分解为招展项目、组展项目和服务项目。实施项目分解设计就是分别对3个子项目进行设计。

1) 招展项目设计

招展项目是企业会展项目中的一个重要子项目。会展项目的成功与否在很大程度上取决于参展商的质量与数量。不同类型与规模的展会对参展商的质量、档次要求不同,会展企业在招展项目的设计与策划上也应有不同侧重。比如按国际博览会要求,外商比例应超过展位的20%,因此要加强企业在海外的招展宣传。在专业会展中,招展项目则更多地体现出"团队形式",即通过国内外的协会集体组织参展。

2) 观展项目设计

会展不仅需要参展商的参与,还要有一批高质量的观展者和贸易商,才会形成较大的成交量。在观展项目设计中主要涉及对观展者的组织及促销计划,不同类型的展会,在观众组织上要采取不同的策略。一般对于非专业展会,尤其是与老百姓生活有关的行业展览,观众的组织应该是灵活的。只要专业性不太强,都应积极鼓励普通观众的参与,不收门票,并在展览期间穿插节目表演和抽奖活动,吸引观众观展,同时在展馆内开展低价促销活动,扩大交易额。对于专业性很强的展会,可以考虑"仅供专业人士"参观,以避免"热闹有余,收获不大"的现象。

3) 服务项目设计

商业化运作的现代会展项目,给会展企业提出了越来越多的要求,细致周到的服务成为会展项目成功的保证。因此,服务项目设计是会展项目规划的重要内容。服务项目设计的原则是:急参展商之所急,想观展商之所想,提供完备的服务。一个国际性会展项目的配套服务项目设计,不仅包括展会的一般常规性服务,还包括一些个性化服务。

例如,在上海世贸商城举办的"第三届中国国际地面材料及铺装技术展览会"中,会展企业在服务项目设计上专设"大会推荐运输商""大会推荐展台搭建商"等服务性展台;在展会的中心地带设参展商休息室,提供不同口味的茶点,并在午间安排午餐盒饭服务;此外,现场还设有商务中心及新闻中心,提供电话、传真及电脑刻字等服务;在展会举办地所在的同楼层就设有银行,提供金融服务;主办者还委托专门化的会务服务公司,提供参展商及特邀专家的住宿及旅行安排。更为周到的是,在展会入口处,上海市法定产品质量监督检验机构——上海市建材及构件质量监督检验站在会展企业的安排下,设立服务台,为展会中的产品作质量鉴定,这一举措增加了参展商对展会产品的信赖程度。

三、会展项目的实施和控制

项目规划阶段一旦完成就进入项目执行阶段,它是一个使项目时间和项目预算中执行的工作过程,主要包括会展项目控制和调整两个方面的内容。

(一)会展项目控制

项目控制是通过信息收集,判断和监督项目执行过程的一项持续性工作。实施会展项目控制是规范项目运行、保证项目按照既定目标和预算展开的有效手段。一般而言,会展项目控制又包含以下两个方面的内容。

1. 项目任务监控

为了使会展项目顺利实施,首先应该对会展项目涉及的各项工作任务进行实时监控,及时发现问题,寻找差距,以便及时调整,始终保持项目执行的正确方向。会展项目无论大小,都应该监控如下的内容:当前项目计划的完成情况;已完成工作任务的复杂程度和所占比例;已完成工作任务的质量;项目团队成员之间的沟通、协作水平;会展场馆的运作和有关设施的使用情况等。

2. 项目成本控制

项目成本控制是会展项目控制的核心,成本一旦失控就难以在预算内完成项目任务,会展企业应该建立相应的财务制度,在项目执行过程中进行预算和成本控制。会展项目成本控制的关键在于经常及时地分析成本绩效,即把实际已发生的一定数量的成本所完成的工作任务和花费相同数量成本计划完成的工作任务相比较,尽早发现实际成本和预算成本之间的差异。成本控制是一个持续的过程。

(二)会展项目调整

项目总是处于一个变化的环境中,通过项目控制会发现项目实际执行过程与计划任务之间不可避免地存在偏差。下一步要做的就是项目调整,主要包括以下3个方面的内容。

1. 会展项目人员的调整

通常会展企业总公司或项目组织的变化以及项目人员的个人原因,都会引起项目团队人员的变更,如领导职务变动、新人接手、员工病假等,这时需要对会展项目人员进行调整。项目人员的调整有以下渠道:一是与项目组织的主管上级沟通,从会展企业内部重新获得一批精兵强将;二是同参展客户沟通,他们可能会推荐一批人才;三是同项目团队人员交流,挖掘一批新的骨干。

2. 会展项目预算的调整

如果展会规模没有得到有效估算，可能会导致会展项目预算的偏差，对人、财、物等资源的配置不合理影响会展项目的实施，这时需要对会展项目预算进行调整。项目预算的调整同样从人、财、物3个方面展开，关键在于在调整的过程中寻求一切使成本最小化的方法，避免因调整造成项目执行的资金瓶颈，同时稳定项目团队人员情绪，沉着应对预算调整。

3. 会展项目目标的调整

随着会展项目的不断推进，会展客户（包括参展商与观展商）越来越清楚地认识到一些在项目初期未能认识到的问题，因而不断产生一些新的需求，这时会展企业需要及时调整项目目标，尽可能多地满足这些需求。调整项目目标要注意两点：一是同客户积极地沟通、协调，及时把握新的需求动向，并在目标上达成一致；二是充分考虑项目成本预算，尽可能在成本控制下完成项目目标的调整。

四、会展项目的收尾

项目执行阶段的结束，并不意味着会展项目管理活动的终结，还要经历一个项目结束的过程。这一过程主要是对会展项目进行执行后的评估，主要包括3个方面的内容。

（一）展会结束总结

在项目执行工作完成后，进行会展项目完成情况报告，项目团队人员的绩效评估，以及会展项目成功的经验总结或失败的原因分析。会展企业要发展、要提高，就要在每次会展项目的实施过程中不断总结经验，吸取教训，为以后的项目管理工作提供借鉴和参考。

（二）展会效益评估

展会效益包括直接或间接的经济效益和社会效益。直接的经济效益是指会议和展览所成交的金额，如参展商的订单收益；间接的经济效益是指会展所带来的门票收入、广告收入、餐饮、交通、旅店收入等。社会效益是指展会双方以及会展所在地获得的社会影响力和示范效应。进行评估时，会展企业应从上述3个方面评价会展收益。

（三）展会信息反馈

会展现场的活动结束后，会展企业项目管理还有一个重要环节就是与参展客户进行信息的双向反馈。会展企业需要请专业人士对参展的观众情况进行分析，并将由专业信息处理公司计算出的有关数据以及效益评估结果主动迅速地传达给各参展商，同时收集反馈意见与建议，以便进一步提高企业会展项目管理的质量。

 项目管理在会展管理中的运用

第三节　会展项目管理的方法

会展项目管理的方法是指为实现会展项目管理目标而采取的常用方式、途径或措施的总称。不同的会展项目之间总是存在着一定的差别，但不论何种类型的会展项目都存在着一定的共性，都需要运用一定的管理方法与相关的工具和手段。最常用的方法有以下几种。

一、制度管理法

制度管理法是指根据国家的各种法律、法令、条例、规定等，将会展项目管理中的一些比较稳定的和具有规律性的管理事务，运用立法和制度的形式规定下来，以保证会展项目正常进行的管理方法。制度管理法的特点是：①强制性，即必须遵守、执行，违者必然受到制裁；②权威性，即制度本身高度规范，任何人都必须遵纪守法；③稳定性，即制度一旦形成并颁布实施，就不能因人、因地而异或朝令夕改；④防范性，即制度是人们必须遵守的行为规范，制约任何人的行为，它可起到预防作用。制度管理法的优点是具有自动调节功能，但因它缺乏弹性和灵活性，有时容易限制部门积极性和主动性的发挥。因此，制度管理法应与其他方法相辅运用，以发挥其真正的作用。

二、行政管理法

行政管理法是指根据各级行政组织的行政命令、指示、规定、制度等有约束性的行政手段来管理会展项目的方法。行政管理法的特点是：①强制性，即行政命令、指示等必须执行，不得拖延或违抗；②权威性，即行政权力使下级对上级的指令必须遵守并执行；③垂直性，即行政方法直接用于下级管理者，一级管一级垂直进行，处理问题及时高效；④无条件性，即下级对上级的指令必须无条件服从并执行。

在会展项目管理中使用行政管理法时，首先应根据会展项目的实际情况，建立合理的组织机构，形成合理的行政层次或能级；其次，应按照行政管理的程序发布指令、贯彻执行、检查反馈和协调处理。行政管理法的优点是能使会展项目实行集中统一管理，但管理效果的好坏与管理人员的水平有密切关系。

三、成本核算管理方法

会展项目管理要受一定的条件制约，首先它要受到会展项目目标性能和功能的制约，项目完成的结果必须满足这些性能的要求；其次，会展项目应该在一定时间内完成；最后，会展项目管理面临着一定的预算约束。

由于会展项目面临着一定的预算约束，也就是要把有限的资源在不同的工作之间进行分配,因此,在会展项目管理中通常要使用成本核算式管理方法。

在成本核算时,一般的费用构成主要有直接费用(包括场地租金、营销费用、展品运输费等)和间接费用(管理费用、行政后勤人员工资、利息等)。一般来说,间接费用的大小与会展项目周期长短成正比,会展项目周期越长,间接费用越高,而直接费用则与会展项目周期没有必然关系。采用成本核算管理方法应考虑各种费用的特点。

四、项目生命周期管理方法

以项目生命周期作为研究的依据,从项目的启动策划、项目的计划准备,到项目的实施控制,再到项目的后续评估对会展项目进行管理。在会展项目周期的每一个阶段,又有许多方法。

(一) 启动策划阶段

在会展项目启动策划阶段,要使用可行性研究方法、财务评估法等。

1. 可行性研究方法

项目可行性研究方法是指在投资决策之前,对拟投资项目进行全面的技术经济分析论证并试图对其做出可行或不可行评价的一种科学方法。在做可行性研究时,要对拟投资项目有关的信息进行调查,所以可行性研究中还涉及调查方法的使用,如抽样调查法、观察法、访问法、实验法等。另外,还要对会展项目的市场需求作预测,因此可行性研究中还要涉及需求预测方法的使用,如直接调查法、经验判断法、时间序列分析法、回归分析法等。

2. 财务评估法

财务评估依据有关财税制度,研究和预测投资项目在完成以后所能给企业带来的经济利益,并根据经济利益的大小,来决定拟实施的项目和不同技术方案之间的取舍。进行项目财务评估首先要估算或计算出项目的投资、成本、收入、各项税金和利润等基础数据,利用财务评估方法,计算相应的技术经济指标,并与有关标准进行对比,判断拟投资项目是否可行,或从中选择最佳方案。

财务评估方法按时间价值分为静态分析法和动态分析法。静态分析法包括投资回收期法、投资收益率法等;动态分析法包括净现值法、净现值率法、内部收益率法等。

(二) 计划准备阶段

计划是会展项目管理中非常重要的方法。会展项目计划要围绕项目目标的完成,系统地确定项目的任务、安排任务进度、编制完成任务所需的资源预算等,从而保证项目能够在合理的时间内以尽可能低的成本和尽可能高的质量完成。

在制订计划时会用到很多方法和技术,如工作分解结构(WBS)、甘特图、网络图等。

(三) 实施控制阶段

会展项目控制包括进度控制、质量控制、成本控制和风险控制,每类控制都有不同的方法。其中,进度控制方法有关键路线法(CPM)、计划评审技术(PERT)、条线图及进度安排表、里程碑系统等;质量控制方法有因果图法、控制图法、相关图法、直方图法等;风险控制方法包括风险识别、风险分析和评估、风险监视、风险规避方法。

（四）后续评估阶段

后续评估方法主要有定性和定量两种方法。

五、定量管理法

定量管理法,就是通过对管理对象数量关系的研究,遵循其量的规定性,即利用数量关系进行管理的方法。会展项目的管理目的,就是要投入尽可能少,取得尽可能多的效益,这就不仅要有定性的要求,而且必须有定量的分析。无论是质量标准,还是资金运用、物资管理以及人员组织,均应有数量标准。应该说,运用定量方法管理会展项目,一般具有准确可靠、经济实用、能够反映本质等优点。当然,是否真正切实可行,关键是定量要科学合理,执行要具体严格。

六、目标管理法

目标管理法是一种全新的管理方法,是一种将会展项目要达到的目标同会展项目各项管理工作和参与会展项目的每个成员的任务和职责结合在一起的管理方法。它是根据会展项目的总方针,确定会展项目的总目标,然后将目标层层分解,逐级展开,通过上下协商,制定出各部门、各单位直至每个工作人员的目标;最后用总目标指导分目标,用分目标保证总目标,从而建立起一个自下而上层层展开、自下而上层层保证的目标体系,形成一种全员参与、全程管理、全面负责、全面落实的管理体系。这种管理方法有利于每位工作人员明确目标与责任,主动、自觉地行动,进行自我控制,也有利于管理者对工作人员的实际贡献进行客观评价。

以上只是简单介绍了各种方法的基本内容,以后还要结合各个章节具体讲述各种方法的实际运用。在实际管理过程中不可能只使用一种方法,要结合具体情况组合使用,才能发挥最佳效用。

本章小结

会展项目管理是项目管理者根据会展项目运营客观规律的要求,运用系统的观点、理论和方法,对执行中的会展项目发展周期中的各阶段工作进行组织、计划、控制、沟通和激励,以实现其目标的各项活动的总称。一般包括会展项目团队组织、成本控制、进度控制、质量控制、合同控制、风险管理等六项任务。

通过本章的学习,学生能够了解到项目管理的知识体系及其架构、项目过程组合及启动、项目计划实施等基础知识。项目管理总体有五个过程:启动过程、计划过程、实施过程、执行过程和收尾过程。能够对会展项目管理的方法进行应用。

关键概念

项目　项目管理　会展项目　会展项目管理

复习思考

1. 什么是项目和项目管理？二者具有什么特征？
2. 简述会展项目的类型和特征。
3. 会展项目管理的过程以及各个过程之间的相互联系是什么？
4. 会展项目管理的方法有哪些？重点思考项目周期管理方法在项目管理中的应用。

拓展案例　　德国展会项目管理特点与实践

如果说国外众多的展会规模大都是不断积累的结果，国内会展业还处于初级发展阶段，很多国内展会目前无法在规模上同国外老牌展会相抗衡，那么国外新立展会的成功能带给我们什么新的启示呢？作为处于国际领先水平的展会到底应该具备哪些特征呢？

一、变化：适应行业发展需求动态，调整展会题材

享有行业晴雨表之称的展会需要实时跟踪展会所属行业的最新动态，适时通过新立、分列、拓展和合并等方式调整展会题材，使展会始终保持强大的生命力。

二、聚合：精心策划展会主题，建立"展会群"

精心策划展会主题，给予每届展会以准确的行业定位，使该展会从众多同题材展会中脱颖而出无疑又成为塑造品牌展会的核心工作。德国展会从消费品展到工业展，从教育展到旅游展，无不注意确定鲜明的具有时代气息的展会主题，给业内及观众以深刻的印象。相比之下，国内很多展会很少在展会主题的鲜明性和时代特色方面做文章。德国展会注重运用不同的展会品牌形象策略打造"展会群"，挖掘相关相似展会题材中的共同点，给予这些展会以相同或相似的市场定位，从而采用相同和相似的营销策略，服务于彼此有密切联系的目标市场。这样不仅有利于不断增强展会品牌的整体含金量，而且有利于降低推广成本。相比之下，国内经常使用的"系列展会"的概念相对单一，往往只是将某个行业展会的不同展区分出来单独办展，比如"建材系列展"有"石材展""屋面材料展""照明展""家用五金展"等，缺乏以更广的视角看待展会之间的共同点。

三、人性：赋予展会文化内涵，积极发挥教育功能

现阶段，中国展会的功能还主要停留在促进商业销售和贸易层面。而德国展会已把文化元素融入其中，给大众开辟领略世界文化、畅游科技创新的空间。展会主题体现专业精神，具有时代气息，整个展会的文化和时代气息浓厚。与德国展会相比，国内展会明显没有给观众这种文化上的"亲和力"，缺乏与观众的互动，展示方式缺乏创新，相关活动功能过于单一,展会的相关功能有待进一步开发。

德国展会主办者还经常有意识地将展会打造为行业教育平台,在德国展会上经常可以见到该行业的研究教育及培训机构的展位,他们带来最新的研究成果,带来最新的行业教育理念。同时,很多与该行业相关专业的大学生也会带来自己的设计作品、科技发明与商业计划。德国绝大多数展会在门票方面给予学生半价的优惠,以鼓励与该展会行业相关专业的学生参观。

四、全面:搭建行业综合平台,打通整个产业链

将展会打造为展会所属行业的信息交流、产品展示、贸易合作的综合平台,打通产业链是国际领先展会的又一大显著功能。如果说德国展会是先定展会题材,再按照产业链分专区招展的话,国内展会可以说基本上是根据招展情况决定展会题材,经营不同展品的展商常常混在同一场馆里,就像超市没有按类别区分商品一样。在德国展会上,一个投资者可以在该行业展会上配齐从生产设备、技术指导、原料甚至相关的物流配送、企业员工培训等所有环节的产品和服务,在国内的展会上则很难实现这一点。

五、服务:建立全方位服务体系,与客户结成合作伙伴

参展商与观众的支持是展会长期运作下去的根本保障。衡量一个展会成功的标准其中两个很重要的数据是参展商的连续参展率和观众的连续参观率。许多研究也表明,开发一个新客户比留住一个老客户的成本要高许多倍,所以展会主办者在不断开发新客户的同时,必须尽力留住老客户。与客户结成合作伙伴关系,形成展会与客户双赢的局面,最终使展会实现良性循环。达到这个目标的前提是为客户提供全方位的服务,从而提高展商对展会的忠诚度。全方位的服务体现在展前、展中和展后各个阶段,包括从展会策划、展会推广营销、专业观众组织、相关活动安排,到展览主办者所有对外文件、信件的格式化、标准化等很多细微之处。

六、网络:注重展会网站建设,打造"全过程"在线服务

德国展会的官方网站信息丰富,在线服务功能强大;国内展会网站则功能单一,内容更新缓慢,甚至很多展会仍然没有官方网站。德国展会网站往往是展会和展会所在行业的综合信息平台,为参展商、观众和媒体提供了强大的行业信息、展会信息查询功能和在线服务功能,因此欧美的展会参观者非常习惯于通过展会网站提前获取展会相关信息,安排自己的参观计划。

展会网站中最重要的一个功能即参展商数据库查询功能,组织者为观众提供了众多查询方式,包括快速模糊查询、产品查询、精确查询、参展商目录下载等。其中精确查询又可以通过公司名称、国家、城市以及参展企业所处展厅号等多种方式查询,具体到每个参展商目录中又分为 6 类信息:企业新闻、企业产品、企业简介、企业联系方式、所处展厅具体位置、在线预约。网站的相关在线服务均是免费的,只需要观众和参展商完成在线注册即可。德国展会网站均提供德语和英语两种版本的网页,而且两者完全对等,信息同等丰富。

七、联合:建立全球销售网络,实行积极的合作策略

国外很多展会之所以规模大、国际化程度高,在于展会主办方建立的庞大的全球销售网络。通过在世界各地设立办事机构和代表机构,同时广泛引进国际招展代理,使整个展会的推广和营销工作摆脱单一的点对点式的模式,而是通过其合作伙伴、分

支机构和代理机构形成多级传播架构,使展会推广和营销的效力大大增强。在建立广泛销售网络的基础上,国外很多展览公司实施积极的合作策略,此种策略在同题材展会和相关题材展会之间体现得尤为明显。与此相反,国内展会目前仍然是竞争大于合作,此种重竞争轻合作的策略直接导致了同题材展会的大量重复举办。

八、活动:精心策划相关活动,提高展会"含金量"

与展会同时同地举办的技术交流会、专业研讨会、产品发布会、行业会议及其他比赛或表演活动对于提高展会的"含金量"具有举足轻重的作用,但又不能"画蛇添足"或者"喧宾夺主",所以,相关活动如何策划,使其与展会本身起到相得益彰的作用至关重要。国外高水平展会尤其注意相关活动的策划,具备如下几个特点:活动的专业性及论题的前瞻性;活动主持者在业内具有权威性;活动在时间上精心安排,避免"撞车"或影响展会本身的进行;活动注意趣味性及互动参与性。展会过程中同时举办的比赛或者具有娱乐性质的活动,如果策划得当,可以为展会带来人气和树立良好声誉。

九、移植:实施国际化战略,"移植"品牌展会

国外展览公司进军中国市场的主要方式就是将其在本土成熟的展会品牌进行"移植",从 CeBIT Asia 到 ISPO China,从高技术领域到消费品领域,"移植"进来的展会绝大部分取得了很好的业绩。品牌展会的"移植"是国际领先水平展会向外扩张的必由之路。国内展会很多在规模、国际化程度、品牌知名度等方面还不具备与国际大型展会抗衡的能力,但同样要有前瞻性的规划,并且可以拿相对成型的展会开展试点。比如将中国具有相对优势产业的展会或者已经具有相对庞大的国际客户群的展会适时"移植"到国外举办,在项目选择和国外合作伙伴确定方面做好前期调研,并且"移植"到最具竞争力的目标市场。

(资料来源:https://www.douban.com/note/83075232/? type=like.)

讨论:

1. 结合案例讨论德国展会项目管理的成功之处。
2. 分析我国展会项目管理与国外的差距,并提出改进措施。

第三篇 会展运营与保障

◆**本篇导读**

　　会展项目的成功策划与组织依赖于许多相互影响的因素,尤其是项目团队与第三方的有效沟通与合作,才能获得对会展项目运营与保障的支持。缺乏良好的过程管理和一系列保障措施,会展项目的效果和可持续性将很难得以实现。上一篇主要是针对组织者角度的管理问题。对于会展运营与保障部分,本模块将从会展场馆的经营与管理、风险管理、供应商管理、会展评估、信息管理等几个方面讨论会展的管理。

第六章
会展场馆经营与管理

◆ **学习目标**

1. 知识:概述会展场馆的发展趋势。
2. 理解:描述场馆规划建设与会展业发展的关系。
3. 应用:解释不同类型会展场馆的特点。
4. 分析:比较分析不同会展场馆管理模式。
5. 综合评价:撰写会展场馆调研报告,对规划设计与发展状况进行综合评估。

◆ **学习任务**

名称	会展场馆调研
学习目标	1. 认知会展场馆 2. 描述会展场馆类型、特点
学习内容	会展场馆规划与发展状况评估
任务步骤	1. 实地考察区域周边不同类型的会展场馆 2. 分析会展场馆的规划设计、目标市场、经营模式 3. 比较同类型标杆场馆,进行对比分析说明 4. 完成调研报告文本和演示PPT文件
学习成果	"区域会展场馆调研简报"

◆ **案例引导**

············ 卡塔尔国家会议中心 ············

国家概况:

卡塔尔前身是一个珍珠养殖中心,曾经是阿拉伯海湾国家中较穷的国家之一。20世纪40年代,卡塔尔开采出了大规模的石油和天然气田,目前已变成中东地区较富有的国家之一。卡塔尔本国的人口很少(不到200万)。

卡塔尔国家会议中心（Qatar National Convention Centre，QNCC）位于教育城内。QNCC致力于成为一个新的全球意见和创新交流的集合点。它坐落于卡塔尔基金会的旁边，场馆外观是未来主义的古铜色树枝从地面向天空的延伸，成为一道不容错过的风景。场馆于2011年12月4日正式开业（与第20届世界石油大会同期），总投资额为42亿卡塔尔里亚尔（约合7.3亿英镑或12亿美元）。该项目于2004年立项，2006年5月开工，在经历5年半的设计和建筑后正式开业。

设计规划：

场馆一共有3层，由日本著名建筑师矶崎新设计完成。拥有超过3500平方米的太阳能电池板、自动控制的墙体和屋顶、通过空调走廊与场馆连接，并有3200个车位的室内车库。长250米、弯曲的树形状金属结构成了卡塔尔国家会议中心的鲜明入口，并向上支撑着屋顶。在沙漠里，这种树就是学习和帮助的灯塔。它被当地人视为珍宝，并把它当作居所或者聚会的地方。不单单树枝能提供阴凉，它的果实、花朵和叶子一直都被作为当地传统药材使用。而卡塔尔国家会议中心就是一棵新的锡德拉树。卡塔尔国家会议中心拥有举办各种活动的规模和能力。不仅能举办区域性和国际性的会议和展览，也能举行主题晚宴、音乐会、戏剧演出、公司晚宴。

场地一览：

40000平方米展览面积、3100平方米户外展览面积、2300个座位的音乐剧场、会议厅能容纳4000人、三层式报告厅，座位分别为401个、290个和495个，共52个会议室、6个VIP休息厅、7个招待厅。

设备设施：

自有的五星级餐饮服务；无线会议管理系统、最新的演讲通信技术和制作能力；覆盖35000平方米的可移动吊点、100%光纤覆盖；通过空调走廊与场馆连接，并有3200个车位的室内车库。

员工：

卡塔尔国家会议中心拥有一支有经验、有热情并以场馆的成功为动力的员工团队。目前，这支团队拥有来自36个国家的392名全职员工和313名兼职员工，他们都接受过针对各自岗位的深入培训。

卡塔尔国家会议中心旨在吸引那些高规格的活动，充当知识和商业交流的催化剂，为国家创造直接的经济效益。它努力争取本地、区域性和国际性的会议和展览。通过举办这些活动，可以吸引全球各个领域顶尖的专家和代表们到访卡塔尔。

其他贡献：

它将为目的地带来积极的经济影响，根据统计数据，每一位国际会议代表每天在多哈的平均花费为1500卡塔尔里亚尔（约280英镑）；它将有助于增加到卡塔尔和中东地区的商务客人数量，它将增强旅游业在国家GDP中的贡献，促进国民经济的发展。

截至2012年3月，卡塔尔国家会议中心在开业前5个月共接待了52个活动，吸引了超过3万名访客，由海外客人带来的经济贡献估计超过4100万卡塔尔里亚尔（约1120万美元）。2012年确定的主要国际活动包括联合国贸易和发展会议、第25届万国邮政联盟大会和联合国气候变化框架公约会议等。

总结：

卡塔尔的目标是成为世界上最具活力的以信息技术、创新和企业家精神为主导的知识经济体之一。卡塔尔国家会议中心就是这种承诺和目标的实际体现。

（资料来源：王小石. 会议业：一个全球化产业［M］. 北京：中国旅游出版社，2015.）

案例思考：

1. 请思考，卡塔尔国家会议中心适合举办什么类型的活动？
2. 请分析卡塔尔国家会议中心成功的秘诀。

场馆是会展活动得以举办的重要载体。目前，国家和社会积极投入大量资金用于会展场馆的建设和设备维护。可以这么说，会展场馆是保障会议、展览等顺利运行的物质基础。因此，打造国际化、智能化、特色化的会展场馆已经成为一个国家或城市的会展实力象征。我国会展业发展较国外发达国家来说，起步相对晚，但是近几年呈现发展迅速的趋势。而对于会展场馆的管理与经营还不够完善，因此，本章将对这方面内容进行探讨。

第一节　会展场馆发展概况

一、会展场馆的概念、类型及特点

（一）会展场馆的概念

对会展场馆的概念从字面上解释，包括"场"和"馆"两个方面："场"即会场，指能够聚集数量众多的人群的地点；"馆"即会馆，指能够展示各种展品或开展信息交流活动的建筑空间。严格来讲，会展场馆是指为会议展览等活动提供设施设备，同时能够满足容纳不同人数需求的建筑空间。对于会展场馆的理解，可以从以下几个方面进行：首先，它必须体型庞大，也就是说，场地要足够大，因大型活动在同一时间会聚集成千上万的人，不能满足这个需求，会展场馆将失去根本的意义。不仅如此，还需要具备设施设备条件；其次是指所提供的服务是公开的；最后，它具有商业性质，能够与使用这些场馆空间和设备设施的会展企业或组织达成商业性合作合同。

> **知识链接**
>
> 会展场馆：
> （1）能满足容纳不同人数需求的空间；
> （2）展示和交流的空间；
> （3）建筑空间。

（二）会展场馆的类型及特点

1. 会展场馆的类型

（1）按照会展场馆的规模来划分，可以分为超大型会展场馆、大型会展场馆、中型会展场馆、小型会展场馆和临时会展场馆。

（2）按照会展场馆的性质来划分，可以分为综合型、单一型、项目型。综合型是指既可以举办会议又可以举办展览，功能更加齐全的场馆，如会展中心；单一型是指只针对一种类型的会议或活动，如博物馆。项目型是指并不是专门用来举办会展活动的，而是其他如酒店一样的地点，临时举办一些活动。

（3）按照会展场馆的内容来划分，可以分为会议型、展览型、博览型和综合型会展场馆。

常见的会展场馆包括会议中心、展览中心、酒店、大学、博物馆、展览馆、陈列馆、体育馆、体育场、文化馆、文化广场、剧院、剧场等。博物馆指对有关历史、自然、文化、艺术、科学、技术的实物、资料、标本等进行收集、保管、研究，并陈列其中一部分供人们参观、学习的专用建筑。比如杭州除了有西湖等旅游名胜以外，还有位于中国茶叶博物馆、与同仁堂齐名的胡庆余堂中药博物馆、展示丝绸发展史的中国丝绸博物馆、南宋官窑博物馆等。展览馆有两种含义，一种是指展览专用建筑物；还有一种是指从事展览馆业务的、具有法人资格的事业或企业单位。美术馆是指以陈列展出美术工艺品为主，主要收集有关工艺、美术藏品，进行版面陈列和工艺美术陈列等的建筑物，有的也设立美术创作室。比如 2002 年 3 月 27 日，"朱屺瞻艺术展"在杭州西湖美术馆开幕。纪念馆是为纪念具有历史意义的事迹或人物而建造的建筑物。如江西省吉安市文天祥纪念馆兴建于 1984 年，1992 年对外开放，1996 年被命名为"全国中小学爱国主义教育基地"。这座建筑面积 2200 平方米、具有民族建筑风格的纪念馆，是京九线上的一处重要旅游景点。陈列馆是指一般为单纯地陈列展出，或设于建筑的一角，或成为独立的建筑，其中多陈列实物以供人们参观学习。

会议中心是主要的会议举办场所，是举办世博会等的主会场。主会场场地占地面积的多少，是根据世博会主题要求、期望接待参展国家的数量及对宗旨目标理念的思考来决定的。提供广阔的会议中心空间，能满足世博会的需要，它不仅要足以容纳众多的参展商和与会者，而且要给参展商和与会者留下深刻的印象。这个良好的印象应该是平和、健康、宽敞和安全的。基于这些考虑，会议中心的场地和设施应符合实用性，与公共装置、绿化、步行道、停车场等构成一个有机的整体。在会议中心的室内，要使温度、湿度、采光、音响、交通等符合以人为本的需要。只有室内外都有良好环境效果的会议中心，才是我们努力营造并不断追求的会议中心。展览中心是指由固定场馆来展示陈列和举办一些定期、不定期的临时性展览会、博览会的场所。其基本内容是：主办者为了一定的目的，提出一定的主题，按照主题要求选择相应的展品，在展厅或其他场所，运用恰当的艺术手法，在一定的材料和设备上展示出来，以进行宣传、教育或交流、交易；具有认识、教育、审美、娱乐等作用，又有传递信息、沟通产销、指导消费、促进生产等多方面功能。体育场是指开展群体性体育活动而设置的体育活动教学、训练和竞赛的公共体育场所。有单项的，也有综合性的，体育场设有专职或兼职的技术指导和管理人员，负责日常工作。体育馆是室内体育运动场所的统称。大规模的体育馆包括篮球、排球、乒乓球、羽毛球等的比赛馆和练习馆。文化广场是指面积广阔的文化场地和场所。文化馆是国家设立在县(自治县)、旗(自治旗)、市辖区的文化事业机构,隶属于当地政府,是开展社会主义宣传教育、组织辅导群众艺术(娱乐)等活动的综合性文化部门和活动场所。城市规划展示馆是供人们进行传授、学习或增进知识等活动的公共建筑。它要求有幽静的环境、必要的设备、适宜的空间和充足的光线等。如上海城市规划展示馆,建筑面积2万平方米,主体结构高43米,地上5层、地下2层。剧院指用于戏剧或其他表演艺术的演出场所。剧场是供演出戏剧、歌剧、曲艺等用的场所。

2. 会展场馆的特点

1) 设施设备日益先进

设施设备是体现一个场馆的智能化的标志。为了让服务水平更高,基本上所有场馆都在这一方面进行竞争。现在的场馆可以说设施齐全,可以满足会议、展览等基本活动,同时还能满足演出活动和体育赛事。

2) 规模越来越大

与前些年中国会展场馆的规模相对比,近些年中国会展场馆正在发生着改变。会展场馆规模开始逐渐扩大。多年来,中国会展场馆随着展会数量的增多和规模的扩大而发展。以中国国际展览中心为例,1985年初建时室内展厅2.5万平方米,1988年扩展为3.8万平方米,1994年扩展为5万平方米,1999年扩展到6万平方米。近几年已有不计其数的新场馆在各大城市建立。2008年北京奥运会,鸟巢作为此次大型活动的标志性产物,是中国场馆走向壮大的最好象征。国家体育场(鸟巢)位于北京奥林匹克公园中心区南部,为2008年北京奥运会的主体育场。工程总占地面积21公顷,场内观众坐席约为91000个。举行了奥运会、残奥会开闭幕式、田径比赛及足球比赛决赛等。奥运会后成为北京市民参与体育活动及享受体育娱乐的大型专业场所,并成为地标性的体育建筑和奥运遗产。

国家体育场

3) 投资额巨大

各国家运用大量财力用于会展场馆建设。表6-1展示英国和澳大利亚主要会议中心的投资情况,表6-2展示中国部分会展场馆的投资情况。

表6-1 20世纪90年代以来各国主要会议中心的投资情况

场馆名称	启用/追加投资年份	花费
伯明翰国际会议中心(International Convention Centre, Birmingham)	1991年	180百万英镑
爱丁堡国际会议中心(Edinburgh International Convention Centre) 主要的扩建工程于2013年完成	1995年 2013年	38百万英镑 30百万英镑
伦敦展览中心(Exhibition centre, London) 展览中心在2010年增加了一个国际会议中心	2000年 2010年	300百万英镑 160百万英镑

续表

场馆名称	启用/追加投资年份	花费
贝尔法斯特海滨礼堂（会议中心和音乐厅）(Belfast Waterfront Hall) 扩建将增加 2100 平方米展览面积、容纳 750 人的宴会厅及 5 个 200 人的会议室	1997 年 2016 年	32 百万英镑 20 百万英镑
苏格兰展览和会议中心的克莱德礼堂（Clyde Auditorium at the Scottish Exhibition and Conference Centre） 将增加舞台设施	1997 年 2013 年	38 百万英镑 80 百万英镑
特尔福德国际中心（The International Centre, Telford）主体重新开发 开发场馆酒店 国际中心扩建 新建一个 200 间房的场馆酒店，并作为总投资 2.5 亿英镑的特尔福德镇中心发展项目的一部分	2002 年 2004 年 2011 年 2013—2014 年	12 百万英镑 10 百万英镑 10 百万英镑
阿德莱德会议中心（Adelaide Convention Centre）	1987 年启用 1990 年增加展馆 2001 年扩建 2014 年扩建第一部分，增加面积和会议室共 4300 平方米 2017 年扩建第二部分，计划拆除原有的场馆，取而代之的是一个能容纳 3000 人的大会堂	38.7 百万澳元 17.5 百万澳元 92.4 百万澳元 242 百万澳元 108 百万澳元
悉尼会展中心（Sydney Convention and Exhibition Centre）	1988 年启用 2016 年建设新的悉尼国际会议中心、展览和娱乐专区	230 百万澳元 约 1000 万澳元
布里斯班会展中心（Brisbane Convention and Exhibition Centre）	1994 年启用 2012 年扩建了 25000 平方米的会议设施，增加了 20 个会议室	200 百万澳元 140 百万澳元
霍巴斯联邦音乐厅和会议中心（Federation Concert Hall and Convention Centre, Hobart）	2000 年启用	16 百万澳元
达尔文会议中心（Darwin Convention Centre）	2008 年启用，拥有一个 1500 个座位的报告厅	作为总投入为 10 亿澳元的海滨发展项目的一部分

> **同步思考** 各国家为什么运用大量财力用于会展场馆建设?

表 6-2 中国部分会展场馆的投资情况

场馆名称	启用/追加投资年份	花费
国家体育场(鸟巢)(National Stadium, Beijing)	2003 年开始建设 2008 年完工	22.67 亿人民币
西安曲江国际会展中心(Qujiang International Convention Centre, Xi'an)	2010 年	2.3 亿人民币
广州国际会展中心(International Convention and Exhibition Centre, Guangzhou)	2002 年一期总用地 43 万平方米 二期是配套部分 到 2009 年为止,成为亚洲最大、国际第二大的会展中心,面积仅次于德国汉诺威展览中心 2014 年四期扩建,展览面积达 50 万平方米,超过德国汉诺威的 47 万平方米,规模世界第一	未知

除了表格展示出的会议中心或者会展中心的投资状况,各国家和城市还大力发展基础设施建设,如悉尼国际会展娱乐中心区(Sydney International Convention, Exhibition and Entertainment Precinct)总投资近 10 亿澳元,占地 12 公顷并拥有最先进设施的新的悉尼国际会展娱乐中心区于 2016 年在达令港建成并使用。中心区将囊括世界顶级的娱乐、体育、休闲和会议设施,成为澳大利亚第一个整合完全的综合性设施,借此巩固悉尼作为澳大利亚国际都市的地位。作为现有的悉尼奥林匹克公园场馆的有益补充,新的悉尼会展中心将会增加至少 4 万平方米展览面积以及可灵活改变的容纳 1 万人的大会堂。

4) 科技含量越来越高

尤其对于一些技术含量高的会展活动,如大型演出、机器人展览等,参展商可以通过智能化的技术实现好的呈现方式,让参加观众融入展品中,并且有利于沟通和交流。同时,参展者可以通过多媒体设备查阅展会信息、展品信息等。

5) 服务更加人性化

与其他行业一样,会展业也在追求服务的人性化和合理化。会展场馆也在人性化方面不断努力,如大型会议的报到注册环节,会展场馆就运用了现场电力报道注册服务,还运用机器人欢迎参会观众等,让嘉宾们感受到服务的便捷和人性化。

二、会展场馆的发展概况

(一)国外会展场馆发展概况

在国外尤其是在德国、意大利、法国等会展业发达国家,会展场馆的空间发展模式表现为集聚的特点,其最大优势是容易实现规模效应。其中,"集聚"的内涵主要指由大规模带来的非同一般的影响力和品牌效果。事实上，国外会展场馆的发展是聚中有散的，只不过这里的"散"不是松散，而是一种合理布局。

1. 总体上重点集中、合理分散

会展发达国家凭借自己在资金、技术、交通及服务等方面的优势，建造大规模的现代化场馆，举办高水平的展览会，在国际会展市场竞争中占据着主导地位。从总体布局上来看，会展业发达国家或地区的场馆建设具有"重点集中、合理分散"的特点。

所谓重点集中，包括两层含义：一是指会展场馆主要集中在几个大城市，以便集中力量培育国际会展名城；二是指各会展城市的场馆建设规模较大，便于统一规划、集中布展。例如，德国是名副其实的展览大国，在世界50强展馆中占有11席，面积达239.68万平方米。顶级展馆拥有量第一，共计4家，展览面积146.5万平方米，占比46.9%，展馆平均面积高达36.63万平方米，呈现数量多、面积大、实力强的特征。全国的展览场地主要分布在汉诺威、科隆、慕尼黑、法兰克福及杜塞尔多夫等城市，而且周边各项基础设施完善，正因为如此，世界上许多国际性的品牌展览会都落户德国。

所谓合理分散，即指几乎每个会展业发达国家都制定了科学的会展业发展规划，表现在场馆上便是突出重点、分级开发，以确保本国会展业具有持续发展的潜力。例如，目前意大利的大型国际展览会主要在米兰、博洛尼亚、巴里和维罗纳4个城市举办，这些城市都是著名的旅游城市，但相隔一定的距离且各自的品牌展览也不一样，因而在开展会展活动上各具特色；同时，为促进意大利经济的进一步发展，也形成了一些地区性会展中心。

2. 单个场馆规模优先、以人为本

相对会展业总体布局的聚中有散而言，国外会展场馆更加讲究规模，大部分场馆的展览面积都在10万平方米以上；在建筑设计和设施安排上则强调以人为本，即尽量为参展商和观展人员提供方便。如2000年5月在德国汉诺威举办的印刷机械展Dupa是全球较具影响的展览会之一。整个展览会分18个馆展出，展览总面积达15.8万平方米，有来自42个国家的1800多家厂商参展，来自德国及世界各地的约40万观众观展。场馆的各项设施和服务均以人为本，旨在为参展商和观众提供全方位的配套服务。观众一进展馆便能得到一份用多种文字编写的参观指南，各展馆的展览内容、观众出口、公共交通及停车场一目了然；展场中间的露天场地设有饮食和休闲中心，除提供快餐外还有各式风味餐厅；不同展馆之间有遮雨通道相连，有些地方参观者还能乘坐电动通道直接进入不同展区。

3. 场馆建设持续优化，不断扩张

随着会展业的快速发展，大多原有的场馆已经不能满足要求，必须对原有场馆进行改建。规划时重视扩建方式、后续工程或改建工程，且不影响建成部分的使用。如跨度、大规模、高效率的建筑取代，在不断地建设过程中，应用新的技术，适应新需求，完善新功能。如科隆会展中心就在原地将围院式建筑逐步改造为大跨度的展厅，并以连廊将各个展厅相连通。再如法兰克福会展中心，它拥有从1909年一直到2001年建设的包括穹顶式多功能会堂、超高层办公楼、大跨度的新型展厅等各类型的建筑。其形态清楚地刻画出多次改扩建的时间痕迹。这样的扩建投资规模比较小，实施灵活，多以加建单独的大型展馆、连接通廊或主要的入口大厅等内容为主。

(二) 我国会展场馆发展概况

当今,日益繁荣的会展活动不仅引导了各行各业的发展,提升了制造业水平,而且促进了生产要素的流动和资源配置的优化,有力地推动了中国企业的发展,促进了国内企业走向国际化合作的道路,实现了良好的经济效益和社会效益。正是看到了会展业在提升经济发展和城市知名度方面的重要作用,许多地方政府都提出发展会展经济的规划。

2013年1月18日,在重庆举办的第九届中国会展经济国际合作论坛上,中国贸促会副会长王锦珍发布了2012年度《中国展览经济发展报告》(以下简称《报告》)。根据《报告》数据采集截至2012年9月30日的统计显示,2012年,全国约1300家组展单位共举办2185个经贸类展览会,其中近80%的展会面积信息汇总后约为5212万平方米,估算全国展会总面积约为6500万平方米。其中,10万平方米以上的大型展览会达到71个。近年来,在扩大内需和积极的财政政策支持下,中国场馆建设始终热度不减,不但北上广等核心展览城市的大型场馆正在加快扩建步伐,一些二、三线城市更是纷纷将建设场馆作为推动城市经济发展的重要途径。上海和天津的国家会展项目规划展览面积接近或达到50万平方米。武汉、重庆和成都等地也已经建成或正在规划建设大规模博览中心。《中国展览经济发展报告》称,随着大型展览场馆的不断落成,10万平方米以上的场馆将面临越来越大的经营压力。不仅城市之间的场馆竞争激烈,同一城市的不同场馆也将面临前所未有的压力。

我国多数展览场馆都是具备举办会议和展览功能的会展中心,而受全国范围内展馆规模、档次和专业化程度的限制,一些政府企事业单位、学校、科研机构等为满足特定需要而建设的会议设施,它们可以是办公设施的一部分,也可以是一栋独立楼,各国几乎所有大、中、小城市都有许多可举办会议的场所,可以说会议场所无处不有。

1. 我国会展场馆发展趋势

1) 全国场馆总面积持续增加

截至2012年12月31日,中国会展场馆室内展览面积达到852.48万平方米,室外展览面积达到491.14万平方米,总展览面积达到1343.62万平方米,总建筑面积达到3257.57万平方米,同比分别增加137.34万平方米、88.38万平方米、232.73万平方米、251.35万平方米;就数量方面,2012年中国会展场馆总量达到286个,比上年增加17个,其中新建会展场馆14个。总体来看,室内展览面积1万~3万平方米的场馆有124个,数量最多。在新建会展场馆里面,有3个是超大规模的会展场馆,其室内展览面积均超过10万平方米,分别是上海跨国采购中心五角世贸商城、重庆国际博览中心和武汉国际博览中心,这些分布在不同地域的巨型会展场馆极大地促进了所在地域的会展经济的发展,为地方会展经济的腾飞提供了很好的硬件基础。

2) 单个场馆建筑规模大型化

中国目前已经认识到会展场馆在规模上与国外的差距,因此,近年来新建的会展场馆面积不断扩大。以室内展览面积为指标对全国286个满足要求的会展场馆进行排名,发现前十名的室内展览面积总计167.48万平方米,占全国总量的19.48%。这些会展场馆有4个分布在华东,3个分布在中南,2个分布在西南,另外一个处于华北的天津梅江。

3) 区域会议展览带已经形成

目前我国会展业已形成了"长三角、珠三角、环渤海、东北、中西部"等5个会展经济产业带。

(1) 长三角展览带——以上海为中心。

长三角展览带城市纷纷将会展定位为经济增长的重要支柱产业,各种展览场馆也不断兴建,并引领着全国的会展场馆建设。上海市作为长江三角洲的龙头城市和亚洲会展之都,已形成了较大规模的会展经济。未来几年,随着这批巨型会展场馆的建成,上海市的会展经济竞争力必将进一步增强,对长三角会展经济带乃至世界会展经济格局产生一定的影响。此外,宁波、杭州、苏州等长三角城市都在积极推动会展场馆的建设,使长江三角洲展览带成为全国场馆市场较为活跃的区域之一。

(2) 珠三角展览带——以广州为中心。

珠三角则是我国会展经济发展历史最为悠久的区域,如久负盛名的广交会、新兴的深圳高交会等都是该区域著名的品牌会展。加上该区域工业经济较为发达,更为会展经济的发展和会展场馆的建设提供了有力支撑。

截至2010年,广州拥有37个专业会展场馆,室内总展览面积约为126.52万平方米。其中,中国进出口商品交易会琶洲展馆,室内展览面积为33.8万平方米,是亚洲最大的现代化展览中心,拥有8个面积406平方米可容纳184人的圆桌的课堂式会议室等。

截至2012年,我国华东地区共计117个会展场馆,分别占全国总展览面积的39.09%和全国室内展览面积的41.34%,这一增长必然进一步带动珠三角会展业的发展。

4) 环渤海展览带——以北京为中心

以北京、天津、大连等为代表的环渤海城市带因为具有政治、经济和文化意义,也成为雄踞东亚地区的会展城市带。据不完全统计,截至2012年年底,北京市拥有18个会展场馆,且规模大小分布相对均匀,会展场馆的总展览面积达到71.11万平方米,室内展览面积达到45.46万平方米,北京决定自2013年起开始进行中国国际展览中心新馆二期的建设,该项目二期规划总占地面积1182亩,规划建设面积约24万平方米,拟投资30亿元,主要建设8个室内展馆及15万平方米的室外展场;大连依据有力的地理位置,迅速成为东北地区与外界交流的平台,其会展业对整个东北地区都有很强的辐射作用,大连服装博览会2002年得到国际联盟资质认证成为我国内地第一个获此认证的服装类展会。此外,在建会展场馆方面,天津国家会展中心于2012年5月开始动工;截至2012年年底,山东共计拥有30个会展场馆,室内展览面积也高达86.27万平方米,位居全国第二。

5) 会展场馆集聚与分散并存

无论是会展中心城市在特定区域内的空间布局,还是会展中心城市内的会展场馆的空间布局,都同时存在集聚与分散并存的局面。会展场馆的集聚有利于单体会展企业降低基础设施和市场营销成本。环渤海带、长江三角洲与珠江三角洲形成了3个会展中心城市集聚带,在会展中心城市内,有的城市也形成了集聚带。如广州的中国商品交易会火车站附近与新建的广州锦汉国际展览中心形成了相对集中的展览区。由于广州会展业规模的扩大,在琶洲岛规划建设并于2003年秋季投入使用的新会展中心,形成了一个新的城市副中心。

6) 人性化

场馆设计遵循人性化的原则,在各方面体现"以人为本"的理念。如增加休息区的面积区域,方便观众等人员小憩;增加电子报道和注册,为观众节省时间;地点选择在交通便利的区域等等。

7）智能化

运用电子报道和注册，省去大量人力、物力，并且体现出智能化，会场还利用欢迎机器人、机器人垃圾桶等，体现智能化的同时，也是会展场馆走向高科技的象征。

8）生态文明化

"绿色会展场馆"和持续性发展思路，都体现着现在会展场馆的生态文明化。无论是选址、装修等都体现着环保、节能等特征。并且，在绿化方面，国家和各大城市也在努力打造具有生态文明特性的会展场馆。

9）政府将加大投入

表 6-1 和表 6-2 中，可以看出，各国都在加强对会展场馆的建设和维护。尤其是西方国家，对于已经建成的会展场馆，定期还要维护和扩建。我国也在《中国会展经济发展报告》中指出，要建设规模大、水平高的国际型会展中心。2011 年 1 月 10 日，商务部和上海市政府正式签订合作协议，共建国家会展项目。

2. 我国会展场馆存在的问题

在发展迅速的同时，我国会展场馆也存在着一些问题：首先，大型规模的场馆总数还是比较少。目前的大型场馆集中在北京、上海、广州，相对而言，西方国家的会展场馆规模在 10 万平方米是很常见的。其次，科技水平有待于提高。虽然近几年，各城市竞相引用高科技来打造会展盛宴，但是效果却并不理想。此外，区域结构失衡。会展场馆虽然在各大城市积极建设，但是依然不够均衡，北上广等城市会展场馆过多，而偏远地区则数量十分有限。最后，配套设施和服务不到位。停车场、货物装卸、餐饮中心、休息场地等方面服务都不能满足现在的会展需求。

第二节　会展场馆的规划设计

一、会展场馆设计原则

会展场馆的设计要求需高于普通建筑物的设计，并且要满足多方面的需求，因此，涉及多学科和领域，主要包括美学、结构学、建筑学等。大体来说，符合"绿色、人文、科技"的理念。

（一）遵循合理化原则，做好会展场馆的布局规划

对会展进行评估和资质认可最具权威性的组织——国际展览联盟（UFI）曾发表报告，外贸总额占 GDP 的比重接近或超过 10%，行业协会的力量相对较强，那么在规划时，必须考虑该地区的宏观经济发展状况，因地制宜、有步骤地合理建设。

此外，合理化原则也可以体现在交通的便捷性和人文环境的优化上。如广交会旧址展馆下接广州大学城及莲花山旅游休闲中心，除有江海大道、华南快速干线等 5 条南北向主

干道和新港东路及环岛北路东向西道路外,地铁二号和四号也将在这里交汇。为配合总体规划的需要,黄州大桥未建先移,向西移至琶洲岛西侧。

> **同步讨论** 我国会展场馆的发展与国外会展场馆的发展差异在哪里?

(二)遵循专业化原则,推动会展场馆设计与国际标准接轨

在国外,会展场馆一般都纳入城市规划之中,具有专业化水准,无论在外观的构思还是内部设计上都有许多值得我国学习与借鉴的方面。比如,会展场馆的选址一般在城市中心区,注重交通的便捷性;展厅一般只有一个层面,以利于参展商布展和观众观展;展厅没有柱子,使展厅可以任意分割,没有视野局限;展厅的高度考虑参展商制作高展示物和眉板设计的需求;配备设置货物装卸区、停车场、厕所;展览设施全部实现智能化,配置优良的观众导看系统;设有专门供参展商和观众休息的绿地等。我国在今后会展场馆的设计与改造时,要吸收国外会展场馆建筑设计的先进理念,注重国外会展场馆在具体细节处理上的标准与做法。而且,我国一些具有实力的城市可以邀请国外的建筑设计师竞投方案。这样,若干年后我国的会展场馆面貌会有所改观,逐步走向与国际化接轨的道路。例如近年来,上海会展业迅速崛起,德国汉诺威展览公司、杜塞尔多夫展览公司、慕尼黑展览公司联合投资兴建与经营的上海新国际博览中心,堪称艺术与科技的完美结晶。德国三大展览公司联手合作参与上海会展场馆的建设,不仅带来了新的理念与模式,而且培育了中国会展场馆品牌,有助于中国会展场馆的建设向世界一流水平迈进。

(三)遵循文化性原则,体现会展场馆设计的特色化

优秀的会展场馆的设计,一般具有立意高、创意新、设计奇、风格独特等特点,能够对观众形成巨大的视觉冲击、带来强大的心灵震撼,这种创意特色需要设计者在建筑设计方面具备深厚的文化感悟力。里斯本世博会上,路边造型独特的路灯、会场边河流上竖琴式的单臂斜拉索桥梁无不展现出设计者那让人叹为观止的创造力、想象力和良苦用心。设计者甚至根据"海洋未来的财富"的主题,在通往大西洋海口的沿岸地带,把所有建筑都设计成船、帆、浪花、水滴等形状,体现了人与自然的和谐。

新加坡深受汉文化影响,风水学盛行,其国际会议与展览中心(新达城)的建筑群是典型的财源滚滚之意。所有建筑物的雨水都汇集起来用作灌溉花草和洗车之用,既环保又象征着"肥水不流外人田"。

近年来,全国各地把会展场馆作为城市形象来抓,如西安国际展览中心,展馆主体外观造型似鲲鹏展翅,隐喻西安城市建设的腾飞。又如重庆技术展览中心,其圆形馆风格别致,展馆外的绿色广场,使整个建筑视野广阔、环境宜人。由此可以看出,文化氛围的营造有助于体现会展场馆设计的特色和创意性,提高会展场馆的档次。

(四)遵循科技化原则,设计中融合高新技术

现代化的会展场馆需要现代化的配套设施设备,以满足各种类型的展览活动,并为其

提供全面、安全、高质量的服务。一般说来,会展场馆设计中应包括中央空调、自动消防控制系统、保安监控等。新技术、新设置应纳入会展场馆设计中,如楼宇自动化管理系统、新型材料的运用、VOD 国际会议功能、计算机宽带网技术和无线上网操作等。针对一些国际会展场馆的特殊需求,还可以将数字会议网络(Digital Conference Network,DCN)、红外语言分配会议同声传译系统、组合式大屏幕投影电视墙等先进设备运用于场馆设计中,为会展提供优质高效的服务。

(五)遵循生态化原则,设计与环保节能相结合

可持续发展是 21 世纪的主题之一。会展业要获得经济效益、社会效益和生态效益的统一,必须注重会展场馆的生态化设计。目前,"绿色会展场馆"的概念在国内外已经相当时兴,即从会展场馆的选址、建筑材料的选择到内部装饰的布局都力求突出生态化的特色;在布展用品的选装置及节能节耗的空调制冷液等。在一些场馆布展项目设计中,生态化理念也深入人心,如汉诺威世博会芬兰展馆移栽一片故乡的桦树林,使用高科技手段再现了大自然怀抱中特有的宁静和恬静,刻画出了生机盎然的生态环境。

二、会展场馆规划内容

(一)选址

1. 城市繁华地段

城市繁华地段,也就是市中心位置。把会展场馆建立在市中心,有着重要意义。好处在于地段繁华,生活方便,无论是购物还是参观,都有着先天优势。如法兰克福会展中心,就处在市中心位置。但是不足也十分明显,一是扩建的可能性不大。二是市中心过于拥挤,造成拥堵。并且,营造成本十分高昂。

2. 城市近郊

一般处于城区边缘,距市中心 5 千米左右。比较市中心的会展中心,有不会面临交通拥堵的问题。但是,目前它们的扩建能力也近乎到达极限。以杜塞尔多夫会展中心为例,它的面积由 11.3 万平方米扩充到 23.4 万平方米。

3. 城市远郊

处于城市远郊。这类会展中心以慕尼黑、莱比锡会展中心为代表。它们均为近年来迁新址建成的,处于城市的远郊,距市中心 10 千米左右,靠近高速公路或快速道路。这类会展中心多是因原有市中心老馆发展受限制而异地重建的,它们的选址往往是改造利用一些衰落的产业用地。比如慕尼黑会展中心利用了旧的机场,而莱比锡会展中心则利用了废弃的工业垃圾堆场。选择远郊一方面能为场馆发展储备充足的建设用地,另一方面也带动了城市新区的发展。

4. 相对独立的会展城

德国汉诺威是最典型的会展城,作为世界上最大的会展中心,它已经拥有近 47 万平方米的展览面积,俨然是个小城市的规模。它距市中心虽然仅 6 千米,但却相对独立。凭借

2000年世界博览会的契机,汉诺威会展中心改造扩建了部分场馆,进一步加强了其会展城市的功能。

(二)基础设施

基础设施状况对会展场馆的成功运营是十分重要的,一个会展场馆周边没有良好的基础设施,会展场馆的发展也就无从谈起,城市基础设施是城市发展会展场馆的基础。这些基础设施不但可以供办展人员所用,而且也为城市居民的日常生活和工作提供了保障。

(三)交通设施

交通设施主要包括城市的航空交通设施、水运交通设施、轨道交通设施、道路交通设施等。这些交通设施组成了场馆与外界沟通的交通网络,其完善程度直接决定了展会工作效率的高低。在建设场馆之初就应该规划好附近的交通设施,从而防止在办展期间大量的人流、物流造成交通堵塞。因为交通拥堵不但影响办展质量,而且也会给当地居民的出行带来不便。

(四)停车场

停车场是城市道路交通中不可分割的组成部分。随着城市交通量的日益增长,停车场已经成为城市建设中迫切需要解决的问题。城市中的停车场地可以分为配建停车场和公共停车场,配建停车场是为居住区或企、事业单位的内部用车停放所配建的;城市公共停车场是指在道路外独立地段为社会上的机动车和自行车提供短时间停泊服务的露天公共停车场和市内公共停车库。公共停车场主要提供对本市和外地车辆的停车服务,也分担没有配建停车场的单位车辆停泊需要。展会活动由于涉及大规模的人流、物流,所以停车场是会展中心必备的硬件之一。

(五)绿化设施

在城市中植树造林、种草种花,把一定的地面(空间)覆盖或者是装点起来,这就是城市绿化。城市绿化是一个城市保持良好环境的重要保证,城市必须做好绿化工作,保证一定的绿化面积,从而塑造良好的人居环境、生活空间。大型会展场馆也需要留有大量的用地来进行绿化和环境处理。会展活动对环境的要求很高,在会展周边建设绿化带,可以有效改善展馆周边的生态环境。展馆的绿化建设可以选择在展馆的外围和进出口,并尽可能利用有限的空间植树种草,为参展人员营建一个良好的环境。

第三节 会展场馆的运营管理模式

一、会展场馆经营管理内容

会展业的发展离不开会展场馆,会展场馆是会展业举办各种类型活动的空间载体。而在当今社会，会展场馆对于展会的成功起到至关重要的作用，各国家投入大量资金用于会展场馆的扩建等工作。而对于会展场馆的投资远远不止于此。更应该在经营管理方面进行投入。

会展场馆的服务对象是公众，而这就要求其设施设备由专业人员进行管理。会展场馆的类型多样，如会议场地、酒店、展览场馆、会展中心等，无论规模大小，都要对场馆的各种运行因素进行管控。

严格来讲，会展场馆经营管理的内容包括物业管理、会展组织管理、展商接待管理、展览网络管理、展台展具管理和综合服务管理、设备管理、安全危机管理、成本管理、人力资源管理、运营管理等。

而会展场馆管理的办法包括综合管理、全员管理、管理系统管理和制度管理。

二、会展场馆运营管理模式

（一）国际会展场馆管理模式

在国际上，会展场馆管理模式多样，最常见的是由政府出资建设场馆，场馆更多履行的是公共服务职能，为当地居民提供精神产品服务。这类场馆通常由政府委托或授权的机构经营管理，不以营利为目的。也有一些场馆，由政府进行立项，并在城市规划和土地利用等方面给予政策上的支持；但在场馆建设方面，则是由政府和其他投资主体共同出资建设，展馆建成后归出资方共同拥有，并依据各自的出资多少来分享后期的展馆收入。这类场馆以营利为目的，其经营管理按照规范的商业运作模式进行；由场馆的资产所有者决定经营管理人员，展馆的所有者与经营者之间有明确的经营责任和义务规定。除此之外，还有些场馆，由民营机构或者私营企业进行投资，并由其自己经营管理或委托管理机构进行。

（二）国内会展场馆管理模式

1. 民营资本投资的企业自主管理模式

企业自主管理模式即由民营资本出资建设场馆并由其进行经营管理。企业自主管理模式是在高度的市场化背景下企业实力不断增加、运营能力不断提高的反映。该模式有一些显著的优点：其一，它给予了企业更多的自主权，企业的经营运作会更加灵活、有效地进行资源整合，这也将带动整个社会资源的高效合理配置，对建设资源节约型社会也有一定的推动作用；其二，企业自主经营管理将加大我国会展行业的市场竞争力度，促进会展企业品牌的建立，推动我国会展企业向国际高水平会展公司看齐，提高我国会展业整体的持续健康发展。

上海新国际博览中心（SNIEC）是第一家中外合资合营的展览中心，它由上海陆家嘴展览发展有限公司与德国展览集团国际有限公司（成员包括德国汉诺威展览公司/德国杜塞尔多夫博览会有限公司/德国慕尼黑国际展览中心有限公司）联合投资建造，近年来，SNIEC不断致力于发展与客户的战略合作伙伴关系，已经成为中德两国创造性合作的典范，并在高度竞争的市场环境中展示了其强大的竞争力和丰富的经验。

2. 政府直接投资主导的管理模式

政府直接注资场馆是国内外较为主要的场馆建设形式之一。由于会展场馆建设投资大，政府投资兴建，展览中心和会展场馆主要为政府所有。会展场馆作为城市的公共设施或形象建筑，政府直接投资主导的管理模式有两种主要的形式：其一就是公益型展馆，这类场馆不以营利为目的，全体市民都能享受场馆所带来的公共服务。其二就是政府直接投资建设场馆，但委托专业的会展公司管理，投标、谈判、协商等权利完全下放给专业的会展场馆经营公司，在委托或授权过程中，双方会订立相关的授权或委托协议书，明确各自的权利义务和责任。一般而言，场馆经营公司负责经营，可以充分对资源进行调配，目的是实现场馆经营效益的最大化；政府作为展馆的所有者，主要是通过对展馆的委托经营来实现国有资产的持续保值增值。

世界上最大的展览场馆——德国的汉诺威展览中心就是由政府投资兴建的。该展览中心总占地 100 万平方米，共 27 个展馆，室内展览面积达到 49.8 万平方米。政府不仅直接投资了场馆的建设，还投资改善了场馆周边的停车设施，建成了发达的公路和轨道交通网，从而使该展览中心成为国际市场交流的著名展馆。我国的广交会场馆也是由政府投入巨额的财政资金建设营造的，并由政府直接参与展馆的运营管理。广交会至今仍是中国规模最大、层次最高、商品种类最全、参展人数最多且成交效果最好的综合型国际贸易展会。政府直接投资并主导的管理模式虽然有政府的强力支持，展览场馆规模庞大、设施齐全，但对参展商和专业观众的需求认识不透彻，同时，由于政府管理的介入，容易造成会展场馆所有权与经营权模糊不清的现象，使会展场馆的经营效益受到一定的影响。

 苏州会展场馆运营的现状与趋势探析

3. 多方投资的股份制经营管理模式

这种场馆建设和管理模式一般是由政府先牵头立项，投入一部分资金，然后再引入其他的民营资本投资共同建设，也就是说场馆建设的大量资本并不全由政府完全承担，只是承担一部分，此外，政府还会在政策上给予适当的支持。场馆建成后归所有的出资人共同所有，各投资方根据各自的出资额获得相应的回报。

这种投资模式下，政府会牵头成立会展企业集团，并采取股份制经营方式。这种经营模式不仅可以分摊场馆投资的风险，并且可以充分利用管理、人才和政策等多方面的优势，多个股东共同经营管理，也使管理机制更加灵活。

德国大部分会展中心基本是由各级政府牵头出资建设，并成立了专门的有限责任股份公司加以运营管理，其专业化和国际化水平都是世界领先的。这样的建设经营模式和组织结构方面能使会展中心可以获得政府在土地、交通乃至政策方面的大力支持，使其具有城市基础经济，有了公共设施的特征，树立城市形象；另一方面也可以保证高效、灵活的商业运营管理，带动城市和地区经济。多方投资的股份制经营模式也存在一些弊端，由于是政府与民营资本共同投资的，因此容易产生产权关系难以明晰、合同管理繁杂的缺点。此外，

股东多头经营也容易带来利益分配不均、意见分歧难以统一等多方面的问题。

综合上述几种主要的会展场馆经营管理模式，我们可以看到，每一种模式都有自己的优缺利弊。因此，展馆经营者必须在立足展馆效益最大化的基础上，充分考虑到组展机构、参展商以及专业观众等各方的利益，同时还要能站在战略层面考虑会展场馆经营管理对地区乃至全国范围内的辐射和影响。

本章小结

通过本章学习，要求懂得会展场馆的概念、分类和特点，并能够识别会展场馆规划的具体内容，掌握会展场馆的运营管理模式。

关键概念

会展场馆　会展场馆规划　会展场馆经营模式

复习思考

1. 会展场馆的特点是什么？
2. 我国会展场馆的发展现状是什么？
3. 会展场馆如何进行规划设计？

拓展案例　　美国展览馆的3种管理模式

在美国，展览产业对地方经济的拉动作用很明显，据有关调查部门估算，每位参观者每次参观平均要支出1200美元，可以带给当地国内生产总值2000到8000美元的增长。就展览业本身而言，多年来展览产业的增长速度比美国GDP增长速度快得多。

在美国，大部分展览中心都是公有的。在全美面积超过2500平方米的展览中心中，大约64%（大约243个）的展览中心属于地方政府所有。在长期的产业发展过程中，形成了3种各有特点的公有展览中心管理模式。

（一）政府管理模式

尽管许多公有展览中心是亏损大户，地方政府作为所有者的直接管理，仍然可以获得某些关键利益。首先，展览中心的经营可以更好地体现政府发展区域经济和特定产业的意图。其次，控制展览场地市场可以作为展览市场宏观调控的手段。因此，政府直接管理是美国一种重要的公有展览中心管理模式。通常的办法是在地方政府成立大会和参观者事务局，负责管理公有展览中心。在此模式里，展览会组织者预定展览场地需要到该机构事先登记，而不是去展览中心。

在政府管理模式下，尽管某些服务也外包给专有承包商，但参观者事务局一般都有管理队伍，包括市场营销、销售和公共关系人员。在很长的时期里，政府管理的市政展览中心通过提高停车价格和提供更多的专有服务等方式，都能够增加收入和盈利。

对市政展览中心来说,盈利能力往往基于下列关键因素:经营实体的政治结构(一般认为,私人或权威机构/委员会的管理优于市政当局);来自城市的对特定展览中心和整个观光事业的营销支持;最重要的是,展览中心经营和参观者事务局管理的质量。

作为政府管理模式的一个例子,佐治亚州设立了佐治亚世界会议中心管理局,以开发和经营佐治亚世界会议中心、佐治亚"圆顶房"、百年奥林匹克公园和相关设施,以促进和方便那些给佐治亚州和亚特兰大市创造经济利益的展览会。

佐治亚世界会议中心管理局是州长任命的15人董事会,它必须挣得自己经营支出所需的资金,但是如果有短缺也能额外得到州里的资助。管理局从展览大厅和会议室的租金及其提供的服务中,获得收入。

佐治亚世界会议中心通常采取盈亏平衡的政府管理模式,虽然有利于政府获得某些重要的利益,但是也会造成展览中心经营绩效低下、市场机制扭曲等问题,不利于展览产业的长远发展。从美国有关调查的情况来看,拉斯维加斯和芝加哥等重要的展览城市都已不实行这种模式。

(二)委员会管理模式

美国某些地区在公有展览中心的管理中实行委员会管理模式,即由地方议会或政府成立一个单独的非谋利管理委员会经营公有展览中心,对议会或政府负责。例如依照内华达州的一部法律,成立了半官方的拉斯维加斯大会和参观者事务管理委员会。

委员会管理往往是比政府管理更有效的模式。由于经营自主和收入独立,由一个管理委员会管理的展览中心,可以更少地受政府采购和城市服务需求的限制。

美国麦考米克展览馆和"海军码头"的芝加哥"都市码头-展览机构"(MPEA),就是成功应用委员会管理模式的一个例子。MPEA是伊利诺伊州议会创立的一家市政公司,其董事会是由伊利诺伊州州长和芝加哥市市长任命的。

MPEA管理麦考米克展览馆联合体,在芝加哥地区促销和运作展览会和商品交易会。按照法律规定,麦考米克展览馆需要创造足够的收入以支付其运营成本。为此,作为管理委员会的MPEA实行半企业化的运作。麦考米克展览馆提供电讯、电气、有线电视、输水管道、餐饮和停车等若干种专有服务。展览会组织者必须雇用MPEA在这些服务领域指定的卖主。MPEA基本上不负众望。每年有400多万展览会参观者和公众参观者来到麦考米克,有50个主要的展览会和数百个小的展览会在麦考米克展览馆举办。按照《贸易展览周刊》的统计,这些展览会里大约有33个居全美贸易展览会前200强之列。

不过这个模式也有其弱点,那就是可能产生政治影响、官僚主义等问题。历史上著名的旅游胜地"海军码头"也归MPEA拥有和管理,而这家权威机构也因为对"海军码头"实施娱乐、商业和文化的重新利用和经营而广受指责。

此外,从企业治理的角度来看,委员会管理模式下存在着激励不足的问题。很多时候政府还要充当"救火队长",补贴公有展览中心经营的损失。芝加哥市政府就每年都把旅馆房间税收的2.5%转移给麦考米克展览馆。

(三)私人管理模式

将公有展览中心的管理业务外包给私人展览管理公司,这就是私人管理模式。当前展览产业一致认为,这是一个积极且难以逆转的趋势。私人管理公司越来越多地从市政府那里赢得公有展览中心的经营权和管理权。

北美两家主要的展览中心管理公司,Spectacor管理集团和环球光谱集团,因为不断提升该产业的服务水平和标准而广受信赖。更多的市政府都在考虑把其展览中心管理业务外包给这样的私人管理公司。

私人管理模式具有许多公认的优势,包括:①政企分开,经营自主;②诸如奖金之类的效率激励措施,建立在盈利能力大小、毛收入和成本节省情况的基础上;③集中注意力于客户服务上,有利于克服官僚主义;④人力资源得到深度开发;⑤衡量业绩的标准客观;⑥盈利能力较强;⑦管理培训专业化,管理有职业倾向性;⑧雇佣工人有灵活性,有利于裁减冗员;⑨对政府来说,财政风险相对较小,这一点至关重要,政府毕竟也不能做赔本生意。在美国,私人管理公司一般都收取一种基本酬金,外加一种可变激励酬金,它与基准数据联系在一起,诸如毛收入、盈利能力、成本节省情况、参观水平和展览会数量等。

根据《设施管理者》杂志的报道,1986年的美国税收法案,对经营通过免税债券筹措资金的公有展览中心的展览公司,设置了收取酬金上的限制。

展览中心管理契约在各展览中心之间可以有很大的差异。为适合每个市政客户的独特需要,大部分协议都是客户化的。按照具有代表性的私人管理公司的情况看,带激励的酬金平均起来一般相当于毛收入的大约5%。

当然,对地方政府而言,将公有展览中心交给私人公司管理也有一定风险,有可能失去对其谋利动机的控制。由于不能排除异地办展的内在冲动,且所办展览会不适应当地产业发展规划,私人管理公司利润最大化的经营可能不符合城市发展的整体利益。

(资料来源:马勇,梁圣蓉.会展概论[M].重庆:重庆大学出版社,2007.)

案例思考:

1. 美国展览馆的3种管理模式与中国的管理模式有什么不同?
2. 简述3种管理模式各有什么优缺点?

第七章 会展供应商管理

◆ 学习目标

1. 知识:认知会展供应商的范围和类型。
2. 理解:掌握会展供应商管理的现实意义和作用。
3. 应用:运用会展供应商评价方法进行评价与决策。
4. 分析:对开发和管理会展供应商的策略进行分析。

◆ 学习任务

名称	会展供应商管理
学习目标	1. 认识会展供应商 2. 掌握会展供应商管理评价方法
学习内容	会展供应商评价
任务步骤	1. 实地考察一次会展活动,了解会展基本情况、供应商需求 2. 分析该会展活动的供应商类型 3. 分组设计完成一份不同类型的供应商评价标准
学习成果	"会展供应商评价标准"

◆ 案例引导

里德展览公司与戛纳市的合作协议

里德·艾斯韦尔(Red sevier)集团旗下公司之一的里德展览(Reed Exhibitions)公司处于世界展览业的领导地位。里德展览公司在 32 个国家举办过 430 项节事活动。里德展览公司承办的展览均定位于高端且知名度较高的展览,为来自世界各地的买主与供应商提供交易合作平台。里德公司已与众多的公司组织建立了伙伴关系,通过合作,这些伙伴们可以共享里德丰富的资源及关系网络,同时,里德也与众多的利益相关者建立了战略联系,这些相关利益者包括贸易协会组织、政府部门、展览场地与场馆以及展组织公司等。

里德展览公司擅长举办企业对企业客户(B2B)类型的交易会,主要有电视广播及高新技术业内的 MIPN 交易会(国际视听与数字内容交易会)和 MIIPOOM 交易会(世界视听内容交易会)等。里德所举办的这些交易会均在法国戛纳举办。

作为国际性专业交易会主办者的里德展览公司与戛纳市签署了一份为期10年的协议,承诺在由其主办的所有国际性交易会都将在戛纳的蔚蓝海岸(Cote d'azur)举行。里德公司行政总裁保罗·齐尔克说道:"里德在戛纳举办交易会至今已有38年,我很高兴里德与戛纳的联姻在下一个十年仍将继续幸福美满。这一协议的签订无论是对戛纳市,还是对里德·密顿自身都具有极其重要的战略意义。我们将一起致力于为国际客户们提供更好的服务。"

法国国会议员、戛纳市市长伯结德·伯朗切说道:"这一协议更加稳固了里德公司与戛纳在过去数十年来所建立的良好关系。里德展览是戛纳要的合作伙伴,这些年来,它多数的新办展览均在此地举行。我们非常了解并重视其所做出的贡献。在过去的三年中,戛纳为治安、清洁及物流系统的显著改善投入了很多的精力,以满足展览会观众及当地居民的需求和期望。"

戛纳市副市长评价道:"这份协议是当地旅馆经营者、交通经营者、餐馆经营者以及其他服务业者共同努力的结果。它是个双赢的协议,将为展览业的进一步发展提供空间,它将促进戛纳的进一步繁荣,并保证当地充足的就业。现在我们需要做的便是进一步加强戛纳在这一蓬勃发展行业内的竞争力。"

(资料来源:图姆,诺顿,怀特.节事运营管理[M].陶婷芳,廖启安,译.上海:格致出版社,上海人民出版社,2008.)

案例思考:

1. 戛纳市对当地展览业的供应商管理采用了怎样的策略?
2. 会展供应商管理应采用整合策略还是竞争策略,各自有哪些优势?

会展得以成功举办和开展离不开会展供应商的支持、配合和协作。无论是大型会议和展览,还是节庆活动,满足群众的衣食住行是会展组织者的重要任务之一。在众多的会展活动中,衣食住行服务甚至是会展业的一大特色。美食节、啤酒节等以美食为主题的节事活动,最能证明会展业的这一特征。但是,会展供应商不单单涉及住宿、交通、就餐等衣食住行方面的服务,在这一篇章将针对会展供应商的分类、评价指标等内容进行探讨。

第一节 会展供应商及分类

会展供应商为会展业起到重要的作用。两者之间的关系十分密切,互为依存。会展供应商为会展业提供服务和便利,同时,会展业搭建一个平台,会展供应商在这个平台里面,发挥自身优势,并从中获益。可以说会展业离不开会展供应商的服务支持,同时也促进了会展供应商的发展。

大体来讲,会展供应商是为会展业提供服务的商家。具体来说,会展供应商是指为了保障会议、展览、节事活动、奖励旅游的顺利进行,需要供应如就餐、住宿、交通等衣食住行服务,除此之外,还需要提供布置会场、运输物品、安全保障等服务,而提供这些服务的主体被统称为会展供应商。

依据不同类型的会展内容和会展形式,所需要的会展供应商也有所不同。不同的会展活动类型,决定了会展供应商的选择。

 世界级大会的智慧全流程管理

一、会展供应商的概念

(一)供应商

处在社会中的企业、组织或个人,其无法满足自身发展和需求时,即需要向外界索取,而提供这些产品或服务的媒介就被称之为供应商。供应商所能提供的服务包括多种,如原材料、设施设备、财务支持、人员输出、能源、技术、服务等。大部分企业选择供应商后,对其产品进行再次加工,然后输出给客户,而供应商的质量和水准也影响着企业的产品和服务。供应商的实力水平、提供资源的质量水平、信誉度等方面,都会影响企业或组织的生存和发展。因此,对于供应商的选择就显得尤为关键和谨慎。

《零售商供应商公平交易管理办法》规定:供应商是指直接向零售商提供商品及相应服务的企业及其分支机构、个体工商户,包括制造商、经销商和其他中介商。或称为"厂商",即供应商品的个人或法人。供应商可以是农民、生产基地、制造商、代理商、批发商(限一级)、进口商等,应避免太多中间环节的供应商。

供应商可以划分为不同类型。

第一,战略供应商。此类供应商是指,其提供的资源、产品和服务对于企业来说,是起到战略地位作用的,也就是说具备不可替代性,是组织必不可少的供应商。对于这类供应商,企业应采取长期合作战略。在选择这类供应商时,要求坚持少而精原则,也就是少数的供应商可以满足企业的这个需求,一旦确立合作关系,将不会轻易改变。

会展供应商:提供衣食住行、场地、布置、交通、运输、安全保障、技术支持等服务的业者们。

第二,优先供应商。优先供应商与战略供应商有着本质上的区别。首先,战略供应商是处在公司战略角度进行判断和选择,具有不可替代性;而优先供应商则不同,这类供应商是可以被替代的,A公司可以作为供应商与企业进行合作,与A公司具备同样资历和条件的还有很多,因此,A公司随时都有可能被取代。另外,战略供应商的核心竞争力是取胜的关键,而优先供应商的总体表现是被选择的重点考察因素。

> **同步阅读** 会展行业的供应商在产业中的位置是属于上游还是下游？和产品制造领域有什么区别？

第三，考察供应商。这一类供应商是指初次为企业或公司提供资源或产品，而是否还能继续与企业合作，并保持长期合作关系，取决于考察期内的表现。考察的期限不定，一般与企业来确定考察时间，半年、一年都比较常见。

对于供应商的分类还有很多，如淘汰供应商、未定身份供应商等。

（二）会展供应商

会展供应商是指在会展业中为公司、组织等其他团体提供产品、服务、技术、财务支持等资源的企业。具体来说，会展供应商是指为了保障会议、展览、活动、奖励旅游的顺利进行，需要供应如就餐、住宿、交通等衣食住行服务，除此之外，还需要提供场地、布置、运输物品、安全保障、技术支持、财务支持等服务，而提供这些产品和服务的业者们被统称为会展供应商。其中，一部分供应商主要是针对目标群众，如就餐、住宿、交通类，这部分供应商基本保障了目标群众的生活需求；另外一部分则是针对组织方而言，如场地、技术支持、布置等；最后一部分则是针对参展商而言，如参展物品的运输、装饰、设计等。

会展供应商对会议的成功举办起到举足轻重的作用，在会议业中占据了重要位置。可以说，没有会展供应商，就成就不了今天的会议业。从会展策划开始，到舞台的搭建、现场的清洁和维护以及最后的撤展，行业的供应商与组织方并肩作战。可以说，会议业与会展供应商是互为依存的关系。会议业为会展供应商搭建了一个平台，让众多企业、个人在这个平台中获益；同时，会展供应商促进了会议业的顺利开展和会议业的专业性发展。二者互为依存，缺一不可。

在过去的几十年里，会展供应商与整个行业共同发展，相辅相成。因此，有必要对行业的供应商进行进一步探讨和研究。

二、会展供应商的分类

依据不同类型的会展内容和会展形式，所需要的会展供应商也有所不同。不同的会展活动类型，决定了会展供应商的选择。而这种选择会随着会展活动类型的变化而变化，随着规模的变化而变化。会展供应商涉及三个方面，一方面是为参加观众、参展商提供生活娱乐服务的会展供应商，如"食住行游购娱"六要素生活接待服务；第二个方面是为组织方和参展商提供支持服务的会展供应商，如场地、目的地、物流、演员、舞台、装饰、花卉、技术、网络传播公司等；最后一个方面是指会展安全类，如安保公司、软件供应商等。Tony Rogers 在《会议业：一个全球化产业》中提出，会议业的供应商分为三大类型：第一个是场地类供应商；第二个是目的地供应商；最后一个是其他类供应商。而对于会展供应商的分类，每个国家在数量和比例上各有不同。但是，大部分拥有成熟会议产品的国家都有类似的供应商链条和体系。

下面就对会展供应商的分类进行详细说明。

（一）目的地

会展的举办需要选择合适的地点，也就是举办地。而举办地可能是一个城市，也可能是在郊区，甚至是荒野之地。尤其是大型活动，如世界级赛事、奥运会等项目，组织单位对于举办地的选择十分重视。而各国家和各举办城市为了争取成为会展目的地，互相竞争，为了顺利竞逐，举办国家或城市还要充分准备，并证明自身实力。投标书是充分展示办展能力的文件，在投标书里，需要将能够提供的设施设备、优势条件、特色——列明。也正因为此，很多国家和城市十分重视物质文明与精神文明的建设。只有不断提升，才能脱颖而出。

会议主办方在选择目的地的时候考虑的最重要的因素就是地点。地点可以被表述为镇、城市或国家的某一个地区。一个广泛使用并代指所有这些地点的词就是目的地（destination）。当然目的地也可以指一个国家（作为国家目的地），但在一个国家内，它是一个有明显分界的独立的区域。每个会议目的地都需要拥有一系列的场地、设施、景点、支持服务及合适的基础设施，以吸引会议来本地召开。

目的地营销机构（Destination Marketing Organizations，DMO），通常表现为"会议局"或"会议服务台"（详见第3章），它们将目的地推广到市场中去并向会议和活动的主办方提供一站式服务。它们的角色就是推广目的地、凸显本地优势和设施、激发买家对目的地的兴趣和问询并最终将它们转化为实实在在的生意。它们也涉及产品开发领域，比如了解和识别场地供应及总体基础设施中存在的缺口、通过培训提升本地业者的专业知识和技能等。

（二）场地

英国国内就有大约3500个适合会议和商务活动举办的场地。我们几乎不可能得到精确的数字，因为新场地不断涌现，而一些老的场地由于设施陈旧不能满足21世纪会议的需求逐渐退出市场。英国建立和发展了一个针对会议场地的质量认证体系。该体系名为AIM（Accredited In Meetings——值得信赖的会议场地），由英国会议业协会组织。它为场地提供了被评估和认证的机会，分为三个等级：入门级、银奖、金奖（详细信息可访问www.mia-uk.org）。

场地可以简单理解为会议、展览等提供固定的场所。根据会展的不同规模，场馆大小也有所区别。场馆所属性质包括私营、合资、政府。而场馆的形式非常多样，如会展中心、会议中心、酒店、体育馆、大学、图书馆、养老院、度假村、邮轮、户外场地等。会议类根据会议不同规模选择，常运用酒店、会议中心的会议室；展览类一般需要大面积的场地，多用于会展中心、图书馆、大学、户外场地等；节事活动一般规模比较大，比较常见的多见于大型会展中心、户外场地等；奖励旅游则对场地要求比较灵活，如邮轮、酒店、度假村等休闲场所。

以下对几种常见的场地进行详细描述。

1. 酒店

酒店在会议场地中占据了半壁江山，并且对公司会议市场尤为重要。

酒店行业与会议业存在很大差距，但是二者联系十分密切。之前会议业被划分到酒店业，而本书则更倾向于酒店业是为会议业服务的。

作为"食住行游购娱"六大生活要素的一个模块,酒店堪称是旅游的支柱行业。不仅仅适用于旅游行业,在会议业也起着举足轻重的作用。会议业的参与人员众多,尤其大型活动十分突出,几十万的游客聚集在短短的几天内,只能依靠举办地的酒店了。这也许就是酒店业如雨后春笋般迅速发展的原因之一。

酒店在会议业大体有四种类型:①城市中心酒店;②机场和高速公路酒店;③郊区酒店;④乡间别墅酒店。

而围绕着会议中心或者会展中心附近,往往会有酒店,这一类酒店本身就具备承接会议的能力。与会议中心或会展中心处于高度合作模式,即负责客房服务。坐落在大型会议中心附近的酒店不仅可以自己承接会议,也受益于重大会议举办时带来的客房收入。规模较大的协会会议常常会选择一个酒店作为会议的总部酒店。总部酒店常常能够在国内有时甚至在国际的媒体和电视上出现从而带来显著的公关效益。大型的连锁酒店集团斥重金投资在会议设施的设计和建设上,它们意识到标准化的多功能厅已经不再能满足现代会议的需求了。许多酒店集团在对酒店设施和服务的营销中开始对自有的会议产品实施品牌化,目的是向买家保证无论他们选择该集团的哪家酒店,获得的服务都是一样的。所有的大型会议酒店也都有受过专业培训,专门服务会议主办方和参会者的员工。

目前,酒店不只提供住宿服务,还包含会议场地,大到容纳几千人的会场、几百人的小型会场,小到小型会议室,可以同时满足一般会议的需求。除此之外,酒店的餐饮服务也是其成为会议场地的一大优势。并且现在的酒店还提供机场接送服务,或者提供大巴线路等。这也就不难解释酒店可以成为会议中心的竞争对手这种现象了。

2. 会议中心

会议中心包括两种类型,一种是不带住宿的会议中心,这种会议中心就如同上述,经常与周围的酒店合作。另外一种是带住宿的会议中心。这是专门为举办会议而设计建造的场地。规模较大的会议中心能接待几百或几千人的会议(例如英国的伯明翰国际会议中心、佛罗里达的奥兰多会议中心、香港会展中心、南非的德班国际会议中心、澳大利亚的墨尔本会展中心)。也有接待较小规模活动的会议中心(例如英国白金汉郡的查特里吉会议中心位于南非开普敦隆德伯西的贝尔蒙广场会议中心)。在美国,"convention center"(会议中心)用来指拥有展厅和会议室,但没有住宿设施的场地。"conference center"(会议中心)则用来指拥有会议室和住宿设施,但没有展览空间的场地。

3. 会展中心

会展中心多用于大型展览活动。很多时候会议中心和会展中心是同一集团进行管理。如西安曲江国际会议中心(QuJiang International Conference Center)和曲江国际会展中心(QuJiang International Conference & Exhibition Center)就是由同一集团进行管理。

会议中心和会展中心构成了会议场地的核心,各个国家都在大力发展会议中心和会展中心,对于已有的会展中心进行扩建。

4. 大学、学院或学术场地

学校作为交流学术信息的场地,目前也逐渐成为会议和展览的场地。并且,学校内的住宿接待能力有所提高,再加上用餐方便,费用较外面的场地更加低廉,因此更多与学术相关的会议会选择大学、学院或学术场地作为主会场或者分会场。英国有160个学术场地,德国有超过300所大学可以作为会议场地运用,并提供等同于三星级酒店标准的住宿条件。

英国的华威大学、兰卡斯特大学和斯特拉斯克莱德大学就是最好的例子。位于诺丁汉大学内的东米德兰兹会议中心拥有能容纳550人的大报告厅、展览和宴会空间及许多可同时使用的会议室,这种规模或许已经可以等同于一个专业会议中心了。目前,大学开始重视会议场地的建设和设备的维护。

5. 多功能场地

多功能场地包括可对外租用的休闲中心、体育中心、议会厅、市政厅和其他市政设施,例如布里斯班市政厅、加的夫市政厅、不来梅市礼堂。

6. 特殊场地

这是一个有些不太恰当的称呼,用来指一大类无法归入前面提到的常见类型的场地(有时也称为"独特"的场地)。这些特殊场地的魅力所在是它们能为活动带来一种特别的吸引力并让参会者留下深刻的记忆。有些场地拥有高品质的会议设施,而有些则只有简单的设施。但其自有的特点可以抵消这些会议主办方和参会者眼中的不足之处。特殊场地包括体育场地(足球和橄榄球场、跑马场、高尔夫球俱乐部)、文化和娱乐场地(博物馆、剧院、电视演播室、豪华宅邸)、旅游景点(主题公园、历史遗迹、城堡、遗产中心)、交通运输场地(渡船、蒸汽火车、大型运河游船)甚至是一两个灯塔。英国3500个场地中的大约20%可以归类于特殊场地。

(三)其他供应商

1. 餐饮

酒店和餐厅作为供应商都可以提供会展服务。2018西安灯展餐饮供应商就是由不同品牌商家构成的,还有一些则是自备餐饮服务。

> **同步讨论** 还能发现哪些特殊场地?它们适合举办什么样的会展活动?

2. 住宿

目前提供住宿服务的有酒店、宿营车、邮轮、会议中心等。

3. 交通

交通供应商主要包括三个方面:地面交通、空中交通和水上交通。地面交通包括大巴公司、铁路公司、汽车租赁、出租车公司等;空中交通主要指航空公司;水上交通指轮渡公司。

4. 物流

会展业与会展物流是相互依存的关系。会展物流为会展业提供服务,同时,会展业也促进了会展物流的发展和壮大。会展物流指为会议、展览会、赛事活动等提供物品的运输、存储、安装、卸载等物流服务。一般认为,会展物流是指为满足参展商展品展览的特殊需要,将展品等特殊商品及时准确地从参展商所在地转移到参展目的地,展览结束后再将展品从展览地运回的过程;既包括展览前后的仓储、包装、国内运输、进出口报关和清关、国际运输,又包括展览中的装卸、搬运以及在此过程中所需要的信息流动。会展活动,特别是各类专业的博览会,为产品提供了一个展示的平台,有利于加速物资流动,从而促进物流业的发展;而会展活动的举办也需要相应的物流体系作支撑,正是因为会展和物流之间这种内在的必然的联系而催生出了会展物流。现代会展物流业的飞速发展,将大幅度提高会展物资的配送流通效率,使会展活动的专业化服务体系更趋完备。

会展的一个重要目的是取得经济利益。以展销会为例,会展商、参展商、参展观众、主办方通过会展活动获取利益,这就要求会展物流为展销会提供迅速、安全、专业的服务,这样才不会影响展销会物品的及时供应和销售。

由此可见,会展物流比传统物流更加专业、时效性要求更高,同时对安全性保障也有着更高的标准。

5. 设计、搭建

提供专业的会展主题形象平面设计、视频形象设计、展位设计、服务,包括舞台、展位、形象物料的制作安装。

6. 演员

以2018西安曲江大唐不夜城灯展为例,每天都有不同类型的演员、表演团队进行表演,因此,会展活动组织方需要签约一家可以提供表演服务的公司,具体的表演节目则应该由签约的公司负责。

7. 装饰

提供所有装潢装饰设备,如地毯、帷帐、其他展览附加用品。

8. 花卉

花卉是会展举办的成功要素之一。主席台或者是现场布置都离不开鲜花的装扮和点缀。而鲜花似乎已经成为会展成功举办必不可少的一部分。主要包括会议讲台、注册区域及展台的鲜花布置。

9. 技术

视听设备提供商:视听设备(投影、话筒)和现场操作服务。如电子报到注册、电子通信公司(视频会议、电话会议及卫星会议)以及其他相关技术类供应商。

10. 保安公司

现场发生的突发情况,如盗窃、火灾、恐怖袭击、踩踏等,保安公司就成为重中之重。

11. 软件供应商

计算机软件公司(场地导航和活动管理软件)。

12. 广告代理

尤其在大型活动中,广告代理供应商十分关键。负责整个活动的广告业务,如策划、发布、促销等。贯穿于整个活动的始终,广告代理供应商对会展活动的成败起到不可小觑的作用。宣传效果的好坏,影响参展商的参与度和观众参与的热情。而这又对会展活动的经济效益产生直接影响。从某种层面来讲,观众是评价一个会展活动成败的重要衡量指标,广告代理的作用不容忽视。

13. 网络代理

网络代理供应商即是提供网络服务的机构。互联网运用于会展活动中已经不是新鲜话题,而今天的社会更加离不开通过互联网网络平台进行营销。目前很多大型会议、展览等活动借助网络的便利进行报道、注册、现场注册、现场签到、下载查阅手册和宣传册、促销等。可以说,网络代理供应商为会展活动节省了时间、人力、原材料等,带来了便利的同时,也让会展效果大大增强。

目前大部分会展活动依然是线下活动,即通过实体会场、展馆等来实现。但是,线上会议、线上展览已经开始悄然发展起来,在未来的会展社会,通过互联网平台进行线上会议和结合VR技术进行的展览将成为一种新的形式。那么,网络代理就变成不可或缺的一部分。

14. 旅游代理机构

尤其是大型活动的举办,往往会吸引成千上万的游客。这对目的地旅游接待能力带来不小的挑战,而旅游代理机构则为参加的观众、参展商、受邀嘉宾等提供了便利和旅游出行保障。如上海世博会吸引观众超过7200万,其中很大一部分都是通过旅游代理机构预订相关服务。会议业对于旅游与会展的结合在会展旅游方面体现,会展旅游也作为一种新业态,正逐渐成熟起来。因此,旅游代理机构供应商的加入,无疑对组织方、参加观众、嘉宾、参展商等创造福利,同时,国内外的旅行社可以借助这个平台崭露头角。

15. 票务代理机构

票务代理机构主要负责所有参加的会务等相关人员的票务预订、退票、改签等相关工作。

16. 医疗机构

医疗机构是会展活动的重要供应商,2018西安曲江大唐不夜城新年灯展活动中,合作的医疗机构是强森医院,在整个活动中,处理医疗应急事件。

17. 保险机构

在会展风险管理部分,对于保险的重要性进行了重点阐述。因此,对于保险机构的选择显得更加重要。

18. 其他

还包括如翻译、劳务输出公司、网络传播公司、专业招待人员等。

第二节 会展供应商开发

一、会展供应商的选择

为了选择合适的会展供应商,选择一定的方法和科学的依据是十分必要的。针对如何选择会展供应商,总结以下几种方法。

(一) 招标法

招标法是比较常见的选择方式,主办单位提出招标条件和资历要求,会展供应商准备招标书和相关文件资料,然后根据提供的资料进行选择,也就是决标,最终确定下来的会展供应商与主办方签订正式合同。整个流程包括:一是准备标书,二是发标,三是竞标,四是开标。

对于这种方法,优势在于方便快捷,是比较常见的一种做法,依据以往的经验,该方法能够相对全面地测量和选拔出合适的会展供应商。但是也存在一定的缺点。如这种方式受到地理位置的约束。也就是说,参与竞标的企业大部分来自会展举办地的周围领域,这就限制了其他区域的会展参展商参与竞标的可能性。因此,不利于吸引更广阔区域的企业。除此之外,标书的利用率有待于提高。

(二) 综合分析法

这个方法是指对供应商的总体情况进行综合评价,评价时从不同方面进行分析,最终结合所有方面,进行打分。综合分析法相对而言能更加全面地考量供应商的整体实力,但是缺点在于综合评价掩盖了一些在个别方面具备特色和优势的企业和商户。因此这个方法存在一定的局限性。

> **同步思考** 不同的供应商选择方式有哪些优劣势?

(三) 模糊决策法

由于会展物流供应商的选择中,存在许多模糊性和不确定性的因素,如评价指标定量化困难,以及决策者的性别、喜好、认知等主观原因,因此需要在会展物流供应商决策和评价中引入模糊决策法,对于准确评价供应商具有一定的理论意义和实际价值。

二、会展供应商的开发

对于会展供应商的开发,应采取更加开放式的思路,由于会展供应商的选择多局限于当地或遵循就近原则,因而忽略和限制了其他距离较远的企业。对于该行业供应商的开发应采取以下几个方法。

(一) 推荐式

该原则是指由内部人员进行推荐,这个方法有助于用较快的时间来获取适合的供应商。

但是,也存在一定的弊端。由于是推荐方式,因此,人为因素过多,会造成结果的导向性比较严重,客观性大大降低。

（二）扩大招募的范围

目前会展供应商的吸引多受到地理位置的局限性，因此，如何扩大招募的范围，通过这个方式来吸引更优秀的供应商是会展业应该探讨的重要问题。

（三）发掘现有供应商的潜力

对已经合作过的会展供应商，还需要深入了解，将供应商的潜在利用价值也发挥出来。

（四）淘汰制

这个方式是采取淘汰制来激发各会展供应商。如同一个供应商，参与新的活动时，需要重新进行公平竞争。

总而言之，对于供应商的开发应采取公平公正的基本原则，总结来说是公开、公平、公正、择优、信用的原则，采取更加开放的方式和方法，吸引优秀的供应商。

第三节 会展供应商评价指标

一、会展供应商的评价原则

（一）客观性原则

客观性原则是指在对会展物流供应商的评价上，要根据实际情况进行事实评价，而不能采用不符合实际的实验方法。评价时要求首先遵循客观事实，反映实际情况。

（二）对比性原则

对比性原则是指，对同一供应商进行不同时期的比较，不同供应商进行同一时期的对比。通过这两种对比，可以将同一供应商进行不同时期的比较对比，从而监督其产品和服务质量，有利于可持续性合作；对于不同供应商对比来说，进行同一时期的对比，有助于形成反差性效果，并激励供应商在今后的合作中，能创造更高的价值和更好的表现。

（三）可行性原则

这一原则要求对供应商的评价方法具有很高的实用性。避免评价体系过于复杂，相对比而言，方法简单、流程简短、操作性强的评价指标更易于实施。

二、会展供应商的评价方法

会展供应商的评价流程主要包括以下几个方面：初步筛选阶段、甄别阶段、实地考察阶段。在初步筛选时期,主要对供应商的基本情况和资历条件进行考量,如公司规模、产品质检报告、客户名单、经验、资金、竞争实力、信誉度等方面。在这个阶段考量的条件要求应该是一致的,即运用同样的考核内容和条件进行。在制定标准时,应注意避免要求过高,过于精细,由于对这一步骤进行操作的人员不具备具体分析的能力,条件过高和限制过多会造成初步筛选阶段的失误增多。第二个阶段就是甄别阶段。在这个阶段即要求制定更加具有针对性的指标和评价标准。进行甄别的人员也应具备较强的分析能力。最后一个阶段是实地考察,这是非常重要的环节。由于前面两个环节都是针对书面文件进行考核的,必须通过最后一个步骤进行实地验证。因此,这一步骤也成为最为关键和重要的一个步骤。

对于会展业供应商来说,上述的评价流程只是一般流程,而对于具体供应商,则会更加具体,这与组织方的要求相关。比如,对消防器材供应商的选择,评审流程包括:资料递交、组长推选、询价、截止日期之前收集报价及相关资料、资料完整性验收、审查、确定、审查结果通知及公示。

评价方法包括以下几个方面。

(一) 符合性检查

符合性检查主要是指根据评价标准对响应文件、法人授权书、资格证明文件等进行检查。

(二) 标准性检查

企业的标准主要围绕以下几个方面进行,如表7-1所示。

表7-1 企业评价标准

序号	指标体系			
1	质量			
2	价格			
3	交货准时			
4	服务			
5	技术			
6	资产			
7	员工与流程			
…	…			
…	…			

质量(Quality)、成本(Cost)、交货(Delivery)、服务(Service)、技术(Technology)、资产(Asset)、员工与流程(People and Process),合称 QCDSTAP,即各英文单词的第一个字母。前三个指标各行各业通用,相对来说易于统计,属硬性指标,是供应商管理绩效的直接表现;后三个指标相对难于量化,是软性指标,但却是保证前三个指标的根本。服务指标介于中间,是供应商增加价值的重要表现。前三个指标广为接受并应用;对其余指标的认识、理解则参差不齐,对其执行则能体现管理供应商的水平。

同步练习 请制定一套针对会务策划服务的供应商评价标准。

1. 质量指标(Quality)

常用的是百万次品率。优点是简单易行,缺点是一个螺丝钉与一个价值10000元的发动机的比例一样,质量问题出在哪里都算一个次品。供应商可以通过操纵简单、低值产品的合格率来提高总体合格率。在不同行业,标准大不相同。例如在采购品种很多、采购量很小的"多种少量"行业,百万次品率能达到3000就是世界水平;但在大批量加工行业的零缺陷标准下,这样质量水平的供应商一般属于淘汰对象。

2. 成本指标(Cost)

常用的有年度降价。要注意的是采购单价差与降价总量结合使用。例如年度降价5%,总成本节省200万。在实际操作中采购价差的统计远比看上去复杂,相信经历过的人有同感。例如新价格什么时候生效:采购方按交货期定,而供应商按下订单的日期定——这些一定要与供应商事前商定。

3. 按时交货率(On Time Delivery)

按时交货率与质量、成本并重。概念很简单,但计算方法很多。例如按件、按订单,按时交货率都可能不同。一般用百分比。缺点与质量百万次品率一样:一个螺丝钉与一个发动机的比例相同。生产线上的人会说,缺了哪一个都没法组装产品。这样说是有道理的。但从供应管理的角度来说,一个生产周期只有几天的螺丝钉与采购前置期几个月的发动机,还是不一样的。

4. 服务指标(Service)

服务没法直观统计。但是,服务是供应商的价值的重要一环。已故IBM首席采购官Gene Richter,三届美国《采购》杂志"采购金牌"得主,总结一生之经验,有一点就是要肯定供应商的服务价值。服务在价格上看不出,价值上却很明显。例如同样的供应商,一个有设计能力,能对采购方的设计提出合理化建议,另一个则只能按图加工,哪一个价值大,不言而喻。

5. 技术指标(Technology)

对于技术要求高的行业,供应商增加价值的关键是因为他们有独到的技术。供应管理部门的任务之一是协助开发部门制定技术发展蓝图,寻找合适的供应商。这项任务对公司几年后的成功至关重要,应该成为供应管理部门的一项指标,定期评价。不幸的是,供应管理部门往往忙于日常的催货、质量、价格谈判,对公司的技术开发没精力或没兴趣,在选择供应商时很随便,为几年后的各种问题埋下祸根。

6. 资产管理(Asset)

供应管理直接影响公司的资产管理,例如库存周转率、现金流。供应管理部门可通过供应商管理库存(VMI)转移库存给供应商,但更重要的是通过改善预测机制和采购流程,降低整条供应链的库存。例如在美国半导体设备制造行业,由于行业的周期性太强,过度预测、过度生产非常普遍,大公司动辄注销几千万美金的库存。到头来,整个行业看上去赚了很多钱,但扣除过期库存,所剩无几。但有些公司通过提高预测和采购机制,成功地降低了库存,因而成为行业的佼佼者。所以,供应管理部门的绩效指标应该包括库存周转率。这样也可避免为了价格优惠而超量采购。

7. 员工与流程(People and Process)

对供应管理部门来说,员工素质直接影响整个部门的绩效,也是获得别的部门的尊重的关键。学校教育、专业培训、工作经历、岗位轮换等都是提高员工素质的方法。相应地可建立指标,例如100%的员工每年接受一周的专业培训、50%的员工通过专业采购经理认证、跳槽率低于2%等。

第四节　会展供应商关系管理

没有会展供应商,就没有今天的会展业,用这句话形容其地位和作用最形象不过了。因此,与会展供应商的关系管理也变得越来越必要。而这种关系的建立不仅仅是在合作期间,更要注重日常的建立和维护。探讨与会展供应商的关系管理,对会展业的长足发展意义重大。

总结来说,应从以下几个方面进行关系管理。

第一,加强与会展供应商的日常联系。

首先,这是指对于供应商的吸引应该是日常必须做的功课,而非局限于在会议或者活动即将举办时。这就意味着,在没有会议或者其他活动的时候,也应关注与商家的关系。尤其对于地域相差比较远的供应商。通过这种方式,为吸引更适合的商家打下基础;其次,有助于维护与商家的关系。目前会展行业发展迅速,在供应商增多的同时,活动、会议、展览等也在大量增加,小到年会,大到国家级会议,而面对递增的会展活动数量,好的供应商也就变成了稀缺资源,因此,与供应商的联系应更加密切,从而留住好的商家。

第二,信息共享。

首先,有助于保持信息的交流与沟通;信息共享对于供应商和组织单位起到非常重要的作用。大型活动是一个复杂的系统性工程,而保持其顺利开展的关键即是各部门通力合作。而信息的及时共享又在跨部门和多组织的合作环节扮演着重要角色;其次,有利于信息的理解一致性。信息滞后是会展业的反战障碍,因此,信息共享从这方面来说,可以避免因信息滞后而造成的弊端。最后,加强合作默契度。高效合作的基础就建立在互通有无和沟通畅通的基础之上,而信息共享则可以满足这个要求。

第三,实行战略合作。

一个组织能够高效完成艰巨的任务,是因为组织的目的和指导思想一致。而两个组织在合作的过程中,往往因为各种各样的原因无法实现共赢。究其原因,指导思想和目标出现了偏差。会展组织单位和供应商作为两个独立的团体组织,也面临着这样的难题。那么,实行战略合作是解决这一难题的好办法。肩负着共同的战略指导思想和行动方针,承担着同样的风险,二者成为利益共同体,易于达成一致。比如,在一个项目里,二者担负着同样的风险,在此前提下,组织方和会展供应商再进行合作,那么二者的关系将更加的持久稳定。

第四,成立合作小组。

成立一个合作小组,安排统一的团队成员对合作期间的所有事情进行跟踪反馈。并专门负责合作项目的所有沟通事项,保证沟通的及时有效。

第五,加强互访。

互访是促进组织方与会展供应商保持联系的一个好方式。通过互访,二者之间可以进行信息互通,有利于实现合作的高效性。另外,互访也是一种比较有效的过程管理工具,通过这个方式,主办单位可以就相关工作事项随时进行监督和监控。

第六,加强沟通的信息化。

信息化沟通是目前会议业发展的基本保障,弥补了互访方式的弊端,实现及时、迅速、快捷、准确和高效等。

本章小结

会展供应商与会展业的关系十分密切,互为依存。会展供应商保障会议、展览、节事活动、奖励旅游的顺利进行,供应如就餐、住宿、交通等衣食住行服务,还需要提供布置会场、运输物品、安全保障等服务。

会展供应商提供的服务涉及三个方面,包括生活接待服务、技术支持服务以及安全保障服务。为了保证供应商提供的服务达到主办方的质量要求,需要采用一系列选择、开发、评价的程序与方法进行会展供应商的管理。

会展供应商关系管理越来越注重日常关系的维护和长远战略的合作,包括加强与会展供应商的日常联系、保持信息的交流与共享,以及成为利益共同体,建立稳固的合作关系。

通过本章学习,要求懂得会展供应商的概念、分类,并能够识别会展供应商的开发,掌握会展供应商的关系管理。

关键概念

会展供应商　会展供应商评价　会展供应商开发　会展供应商关系管理

复习思考

1. 简述会展供应商的概念。
2. 阐述会展供应商的选择程序与评价方法。
3. 分析会展供应商关系管理的现状与趋势。

拓展案例　　　　上海世博会人性化的运营服务

2010年在中国上海市举行的世界博览会,是历史上首次由中国举办的世界博览会。上海世博会的主题是"城市,让生活更美好"(Better City,Better Life)。上海世博会总投资达450亿人民币,超过了北京奥运会,是世界博览会史上最大规模的博览会。为办好这次世界人民的团圆盛会,上海世博会组委会竭尽全力提供最人性化的优质服务,为上海世博会的所有参展者提供高效、便捷、人性化的服务,为办成一届成功、精彩、难忘的世博会作出积极的努力。

1. 确保充足的综合交通运能

世博会期间,全球各地的人流汇聚上海。根据主办机构7000万参观人次的数据推算上海世博会的日均参观人次预计将达到40万之多,高峰日则将达60万人次,这相当于一个国内中等城市的人流规模。为保人流畅通,上海的市政配套、交通部门为世博会大规模提高运能,到2010年,包括由民航机场、客运铁路、国际客运港、高速公路、长途客运网络组成的上海市城市对外交通网络,会高效、便捷、全面地服务于由世界各地进入上海的客流,服务于上海世博会的运营。

2. 确保便捷的园内交通

世博园区占地面积很大,收取门票后参观者可以进入的地域面积可达3.28平方公里。由于园区内参观人流较多,因此在世博园区内,参观者最主要的交通方式是步行。当然,园区内的步行道路系统设计得十分合理,像网格一样纵横通达,串连起各个展区。同时,人行道和车行道间隔分开,形成人车分行的交通模式,保证行人的安全。在盛夏季节,高架步行道两旁设置的喷雾装置,可降低周边温度,带来丝丝凉意。

根据规划,世博园区内交通服务将主要分为轨道交通、水上轮渡和地面公交,轨道交通13号线路将在世博期间作为世博园区的专用线,主要承担园区内越江客流。园区沿江岸线将设置2个VIP码头,6个轮渡口,主要承担园区内越江客流。为应对园区内高密度的人流与高强度的公交需求,还将利用园区道路和隧道设施设置4条地面公交线路。

2010年的上海世博会园区还引入交通信息导引系统,向参观者提供园区内交通线路、道路拥挤状况、展馆排队人数和等候时间、活动举办时间及场地提示等重要信息,以便参观者及时调整自己的行程。

3. 门票销售提前进行

上海世博会票务工作最大的挑战就是如何为参观者提供便捷、安全的购票服务,并留下便捷、安全的购票体验。世博会的门票销售渠道主要有票务代理、网络直销和现场销售等类型,购买上海世博会门票无须抽签,海内外公众可以通过上海世博会指定的票务代理商提供的售票网点、网站、电话以及现场购票等多种渠道和方式购票。

4. 运营时间迟至深夜

根据目前制订的运营计划,上海世博会园区正常开放的时间为每天上午9点到夜间24点,共15个小时,园区公共区域商业设施的开放时间与园区开放时间一致。展馆的开放时间则为上午9点半到夜间22点半,共13个小时。

5. 便民措施温馨周到

为了让每一位参观者都能获得美好的世博参观体验,在世博会举办之前,组织者充分研究了园区内参观者的各种需求,并将竭诚提供接待服务。比如,在餐饮方面,世博会的园区内不少国家馆都附带自己的特色餐饮供应,可以让参观者尽享各地的美食;世博园区的公共区域还有各种餐厅、快餐店、点心小吃店、茶店以及美食广场等,以满足参观者不同的需求。世博园区内还设有特许产品销售店、工艺纪念品店、综合性便利店、自动售货机、各类流动售货车(亭)和书店等,使参观者在园区内购物更为方便。世博园区内还将为参观者提供问询服务、向导服务、寄存服务、预约服务、物品租借服务、特殊服务、婴幼儿服务、走失儿童服务、金融服务、失物招领等各种便利服务。

6. 参展者服务大厅提供海关等"一站式"服务

上海世博会参展者服务工作全面启动和实施,入驻参展者服务大厅的人员来自上海市海关、上海市出入境检验检疫局、上海市出入境管理局、上海市消防局、上海市财税局、上海市工商行政管理局、上海市卫生局、上海市质量技术监督局、上海市建设和交通委员会、上海市无线电管理局、中国电信、中国移动、东方有线、交通银行、东方航空、中国人保16个单位,以及世博局相关业务部门,能够为参展者提供包括签证延期和居留证许可、延期,海关和出入境检验检疫事务政策咨询,建设施工许可、客房预订等22项管理和服务事项。

7. 上海世博会网站首次使用3D场馆技术

为了能够使参展商和观众更方便地了解展会,让远在万里的观众也能够有身临其境的感觉,上海世博会网站首次使用了3D场馆技术,把所有场馆的三维立体画面制作成网页的形式,这样让观众足不出户就能知世博,把三维动画技术用于世博网站的介绍,使观众能够逛一次虚拟的世博,能够免费"潮"一回,可以称得上是一个创举。

(资料来源:黎春红.会展案例分析[M].大连:大连理工大学出版社,2015.)

案例分析问题:

1. 上海世博会的举办,涉及哪些重要的供应商?

2. 请思考讨论,如何管理众多的供应商使其达到服务质量标准,并且协调一致达成主办者的目标?

第八章 会展信息管理

◆ **学习目标**

1. 知识:阐述会展信息管理的核心概念。
2. 理解:识别会展电子商务的运行模式。
3. 应用:会展信息管理应用技术手段的应用途径。
4. 分析:针对会展项目,分析会展信息管理的应用范围及效用。

◆ **学习任务**

名称	会展信息管理
学习目标	分析会展信息管理的应用效用
学习内容	会展信息管理应用
任务步骤	1. 分组完成一场会议或展览流程的分解 2. 每个组调研现有的信息技术手段,讨论在会展活动中应用的可能性和实现途径 3. 提出有效的信息管理策略,并讨论其成本与效用 4. 完成小组分析简报及PPT演示文档
学习成果	"会展活动信息管理策略分析"

◆ **案例引导**

.... **人脸识别技术开启大型车展应用新纪元** ....

1968年,库布里克在电影《2001太空漫游》中就脑洞大开,呈现了平板电脑。1985年,电影《回到未来》中,提到的很多科技已经被实现了。比如:指纹开门、可穿戴设备、智能眼镜、体感游戏、平板电脑、飞行汽车、自动伸缩调整尺码、自动烘干的夹克……2011年,在电影《碟中谍4》中,有种隐形眼镜是用来对目标人脸进行识别的。

在新一届的南宁车展上，展创科技提供的人脸识别入场系统，正是这样一种有趣而又快捷高效的黑科技。

展会现场人脸识别系统的工作过程是：首次进入展馆时，工作人员验证参展人员票证、扫描身份信息，摄像头即刻捕捉观众面部信息，两种信息关联，存入系统数据库。当观众需要二次或多次进入展馆时，摄像头捕捉人脸图片，人脸识别系统会在瞬间通过数据比对，给出开门指令。观众在闸机前短暂驻足，无需工作人员审核，瞬间即可再次入馆。

这样一项从科幻电影里面走出来落地实现的黑科技，真正的价值就只是便捷有趣好玩吗？不是的。这项技术可以给会展组织者提供很多商业价值。

有些大型的展会，可能一天就要接待上万人甚至十几万人。这样大的人流量，在人工检票环节，如果在每个人身上节省十秒，那么这么大的参展人口基数，将会节省很大的时间成本，同时这项人脸识别技术，也就为检票进场节省了巨大的人力成本。有很多的展会是需要付费进场的，如果人流量大，难免有时会有带人入场、人情放行等问题，会使有些参展人员逃票进场。

如果应用人脸识别系统，由计算机来控制这张面孔是否可以进场，这样准确率可以达到百分之百，有效预防了经济损失和参展人员信息损失。在大部分高人气高价值的展会上，不乏黄牛的身影。他们不仅导致展会主办的经济损失，对于数据采集的信息缺失也影响巨大。

如果应用了人脸识别系统，每个人都需要通过拿脸办证或者购票，每个人对应一个入场观展的资格，能够确保做到人和证票的1∶1匹配。这样就可以把每个观展人员的信息全部采集到，以供后期的数据分析使用。人脸识别系统应用在展会入场检票这个场景下，还只是信息科技推进智慧展会迈出的一小步。

（案例来源：https：//mp. weixin. qq. com/s/cmMcxjqcJAu_OWjwN7s5dw.）

案例思考：

1. 人脸识别技术如何增强会展项目的互动性？
2. 请大胆预测，在会展活动中信息科技还可以创造什么样的可能？

第一节　管理信息系统与会展信息管理

随着计算机技术和网络技术的广泛应用，信息处理和信息管理领域的发展起到十分重要的作用，而会展行业为了适应市场发展和行业发展的需要，大量地使用各种信息处理和信息管理软硬件工具，从而产生了各种管理信息系统。

 什么是信息？

一、管理信息系统概念的源起

早在 20 世纪 30 年代,柏德强调了决策在组织管理中的作用,就有了管理信息系统概念的萌芽。20 世纪 40 年代,美国数学家申农和维纳创立了信息论,它是控制论的基础,主要研究通信和控制系统中的信息传递和如何提高信息传输系统的有效性和可靠性等问题。20 世纪 50 年代,赫伯特·西蒙(Herbert Stun)提出了"有限理性"的概念,观点之一就是数据和事实信息有助于管理决策;同一时期,维纳发表了《控制论与管理》,他把管理过程当成一个控制过程,而控制要依赖于信息,这一时期计算机已经开始用于会计工作。

管理信息系统一词最早出现在 1970 年,瓦尔特·肯尼万(Walter T. kennesaw)给管理信息系统下了一个定义:"以口头或书面的形式,在合适的时间向经理、职员以及外界人员提供过去的、现在的、预测未来的有关企业内部及其环境的信息,以帮助他们进行决策。"这个定义说明了管理信息系统的主要功能是提供信息,强调了用信息支持决策,但并没有强调应用模型,没有提到计算机和应用数据库。

1985 年,管理信息系统的创始人,明尼苏达大学的管理学教授 Gordon B. Dais 给了管理信息系统一个较完整的定义,即"管理信息系统是一个利用计算机软硬件资源、手工作业、分析计划控制和决策模型以及数据库的用户机器系统。它能提供信息支持企业或组织的运行、管理和决策功能"。这个定义全面地说明了管理信息系统的目标、功能和组成,而且反映了管理信息系统在当时达到的水平。它说明了管理信息系统的目标有高、中、低 3 个层次,即在决策层、管理层和执行层上支持管理活动;它不仅强调了要用计算机,而且强调了要用模型和数据库,它反映了当时的水平,即所有管理信息系统均已用上了计算机。

管理信息系统一词在中国出现于 20 世纪 70 年代末 80 年代初,许多最早从事管理信息系统工作的学者给管理信息系统也下了一个定义,"管信息系统是一个由人、计算机等组成的,能进行信息的收集、传递、储存、加工、维护和使用的系统。管理信息系统能监测企业的各种运行情况;利用过去的数据预测未来;从企业全局出发辅助企业进行决策;利用信息控制企业的行为,帮助企业实现其规划目标"。

综上所述,任何用信息技术解决管理问题的手段均是信息系统。Laudon 说:"企业信息系统描述了企业经理的希望、梦想和现实。"实际的情况也确实如此,当代企业要想实现任何期望和梦想,实现任何新战略,没有信息系统的支持是不可能实现的。

二、管理信息系统的作用

(一)企业重要的资源

信息是企业的一种无形的资源,随着组织应用信息技术越来越广泛和深入,信息也日益成为企业的重要战略资源。以前人们比较看重有形的资源,进入信息社会和知识经济时代以后,信息资源就显得日益重要。因为信息资源决定了如何更有效地利用物资资源,它不仅能够提高组织的工作效率,带来经济效益,更为重要的是信息技术的应用改变了企业参加竞争的方式,为企业提供了新的竞争手段;掌握了信息资源,就可以更好地利用有形资源,使有形资源发挥更好的效益。

(二) 企业决策的基础

管理的实质是靠新知识和新信息驱动的创造性工作,信息是制定决策的最重要的依据。决策只有通过对客观外部情况、对企业外部环境、对企业内部资源等进行充分的了解才能做出最准确的判断和决策。因此,决策和信息有着非常密切的联系。信息是决策的基础,过去一些凭经验或者拍脑袋的那种决策经常会造成决策的失误。

(三) 企业实施管理控制的依据

经典的管理强调的是组织、计划和控制。心理学家 Henry Mintel 将管理任务分为3类,即社交类、信息类和决策类。信息管理的任务是在组织范围内传送信息,而决策管理包括评估可选方案和选择有利于企业发展的方向,管理者需要花费大量精力来作决策或为其他人的决策提供信息。在管理控制中,以信息来控制整个生产过程、服务过程的运作,也靠信息的反馈来不断地修正已有的计划,依靠信息来实施管理控制。有很多事情不能很好地控制,其根源是没有很好地掌握全面的信息。

(四) 企业联系组织内外的纽带

根据管理信息系统的概念,管理信息系统是进行信息的收集、传递、储存、加工、维护和使用的系统,它能实测企业的各种运行情况;利用过去的数据预测未来,从企业全局出发辅助企业进行决策,利用信息控制企业的行为,帮助企业实现其规划目标。可见,企业与外界的联系依靠信息的传递,企业内部各职能部门之间的联系沟通更依靠信息的使用。因此,要加强各部门的联系,使整个企业能够协调地运作都要依靠信息。它是组织内外沟通的一个纽带,没有信息就不可能很好地沟通内外的联系和进行一致的运作。

三、会展信息管理

会展行业是一个交叉性很强的行业,也是一个信息十分密集的行业。因此,会展行业信息也并不局限于行业本身。会展信息管理表现为信息采集、加工、传输、存储、更新和维护等复杂的过程。

> **同步思考** 会展中不同类型的信息以什么形式存在和传播?

(一) 会展中的信息

现代会展工作的关键是信息。"世界展览王国"德国的展览协会和各大展览中心历来重视信息的采集整理、分析和传输,每次展览会的组织实施过程就是一次完美的信息管理流程。展览会得以成功举办,很大程度上靠的是缜密、细致的信息组织管理工作。

(1) 会展行业信息。包括国内外展览场馆的信息、专业展览会信息、参展商和厂商信息,以及参展观众信息及展览服务商的信息。

(2) 会展企业业务部门、管理部门的业务信息和管理信息。包括主办商对场馆租赁的需求、参展商的参展需求和服务需求、观众网上报名等数据。

(3) 综合评估数据。包括展会评估报告、分析报告,以及组展商、观众、参展商的满意度调查报告等。

(4) 会展企业内部公文数据和办公数据。

(二) 会展信息管理的概念

当前,会展行业的信息管理局限在一个较低的层次。会展主办公司和参展商各自独立地重复收集观众名片信息,数据没有共享和交换;缺乏对信息的深入利用;不同会展活动之间的数据独立,数据缺乏归并和统一处理。如何有效地对行业信息进行科学管理就显得尤为重要,人们希望通过有效的方法和途径,把信息的孤岛变成信息的海洋。

所谓会展信息管理是指为了满足会展企业管理需要而进行的信息产生、识别、筛选、收集加工、传递、存储、检索、输出等各项工作的总称。信息是会展管理人员可以加工利用的最重要的资源。会展信息管理工作的主要内容包括以下几个方面:①原始数据的收集;②会展信息加工;③会展信息传递;④会展信息存储;⑤会展信息检索;⑥会展信息输出。

(三) 会展信息管理的有效途径

1. 信息管理的标准化

信息管理的标准化是指提高信息管理水平,建立计算机管理信息系统的前提条件,主要包括原始数据收集制度化、信息载体规范化、信息加工程序化和信息传递工艺化等方面。

2. 信息管理的高效化

信息管理的高效化是指信息管理的各个环节做到及时、准确、适用和经济4个方面。效率的信息管理是信息管理工作的目标,也是贯穿于信息管理全过程的工作标准。

3. 信息管理的智能化

通过人工智能、大数据技术的应用,对数据进行数据挖掘和可视化直观展现,将其转化成图表、分析和结论,辅助运营方利用数据提高管理运营效率,进一步提升决策的准确性。通过对采集信息进行大数据分析匹配,进而精准描绘和叙述观众观展轨迹和形态,据此得知观众关注重点和习惯;详尽认知观众或目标人群的人口学特征、日常消费能力、消费形态、区域分布等数据,从而实现精准营销。

四、信息技术与现代会展业

中国会展市场竞争激烈,会展城市、会展企业、会展项目和会展人才之间的竞争日趋"白热化"。会展活动由多个环节组成,而每个环节又涉及大量的信息交换,可以说,信息技术是现代会展管理竞争取胜的核心力量。

(一) 会展管理离不开现代信息技术

会展的前期计划组织工作需要进行大量细致的市场调研,获取诸如市场信息、行业信息、产业结构信息、政府相关政策的信息等,这些信息的获取离不开现代信息技术的运用,在展览活动的招展招商阶段也需要现代信息技术的运用。

在展览实施阶段,主办方需要收集大量的观众信息,参展商需要利用电子显示屏、投影仪等设备展示和传播自己的展品以及其他需要传播的信息,观众需要通过网络或各种自动化的电子设备、仪器来了解和筛选展会现场的海量信息等,可见,信息技术在会展实施的整个过程中都起着巨大的作用。

展览结束后主办方、参展商和公众之间需要进行进一步的沟通和交流,会展举办所取得的成果也需要通过各种媒介第一时间传递给世界各地,这些环节,每一步都离不开信息技术的应用。

因此,我们可以说,信息技术对现代会展业具有不可忽视的促进作用,会展管理离不开现代信息技术的广泛应用。

（二）现代网络技术是现代会展的重要支撑

现代网络技术的快速发展给信息化会展带来了新的契机,网络会展成为现代会展发展的新趋势。人们可以借助互联网展示产品、交流信息、洽谈业务、进行交易。

目前,世界上会展发达国家和地区都开始利用网络来组织展会,如网上招商、网上会议、网上展览等。网络会展突破了时间和空间的局限,不仅能为交易双方建立起一对一、一对多的直接接触,而且便利的平台使交易双方可以更方便快捷、更全面细致地了解对方,从而使贸易效率得到大大增加。网络技术的进步为网络会展的发展引领护航,其经济性、便利性和可操作性等优势必将使网络会展发展成为未来会展业的一种全新的运营模式。

第二节　会展管理信息系统

一、会展管理信息系统的总体结构

会展管理信息系统帮助企业将信息系统、观众、参展商和服务供应商、合作伙伴等融合到一个共同的公共信息平台上,并以客户关系管理的核心理念为指导,将客户信息流引入会展运营管理中,在业务实施过程中实现信息的有效运转,使整个会展运作过程能够资源共享,并为企业提供信息化的决策支持,实现整个会展管理过程的科学高效。

会展管理信息系统总体结构包括会展运营管理系统、客户与合作伙伴应用管理系统和决策支持系统三大子系统,其中会展运营管理系统包括会展业务管理系统、会展现场管理系统、会展门户网站系统及会展企业办公系统;客户和合作伙伴应用管理系统包括参展商管理、专业观众管理、合作伙伴管理和服务供应商管理;决策支持系统包括会展决策模型管理与会展决策分析。

二、会展管理信息系统的特征

随着互联网大潮的来临,基于"互联网+会展"诞生的网络会展正极大地助力会展行业经济提速。互联网重构了商业价值、变革了服务边界、提高了服务效率和质量,预计未来中国会展业将加快运营机制的互联网流程再造,运用大数据发展平台化管理与运营,从而开创会展业发展新局面,实现会展产业的升级——线上+线下"O2O模式","互联网+"促使展览业面向数据化、平台化、智能化发展,会展业信息化成为常态。

会展信息化管理就是为了满足会展企业和会展项目运营需要而进行的会展相关信息的集成、会展活动过程中的电子信息化、网络化管理等工作的总称。

在信息经济时代,会展业信息化管理涉及的领域日趋广泛和深入,已经成为当前会展项目运营的重要的组成部分和必然手段。

目前,会展信息化管理主要是利用会展信息管理软件、网络技术平台、先进的电子科技设备、通信基础设施手段等,通常在以下几个方面实现对会展项目或者会展企业的科技化、信息化、网络化、数字化的运营与管理。

(一)会展活动组织管理的信息化

会展组织者可以充分利用会展管理软件,应用数字科技技术与网络平台,处理会展活动过程中涉及的信息,提高工作效率和监测效果,减少管理过程中的工作量和工作误差。

(二)会展企业经营服务信息化

会展企业作为服务型企业,客户关系的建立和维护,客户服务的水平、质量与效率至关重要,尤其在当前同质化产品泛滥的情况下,服务的质量成为企业核心的市场竞争力。因此,越来越多的会展企业建立企业信息化管理系统,全面实现企业各种管理和服务流程的信息化和标准化。

(三)会展活动虚拟化

会展业作为一个信息、交流十分集中的新兴服务业,面临着重大的变革和挑战。互联网(移动互联网)在给世界经济体制带来巨大的变革和冲击的同时,也使得会展业在很大程度上与电子商务、网络虚拟经济实现了全面的互动和交互结合发展。在借助互联网开展低成本的市场调查、互联网在线招展等工作的基础上,越来越多的会展企业、会展项目组织者、电子商务企业纷纷举办线上+线下,双线结合的会展活动,借助虚拟的会展平台提供全天候的会展服务。

三、会展管理信息系统的应用领域

(一)会展营销推广

会展组织者当前正在充分利用和采用电子邮件、会展网站、搜索引擎、新媒体等互联网信息化方式开展营销工作,并利用会展信息管理软件高效完成营销过程中的批量处理业务。

1. 电子邮件

电子邮件是会展营销人员当前较常用也是较普遍使用的工具之一。具体来说,电子邮件包括群发邮件和自选邮件两种方式。群发邮件方式,无需过多解释,即通过邮件的形式群发给数据库中所有的客户和潜在客户,并说明希望他们将该邮件转发给所有可能对此次会展活动感兴趣的朋友和同事。值得注意的是,不少公司的反垃圾邮件系统都会将群发的邮件视为垃圾邮件,因此在群发邮件后的电话跟踪也是必不可少的。而自选邮件方式则是会展组织者可以通过与合适的合作单位建立了稳定的合作关系之后,以合作伙伴的名义发送信息给其客户,从而优势互补。

2. 会展网站

随着互联网的普及和发展,会展网站也已然成为当前企业普遍使用的会展营销方式。大型会展活动,特别是展览活动,都应该设立自己的网站,发布会展信息,为参与者搭建在线沟通平台,为会展后续的工作提供便利。

会展网站还可以承担数据库的管理和大量的管理组织工作,包括网上报名、网上招商、网上预订展位、网上付费等,也可以利用通信平台将会展信息发送到客户的手机上。越来越多的展览网站能为参展商和买家提供信息交换,创造更多的相互合作的机会,也能在展览结束后提供交易支持和后续服务。

网络广告是常见的宣传方式,在网站上可以运用文字、图形、声音、视频等众多媒体手段对会展活动进行生动直观的宣传,尤其在当前移动互联网时代,大家获取信息的方式越来越碎片化,网络成为最好、最便捷的传播形式,与一些大型的流量网站平台的链接(文字、图文、图片等),不但有助于提升会展的知名度,更加能够提高网络受众的数量,为观众报名、招商提供助力。

3. 搜索引擎

很多企业通过搜索引擎来寻找合作伙伴和商机,搜索引擎排名已经成为企业开展产品营销的首选方案,或者是必选方案更加恰当。搜索引擎成为企业品牌营销的战略组成成分,同样,会展组织者想要塑造一个有影响力的会展品牌,吸引更多的新客户,在搜索引擎上占有优质的排名和获得展现是不可忽视的,而一个会展项目如何能够依靠搜索引擎获得更多的优质展现和流量,成为传统会展服务企业、会展主办者竞相追逐的目标。

同步阅读 大型会议数字会务解决方案

4. 新媒体

新媒体(New Media)是指当下万物皆媒的环境,新媒体涵盖了所有数字化的媒体形式。包括所有数字化的传统媒体、网络媒体、移动端媒体、数字电视、数字杂志等。新媒体亦是一个宽泛的概念,利用数字技术、网络技术,通过互联网、宽带局域网、无线通信网、卫星等渠道,以及电脑、手机、数字电视机等终端,向用户提供信息和娱乐服务的传播形态。严格地说,新媒体应该称为数字化新媒体。新媒体与传统的媒体(报纸、广播、电视等)是相对的,在当前,新媒体以其交互性与即时性、海量性与共享性、个性化与社群化的特点占据了越来越多的品牌传播市场份额。更加凭借着传播与更新速度快、成本低、信息可承载量大、长期保存、内容结构丰富、低成本、全球化传播、检索便捷、互动交互性强、可数据监测管理等众多的优质特性,被越来越多的会展组织者、会展企业、项目运营者所偏爱和选择。

(二)会展现场管理与服务

会展现场管理与服务的信息化主要是依靠各种会展管理软件来实现。目前,国外对会展软件的开发已经比较成熟,近几年,尤其是2014年以后,我国的一些软件开发公司,也有研发出相关的软件产品并投入市场使用。在同类产品中,会展现场,特别是展览现场的信息化管理与服务是非常重要的组成部分。

1. 现场信息化管理与服务

通常,展览现场信息化管理与服务都紧密围绕展览现场的业务流程展开,包括展前准备、展中管理、展后服务的全程解决方案,主要涉及展位预订与展位管理、展前预制与批量处理服务、交通线路导览、现场观众导览、参展商管理与服务、观众管理与服务、展览设施设备管理、网络服务中心、后续服务管理9大部分。

2. 会议现场信息化管理与服务

会议组织者可以利用会议整体管理信息系统完成会议现场的各种管理与服务工作,会议整体管理信息系统是以对会议的管理规则和流程为主要依据,为会议前期的策划准备管理、会议中期的会务管理、会议后期的评估总结管理提供服务,一般包括会议项目管理、会议策划管理、会务管理、通信联络、会议代表报到管理、陪同人员管理、工作进度管理、内部BBS管理、报表生成、多级查询统计、论文评审管理、预决算管理、会后总结管理、会场布局管理、会议配套服务管理(现场签到、现场互动等)等。

(三)客户关系管理(CRM)系统

随着营销实践和营销理论的不断发展,以产品为导向的营销哲学将逐步转向以客户为中心,全方位满足客户需求,不断创造更新、更好的服务。企业也要逐渐转变经营理念,从只关注争取新客户发展到巩固现有客户,保持和完善客户关系。同样的,会展企业为塑造品牌形象,获得持续发展,也必须重视客户关系管理,从以往注重业务增长转向注重质的管理,从降低客户服务成本、提高效率转向开拓业务、提高客户忠诚度。

会展客户管理信息系统能帮助会展企业最大限度地利用以客户为中心的资源,并将这些资源集中应用于现有客户和潜在客户身上。其目标是通过缩短销售周期和降低销售成本,通过寻求扩展业务所需要的新市场和新渠道,并通过增加客户价值、提升客户满意度、盈利能力以及客户的忠诚度等方面来改善企业的管理,提高竞争优势,实现会展营销自动化、客户服务自动化、数字化。

一般来说,会展客户关系管理信息系统包括客户数据库管理、客户通信管理、重点客户分类管理、客户财务管理、客户个性化服务管理、客户在线互动服务管理、客户分析管理7

大组成部分。

（四）虚拟展览

虚拟展览也可称为网上展览，是利用图、文、声、像等丰富的多媒体表现形式全面展现展览项目内容、展览要求、参展方式以及其他相关的新型网络展览方式，尤其是伴随着近两年 AR/VR 技术、云计算技术、AI 人工智能技术的发展，虚拟展览成为现实展览的再现，更是现实展览在互联网上的无限延伸，在有限的空间表现无限的内容，虚拟展览真正实现了不受内容、形式、规模、距离和参展人员限制的"永不落幕"的展览会。目前在国外，虚拟展览技术已经得到相应的市场投入使用，在国内，虽然已经出现了零星的线上展会、AR/VR 技术结合的虚拟展览会，但均是个例。由于观念意识转变和成本等诸多原因，并未有成型的产品。不过相信在不久的未来，市面上必将出现市场化服务的虚拟展览产品，这是毋庸置疑的。

虚拟展览体现了计算机虚拟现实技术与现代信息网络技术对会展业，对产品交易、技术成果交易的促进作用。参观虚拟展览就像走进一座现实的会展中心，参观者既可以到各个专业展馆的各个展厅随意漫游，也可以由向导带领按照特定的路线浏览，甚至可以根据参观者的专业兴趣自组个性化的智能展馆。此外，虚拟展览系统还能提供资料打印、提交电子名片、邮件发送、在线咨询等功能，为供需双方的沟通提供多种交互手段。完善的虚拟展览系统更能基于大数据的数据处理和分析能力，帮助参展商与客商进行交易配对，提供交易支持和服务。

未来，会展业在网络化延伸、电子商务的跨界融合，还有通过移动客户端和专业化会展服务 SaaS 平台相结合的方式实现线上线下融合的例子会越来越多，结合度会越来越深入，会展管理与服务都会呈现出更加信息化、人性化的特征。有针对性地提供服务，方便参展商和观众实时掌握动态化展会信息，实现参展商对布展、展会进行中的展位动向的全过程监控，实时提供参观者的数量数据，科学监测展区参观人数、交通、安保状况，利用科技技术打造现场演示、触摸体验、信息交流、网上预约等多个链接交换平台和特色化参展、观展方案制定，打造真正的智慧会展形态。

（资料来源：https://zhuanlan.zhihu.com/p/27460644。）

第三节　会展电子商务管理

一、会展电子商务的概念

（一）什么是会展电子商务？

电子商务进入会展业是会展业自身发展的需要。因为会展本身就是人们进行信息交流发布、洽谈商业合作和进行市场营销的场所，它发挥的是一种桥梁和媒介作用，而电子商务恰恰在这方面有着传统会展业无可比拟的独特优势。它提供了一个更为快捷、有效的商务通道。

结合电子商务的上述定义,我们可以将会展电子商务界定为:为了满足会展企业、会展场馆、参展商以及会展产品消费者的交易愿望,通过以 Internet 为主的各种电子通信手段开展的一种新型的会展商业活动。按照电子商务对传统会展业介入程度的不同,也可以将会展电子商务分为两种层次:一是不完全会展电子商务,即在会展的运作过程中部分地借助电子商务方式为会展服务,实现网上广告、订货、付款、货物递交、售前售后服务,以及市场调查分析、财务核算、生产安排等一项或多项内容;二是完全电子商务,即网上会展,会展的组织、举办等各个环节都实现了电子化,组展商、参展商和观众之间的交流主要通过互联网进行,它代表着会展产业未来的发展方向。

(二)会展电子商务的内涵

为了更好地认识会展电子商务,在概念界定的基础上,让我们再来对会展电子商务的内涵做些更为详细的说明。对会展电子商务的理解,应从"现代信息技术"和"会展商务"两个方面考虑。如果将"现代信息技术"和"会展商务活动"分别看作一个集合,"会展电子商务"无疑是这两个集合的交集,是现代信息技术和会展商务活动的结合,是会展商务流程的信息化和电子化。

1. 会展电子商务的技术基础

从技术基础的角度看,会展电子商务是采用数字化电子方式进行会展信息数据交换和开展会展商务活动,比较多的是运用以 Internet 为基石的多种电子手段实现交易。它是在互联网的广阔联系和现代信息技术系统的丰富资源相互结合的背景下应运而生的一种相互关联的动态会展商务活动。

2. 会展电子商务的活动范围

会展电子商务所涉及的贸易活动包括两个方面:一是面向市场,以市场活动为中心,包括促成旅游交易实现的各种商业行为——网上发布会展信息、网上公关促销、会展市场调研和实现会展交易的电子贸易活动——网上会展企业洽谈、会展产品展示、售前咨询、网上产品交易、网上支付、售后服务等;二是面向企业内部,利用网络重组和整合会展企业内部的经营管理活动,实现会展企业内部的电子商务活动,包括会展企业建设内部网,利用业务管理系统、客户关系管理系统、物流管理系统和财务管理系统等实现会展企业内部的管理信息化。

二、会展电子商务的功能与特性

会展电子商务是会展商务活动的电子化,是以现代信息网络手段提供会展信息流、资金流、物流等的解决方案,提高其效益和效率的过程。具体而言,会展电子商务的功能体现在以下方面。

(一)整合会展商务信息流

会展商务过程需要处理来自各方面的复杂信息,包括会展市场调研信息、组展企业与办展场馆之间的协作信息、组展商与参展商之间的服务信息、参展商与产品购买者之间的交易信息等。电子商务体系能够有效整合上述信息流,以确保会展信息的有效传递,以及信息的合理组织再造,并完善会展信息的查询功能。

1. 调研信息整合

会展电子商务为会展企业开展市场调研提供了新的网络渠道。市场营销人员利用 Internet 可以广泛收集和整理有关同行业竞争对手、参展客户以及展品、消费顾客的各项信息,为会展企业的展览项目策划与决策奠定科学的基础。

2. 服务信息整合

会展电子商务在会展组展商与参展商之间的业务往来中,承担了大量的服务信息传播功能。市场营销人员同样利用 Internet 可以实现组展企业服务信息的整合传播,从而增强展会的推广与促销能力。

3. 客户信息整合

会展电子商务为组展企业、参展企业和展品交易商提供了三方通话的机会。不论是以参展商为主要客户的组展企业,还是以交易商为客户的参展企业,通过这种交流方式都能更好地获取客户信息并开展跟踪服务,从而全面整合客户信息,为定制化服务提供依据。

4. 展品信息整合

会展电子商务为展品的宣传促销开辟了新的信息渠道。组展企业将通过与参展商的信息交流,了解各类展品的相关信息并进行整合,最后通过 Internet 对使用网络的广大消费者发布全面的展会产品信息,同时提供产品查询服务。

(二)优化会展商务资金流

会展商务过程涉及广泛的资金领域,包括会展项目的投资开发、项目运作中的财务管理、会展交易的资金流动等。电子商务体系可以有效优化展前、展中以及展后的资金流向,完善会展资金管理。

1. 科学确定资金投向

电子商务使得展览项目宣传更为广泛。组展者、参展商和观众可得到比以往更为丰富、深入的信息资料,从而科学确定资金投向,避免选择项目时的盲目性及由此带来的经济损失。

2. 有效降低成本费用

电子商务使会展过程中组展者、参展商、观众之间的联络手段从传统的高收费的电话、传真、信件中解放出来,从而使得业务费用降低。另外,电子商务使信息收集、处理、统计等自动化程度提高,工作效率得到提升,也意味着经济效益的提高。

3. 全面掌握交易资金流向

电子商务使展品网上交易成为可能。通过电子支付手段,不仅可以节省交易中大量人员的开销,更有利于会展组展企业和参展商全面掌握交易资金流向,更清楚地识别有效客户及其价值。

（三）完善会展商务物流

会展电子商务在传统会展的物流交易基础上，进一步完善了会展网络物流配送体系。在传统的物流和配送管理中，由于信息交流的限制，完成一个配送过程的时间比较长，但在电子商务环境下持续时间会大大缩短。同时网络的应用可以实现对整个物流过程的实时监控和实时决策。当系统的任何一个环节收到一个需求信息时，该系统都可以在极短的时间内作出反应，并可以拟订详细的配送计划，通知各相关的环节开始工作。

目前在国际上，网上会展成为新亮点。它将传统的商务流程电子化、数字化。一方面以电子流代替了物流，大大减少了人力、物力，降低了成本，提高了效率；另一方面，组织者、参加者和观众通过网络系统联系起来，各主体间的沟通呈现立时互动的特点，并摆脱时间和空间的制约，为会展经济带来更大的发展空间。但同时它也具有一些与生俱来的缺陷：展出范围受到限制、展出信息的不完整性、观众的不确定性、信息统计上的偏差。而且人们需要面对面的情感交流。网上展览会的这些缺陷很难用技术手段加以弥补，这注定了它不可能完全代替传统展览会。网上展览会的发展需要依附于实物展览会，特别是定期举办的展览会。组织者可以把参展商的资料放到互联网络上加以广泛宣传，这也将成为传统展览会组办者吸引参展商和观众的必要手段之一。

三、会展电子商务的运行模式

电子商务是通过信息技术手段将交易各方联系起来进行各种商贸活动的，按照交易所涉及的对象通常可以将电子商务分为3种类型或模式，即企业——企业（B2B：Business to Business）、企业——消费者（B2C：Business to Consumer）、企业——政府（B2G：Business to Government）。

> **同步讨论**　网上展会是否能够替代现场展会？为什么？

会展商务活动涉及组展机构、参展商和交易商三方。组展机构可能是政府，也可能是专业的会展企业，因此会展电子商务在运行过程中主要表现出以下4种特有模式。

（一）会展企业对会展企业的电子商务模式（简称 B2B 模式，即 BtoB）

这里的会展企业包括专业展览公司以及会展场馆。会展企业间的电子商务是指会展企业之间通过网络信息手段实现相互之间的一对一或一对多的合作交流，开展商务合作。它的功能在于通过会展企业之间的信息交流，开展网络合作，共同搭建会展网上交易平台。为广大的参展商和交易商提供更加广泛、全面、权威的会展资讯，并在此基础上结合相应的会展在线商务往来、交易管理等需求，设计并构架相应的、符合各目的地运营模式的系统。

（二）会展企业对参展企业客户的电子商务模式（简称 B2E 模式，即 BtoE）

这里 B2E（Business to Enterprise）中的 B 指组展的会展企业，E 指参展的各类企业客户。会展企业对参展客户的电子商务是指会展企业通过网络发布会展信息,提供专业服务,宣传招揽目标企业客户上网参展的在线营销活动。它的功能在于通过 Internet 向各类产品运营商提供一个便捷的网上展览和促销环境——提供跨时空、形象化产品展示以及专业权威的会展咨询,从而促进产品销售;同时利用网络开展一对一营销,尽可能多的吸引和招徕参展企业,为广大的交易商提供广泛的产品选择。

(三) 参展企业对交易商的电子商务模式(简称 E2C 模式,即 EtoC)

这里 E2C(Enterprise to Consumer)中的 C 指上网的会展产品交易商。参展企业对交易商的电子商务就是通常所指的互联网销售和互联网购物,是一种利用互联网推销参展企业产品和提供服务的销售方式。它的功能在于通过 Internet 向产品交易商中的网络用户提供一个便捷的网上购物环境——丰富全面的展品信息、专业权威的使用资讯、个性定制的产品设计,通过交流促进交易商做出购买决策,同时电子支付功能可以支持网上购买。

(四) 会展企业对政府的电子商务模式(简称 B2G,即 BtoG)

这里的会展企业指承办展会的专业会展公司。会展企业对政府的电子商务模式是指,当展会由政府主办、企业承办时,会展企业与政府之间进行的电子商务活动。例如,政府将拟举办的会展活动在网上公布,通过网上竞标方式,选择展会承办企业。它的功能在于通过网络的公开信息发布与反馈,一方面增强政府办展的公开性和透明度,另一方面政府随时随地了解承办企业的办展情况,加强对会展电子商务活动的有效监管。

四、会展电子商务的体系构成

会展电子商务的相关要素十分复杂。完整的会展电子商务系统是在网络服务平台的基础上,由会展机构(展馆机构、组展企业和参展企业)、使用互联网的产品消费者、专业会展网站运营商和提供物流和支付服务的机构共同组成的信息化会展市场运作系统。

(一) 会展电子商务的基础设施体系

会展电子商务的基础设施体系主要是指会展电子商务的网络服务平台。会展电子商务的网络服务平台,在比较完备的情况下,由网络系统、基于企业内部网的管理信息系统和电子商务站点组成。网络系统,即计算机网络是通过一定的媒体如电线、光缆等将单个计算机按照一定的拓扑结构联结起来,在网络管理软件的统一协调管理下,实现资源共享的网络系统。会展机构应用的网络系统分为内部网(Intranet)、外部网(Extranet)和互联网(Internet)。网络系统是沟通会展机构内外信息传输的媒介。

基于 Intranet 的管理信息系统是信息加工、处理、存储的工具。会展机构通过管理信息系统,在机构内部收集、处理、存储和传输信息,实现内部管理信息化。管理信息系统一般包括营销管理系统、内部流程管理系统、财务和人力资源管理系统等子系统。

电子商务网站是指会展机构在 Intranet 上建设的具有信息服务或营销功能的、能连接到 Internet 上的 www 站点。电子商务网站是会展机构的信息窗口,极大地方便了同业合作伙伴和消费者直接了解会展机构及产品信息,并通过网站与会展机构进行沟通、开展交易活动,同时也是收集市场信息反馈的良好渠道。

网络服务平台具有以下特点。

(1) 协调性强。

会展电子商务网络服务平台首先是一个协调的整体。各自独立运转但又不能单独存在。在技术上兼容,同时在不同技术支持下的各项交易功能兼容发展,内外部网络连接畅通无断点,数据传输可靠无差错。

(2) 适应面广。

会展电子商务网络服务平台在服务对象上,不仅仅涉及买卖双方,而是在 Internet、Intranet、Intrant 等网络基础上,将会展电子商务系统中的各个角色紧密结合在一起,从而消除时间与空间带来的障碍。因此,网络服务平台具有广泛的适应性。

(3) 功能强大。

会展电子商务网络服务平台将担负会展网上交易的一系列操作任务,需要强大的网络交易功能作支撑,因此必然是一个功能强大的操作平台。一是内外部网络之间良好的互动功能;二是内部网络具有智能化的管理功能,可以有效简化交易操作流程。

(4) 配置先进。

会展电子商务系统对网络平台的需求不断变化,信息技术与产品的产生与换代,要求会展企业不断更新网络平台的软件及硬件配置,以先进的配置确保网络平台的功能性和广泛适应性。

(二) 会展电子商务的主体服务体系

会展电子商务的主体服务体系包括交易主体——会展机构和产品消费者、专业会展网站运营商、物流配送以及支付服务机构。

1. 专业会展网站

专业会展网站按照创办机构的类别可以分为 4 种类型,即会展综合信息网、会展中心网站、大型展会网站和会展企业网站。

会展综合信息网一般由会展学术机构建设,面向会展组办机构、承办场馆、参展企业以及观展者提供全面综合的会展信息。具体包括:对外发布会展场馆及企业的综合信息,并提供专业咨询服务;对内开展信息和学术交流,并密切关注业内动态。

会展中心网站由会展场馆机构主办,主要面向组展机构、参展企业以及展品购买者提供展馆的有关信息。具体包括:该场馆已举办或承办的会展项目以及未来的会展活动安排、场馆的硬件设施、功能布局以及配套服务情况,同时向广大消费者提供展品信息咨询服务。

大型展会网站由大型展会组办机构创建,主要围绕定期举办的大型展会主题提供相关信息。如世博会网站,展会前发布招展与促销信息、提供咨询服务,展会期间跟踪发布展会交易信息、开展对外交流,展会结束后公布展会情况总结、跟踪客户需求,为下届展会做准备。

会展企业网站则由专业会展企业创办,主要面向政府、行业协会、其他会展企业等会展组展机构,以及广大参展商提供企业办展的有关信息。具体包括:会展企业为办展发布的促销信息,办展企业之间为加强协作开展的信息交流,针对参展商的各项服务信息等。

2. 电子支付服务

电子支付指的是以金融电子化网络为基础，以商用电子化机具和各类交易卡为媒介，以计算机技术和通信技术为手段，以电子数据形式存储在银行的计算机系统中，并通过计算机网络系统以电子信息传递形式实现流通和支付。它是会展电子商务活动的关键环境和重要组成部分，是会展电子商务能够顺利发展的基础条件。如果没有良好的网上电子支付环境，网上贸易商只能采用网上订货、网下支付的方式，这样只能实现较低层次的会展电子商务应用，这就使得电子商务高效率、低成本的优越性难以发挥，使得会展电子商务的应用与发展受到阻碍。与传统的支付方式相比，电子支付服务具有以下特征。

1）支付方式特征

电子支付是采用先进的技术通过数字流转来完成信息传输的，其各种支付方式都是采用数字化的方式进行款项支付的；而传统的支付方式则是通过现金的流转、票据的转让及银行的汇兑等物理实体的流转来完成款项支付的。

2）支付环境特征

电子支付的工作环境是基于一个开放的系统平台，即因特网之中；而传统支付则是在较为封闭的系统中运作。

3）支付设施特征

电子支付使用的是最先进的通信手段，如 Internet；而传统支付使用的则是传统的通信媒介。电子支付对软、硬件设施的要求很高，一般要求有联网的微机、相关的软件及其他一些配套设施；而传统支付则没有这么高的要求。

4）支付优势

电子支付具有方便、快捷、高效、经济的优势。用户只要拥有一台上网的 PC 机，便可足不出户，在很短的时间内完成整个支付过程。同时支付成本相对于传统支付来说非常低。

3. 物流配送服务

物流是指物质实体从供应者向需求者的物理移动，它由一系列创造时间价值和空间价值的经济活动组成，包括运输、保管、配送、包装、装卸、流通、加工及物流信息处理等多项基本活动，是这些活动的统一。物流配送在会展电子商务服务体系中占据举足轻重的地位和作用，无论会展电子商务是多么便捷的贸易形式，如果缺少了物流将是无米之炊。

在设计会展电子商务物流系统时，要将物流的各个环节联系起来看成一个物流大系统进行整体设计和管理，以最佳的结构、最好的配合，充分发挥其系统功能、效率，实现会展物流整体的合理化。具体而言，物流系统设计应遵循 5s 原则。

1）服务性原则(Services)

服务性原则即在为参展商和贸易商服务方面要"以顾客为中心"，做到无缺货、无货物损伤和无丢失等现象，且费用便宜。

2）快捷性原则(Speed)

快捷性原则即要求货物按照参展商指定的地点和时间迅速送到。为此可以把物流设施建在供给地区附近，或者利用有效的运输工具和合理的配送计划等手段。

3）空间有效性原则(Space Saving)

空间有效性原则即有效利用面积和空间。特别是对城市市场区面积的有效利用必须加以充分考虑。应逐步发展立体设施和有关物流机械,求得空间的有效利用。

4）规模适当性原则（Scale Optimization）

规模适当性原则即在会展物流系统设计中,应该考虑物流设施集中与分散的问题是否适当,机械化与自动程度如何合理利用,情报系统的集中化所要求的电子计算机等设备的利用等。

5）库存控制原则（Stock Control）

库存过多则需要更多的保管场所,而且会产生库存资金积压,造成浪费。因此,必须按照生产与流通的需求变化对库存进行控制管理。

本章小结

在信息经济时代,会展信息管理涉及的领域日趋广泛和深入,已经成为当前会展项目运营的重要组成部分和必然手段。现代会展信息管理具有标准化、高效化、智能化的特征;会展管理信息系统总体结构包括会展运营管理系统、客户与合作伙伴应用管理系统和决策支持系统三大子系统,使整个会展运作过程能够资源共享,并为企业提供信息化的决策支持,实现整个会展管理过程的科学高效。

会展组织者当前正在充分利用和采用电子邮件、会展网站、搜索引擎、新媒体等互联网信息化方式,应用于会展营销推广、会展现场管理与服务领域。

会展电子商务所涉及的贸易活动包括两个方面:一是面向市场,以市场活动为中心,包括促成外部交易与内部商务活动实现的各种商业行为;二是面向企业内部,利用网络重组和整合会展企业内部的经营管理活动,实现会展企业内部电子商务。会展电子商务有整合会展商务信息流、优化会展商务资金流、完善会展商务物流的作用。

通过本章学习,应掌握会展信息管理的概念、特点及应用领域,并能够区分不同的会展电子商务运行模式,了解会展信息管理的应用与发展趋势。

关键概念

会展信息　会展信息管理系统　会展电子商务

复习思考

1. 简述会展管理信息系统的构成及其在会展项目中的应用价值。
2. 比较不同的电子商务运行模式的应用特征。
3. 分析讨论"互联网＋会展"的发展潜力与可行性。

拓展案例　　　展会效果管理,让会展决策科学化

在2017年中国某国际汽车博览会上,展会的信息技术供应商提供了智能信息采集服务,监测分析了大量现场参展客流数据。

客流总人次：东南汽车6592人，海马汽车10375人。

客流量峰值：上午11时—12时，下午3时—4时。

平均停留时间：东南顾客176秒，海马顾客210秒。

对客流进行分类：路过客流占45%左右，访问客流35%左右，探访客流20%左右。

重复观展顾客占比：都在8%左右。

另外，顾客使用的手机品牌，苹果、华为、OPPO、小米是主流，占70%以上……

以上数据是为车展的两个展商提供的数据服务，将展会的流量数据，从无形到有形（具体见图8-1）。

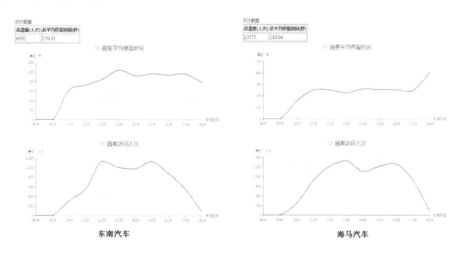

图8-1　10月3—5日累计客流人次及平均停留时间

看点1　智能信息采集技术，让数据从无形到有形

展会现场活动多样，人数众多。究竟是怎样实现数据的从无形到有形的呢？这就涉及了智能信息采集技术。

智能信息采集技术首先需要在展厅、展台安装智能数据采集设备。数据采集设备将采集用户手机的ID，将现场的顾客流量、顾客平均停留时间、展区客流量热度、老顾客比例、顾客手机品牌等数据采集到，然后通过数据传输设备将数据传回数据分析系统。数据分析系统，将进行实时数据接收、处理、分析并将统计分析结果实时展示给客户（见图8-2）。

客户通过实时的热力图分析，可以看到展区实时热度，随时调整现场活动时间安排，以保证活动曝光量、参与量达到最佳。

看点2　参展观众数据分析，打通线上线下数据连接

大数据分析技术，可以全面描绘观众人口学特性。通过采集的信息可分析出：观众性别、年龄、学历、婚姻、子女状况、车辆拥有情况、房屋拥有状况、观众对家居环境的要求和偏好等。通过分析观众消费数据，让展商找到精准客户。

分析到观众综合消费层级，以及观众消费领域和品牌偏好，如服装、化妆品、食品、儿童用品、3C数码等各类消费品的消费情况。

分析观众生活习惯，找到观众接触路径。

分析出观众移动端、PC端、App使用偏好和时间。也可分析出观众平时的生活范

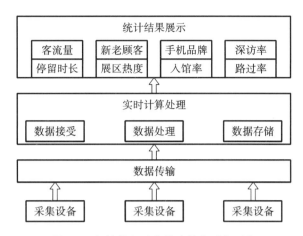

图 8-2　智能信息采集技术信息采集过程

围,休闲范围,从而找到最合适的线下产品推广点。

这样展商通过精准的用户消费习惯,了解用户画像,了解用户线上线下触达通道,从而在线上找到精准用户群,有针对性地投放广告,可以提高广告转化率,也可在线下找到精确的推广点。

看点 3　展会效果监测系统,让展会价值全面升级

在传统的展会中,对于展会效果的界定,完全是依托经验。而展会经验对于观众的观展行为、对于具体展台的参展效果,没有明确的界定标准,所以依托经验和现场感受去做市场分析和推断,难免会不准确,有偏差。

"展会效果监测系统"可以给展会主办方和展商,提供具体的数据,用数据说话。让数据为自己的市场和服务,提供更准确的方向和更高的价值。

以下是"展会效果监测系统"具体的应用场景。

应用场景 1——全馆覆盖

展会效果监测系统可以探测到各个馆的每个区域、每个展位,甚至每个时间段观众流量是多少以及观众驻足时间。

用途:展馆人流监测,展区热度分析,热门展位展品,可为主办方下一届展会决策提供依据。

应用场景 2——大厅及出入口覆盖

如果在大厅主要入口及出口覆盖展会数据监控系统,可监测到大厅主要入口和出口的各个时间段观众流量是多少,以及观展时长。

用途:观众签到潮汐情况,观众观展停留时间,为下一届展会决策提供依据。

应用场景 3——广告效果监测

在广告位安放监控设备,设备可精准采集广告的受众人群、观看人数、停留时长,通过画像分析还可以知道观众画像属性,以及线上触达路径和线下触达路径。

通过效果来说话,让展会广告位定价更有依据。

应用场景 4——竞争对手对标

通过对标展位数据监测和分析,可以分析出:对标展位的重复到访情况如何?本展位到访观众到访对标展位情况如何?对标展位观众到访本站的情况如何?对标展位的竞争替代度的具体数值是多少?

应用:通过对标展位比较分析(见图 8-3),展商可采取针对性竞争策略。

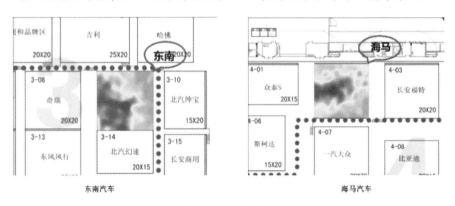

图 8-3　对标展位

应用场景 5——热点展品监控

可监控到各展品的观众到访情况及重复到访情况。可以对热门展品有确定性的分析判断,也可对对标展品进行对比分析。

(资料来源:https://mp.weixin.qq.com/s/W750E3HMMIuwUlf8zwKiig.)

案例思考:

1. 基于抽样调查的会展数据信息与会展大数据信息有什么区别?

2. 会展信息系统的开发者应该具备什么样的经验和知识结构?

第九章 会展风险管理

◆ **学习目标**

1. 知识:认识会展风险管理的基本类型。
2. 理解:掌握会展风险的管理过程及管理策略。
3. 应用:对会展风险进行识别与预判。
4. 分析:针对典型案例,综合运用会展风险管理知识设计风险管理方案。

◆ **学习任务**

名称	会展风险管理
学习目标	1. 认知会展风险的类型与特征 2. 理解会展风险的管理过程及管理策略
学习内容	会展风险的管理
任务步骤	1. 分组选择一个会展风险管理案例,对案例的基本情况、风险管理过程、风险管理应对策略、风险管理的效果进行分析 2. 比较同类型标杆案例,从会展风险管理预防到风险管理应对,进行对比分析 3. 完成调研报告文本和演示 PPT 文件
学习成果	"会展风险管理案例分析"

◆ **案例引导**

——————— 会展项目组织中的不可预见因素 ———————

2014年7月20日,第20届国际艾滋病大会如期在澳大利亚墨尔本开幕,1万多名与会者在开幕式上集体悼念6名在7月18日马航MH17航班坠毁事件中遇难的抗艾专家。

7月19日,国际艾滋病协会(IAS)证实,至少有6名前往澳大利亚墨尔本参加本届国际会议的艾滋病专家在MH17航班坠毁事件中罹难。事件发生后,第20届世界艾滋病大会组委会第一时间发函悼念马航失事航班遇难者,称这将是世界艾滋病研究和防治界的巨大损失。同时,国际艾滋病大会组委会决定空出遇难专家的发言时间,以致哀悼。

MH17航班坠毁事件,再次在会展业界引起广泛关注。"此次事件属于不可抗因素。"业内资深人士曹雨禾接受《中国贸易报》记者采访时表示。

而此前,在失踪的马来西亚MH370航班上,有22位前去马来西亚参加画展的中国青年画家。据记者调查显示,会展项目组织中存在不可预见的风险因素。也有业内资深人士表示,目前,中国会展项目组织方缺少安全防范意识。

会议服务存在不可抗因素,如台风、暴雪等自然灾害。会议举办地的天气、交通、政局、社会治安情况等都会造成不可预见的风险。另外,缺乏保险意识,业内普遍缺乏保险意识,使得主办单位承担的损失大大增加。近年来,各国都在风险管理方面进行着改革和完善。

(资料来源:马勇.会展学原理[M].重庆:重庆大学出版社,2015.)

案例思考:
1. 结合案例,请分析会展组织管理过程中存在哪些不安全的因素?
2. 谈谈如何避免这些危机的出现?

第一节 会展风险的分类

集聚性是会展活动的特点之一,而这一特性决定了在同一时间和空间上拥有大量的人、物集聚在一起。其中的不可控因素很多,使得会议、展览、活动等复杂多变。无论是自然突发的还是人为造成的,其危险因素都影响会展活动的正常进行。而会展活动的目标达成将直接受到影响,因此,加强对会展风险的管理,已经成为会展业急需解决的重要问题。

一、会展风险管理的概念

(一)风险的定义

风险时时存在,无论活动类型是大还是小,组织都面临着各种各样的风险,若不将风险进行防范和管控,将影响活动的效果、威胁人身的安全和财产的损失,甚至会造成无法弥补的恶劣后果,最终影响目标的达成。在信息流发达的时代,组织者的名誉、声誉、信誉,以及社会、文化、经济都受到不同程度的影响。在当代社会,风险管理一直被十分重视。风险管理一词起源于美国,从20世纪30年代开始萌芽,而真正成为一门学科是在20世纪50年代,随后,欧美国家开始进行研究,并成立相应的组织协会。

风险一词的含义是指对损失的不确定性。根据国际标准化组织(ISO 31000),对于风险的解释是,活动受到来自各个方面的影响,无论是源于自身还是外界,这种影响将导致会展活动目标的实现,其中造成的损失是无法确定的。该解释是根据2007年,我国代表在

ISO 提出"风险"的定义而作出的解释：不确定性对目标的影响。

风险的定义可以从多方面来理解。

第一，不确定性是风险的核心特征。

第二，客观性。这就意味着，风险无法完全避免，而非人的主观想法能独立决定。

第三，目标影响。风险管理之所以被高度重视，是因为目标是否能够达成，受到风险的影响和威胁。也就是说，风险的发生从不同程度来影响目标的达成率。而活动目标受到影响，作为事件本身，就直接决定了它的成败与否。

对于风险管理定义可以解释为通过对风险事件的事先辨别、分析，对活动中可能遭遇的风险进行主动控制，做到防患于未然，避免和减少损失。风险管理对降低意外事故发生率、降低活动费用以及保证活动顺利进行都有十分重要的意义。

同步思考 会展活动可能面临哪些风险？对会展活动会有怎样的影响？

（二）会展风险的定义及特征

会展风险是指会展活动中的不确定因素，如自然灾害、人为破坏、工作疏忽等，影响预期效果达成的可能性以及由此而造成的后果。对于目标而言，会展风险使得前期制定的目标与最终实现的效果之间产生不一致和差异的概率大大增加。而衡量一个会展活动成功与否的重要标准之一就是目标的达成。

对于会展风险的理解，应注意几个方面的内容：首先，会展风险具有不确定性。其次，风险对目标达成造成一定程度的影响。

会展风险具有一定的特征，具体如下。

1. 普遍客观性

在目标的实现过程中，内容和人员的复杂性决定各种各样风险发生的可能，不以人的主观意志而转移。无论是哪种类型或多大规模的组织，都面临着这个挑战。由于这个特性，如何进行会展风险的管理和控制变得更加迫切。完全消除风险是不可能的，如何进行规避和应对才是会展风险管理的关键。

2. 经济损失性

会展风险的发生往往伴随着经济方面的损失，如盗窃、人员的伤亡、设施设备的损害、大规模伤害等，因风险造成的直接或间接经济影响，都对会展组织的财务收支产生不同程度的亏损现象。

3. 可变性

会展风险不是一成不变的，从前期预测和评估到后期的现场管理，会展风险会随着时间的变化而变化，有可能会在某种特定的情况下被削弱而忽略不计。同样的，如果管理不到位，在原本的基础之上，同一风险会变得更加复杂，甚至变化成为更加恶劣的新风险。那么，也就是说会有新的风险随时产生。因此，对待会展风险管理，应进行及时跟踪监控，否则将很难完成既定的目标。

4. 预测性

虽然会展风险的发生是偶然和突发的,但是在发生之前,可以提前预测发生的概率。

根据以往的经验和科学的测量方法和技术,风险管理团队可以根据一般规律,来预测可能发生的会展风险,以及不同类型风险的破坏程度,从而进行分类,进行级别划分,有利于采取不同的策略进行管理。

5. 突发性

尽管会展风险的发生提前可以预知和监控,但是一旦发生,便是杂乱无章、突然发生的,而没有递进的过程。正因如此,会展风险管理要求提前做好应对策略和方案,防止措手不及。

6. 必然性

会展业的特性包括人员的复杂性、活动的单次性、内容和形式的不可复制性、唯一性。虽然会展风险发生有时是偶然的,无规律可循,但是依然还是存在一定的规律性,因此,会展风险的发生还是存在一定的必然性。

(三)会展风险管理的定义及特征

1. 会展风险管理的定义

会展风险管理是指会展活动中的组织者和管理者,对于不确定性因素进行合理的管理,提早进行防范,并制定相应的对应策略,将风险降到最低,加强管理和控制能力,削弱风险造成的影响,助力于会展活动目标的实现。

其实质在于识别风险、筛选风险、控制重点风险、最终降低风险。对于风险的处理应急预案十分必要。在开始前预测,准备预案,考虑问题周全,避免掉以轻心。突发事件到来时,临危不乱,有条不紊,灵活面对,力求损失降低到最小。

2. 会展风险管理的特性

会展风险管理具有以下几个特性。

1)预测性

正如同会展风险的特性一样,对于会展风险的管理,应依据一定的科学测量方法和技术。风险管理团队根据风险的一般规律,来提前预测可能发生的会展风险,以及不同类型风险的影响程度,从而进行分级分析,根据划分的不同层次,采取相应策略进行管理。会展风险管理的可测性对后期的过程管理起到很大的作用。

2)动态性

会展风险的一个特性是可变性,由此可见,会展风险管理也是动态的过程。正如前面所讲,风险不是一成不变的,而是一直处于动态的变化过程中。因此,在管理的过程中,应随时关注最新的动态和变化趋势。当客观条件发生变化时,相应的风险预测、风险评估和风险方案随之产生变化。

3)复杂性

会展业的复杂性决定了会展风险管理的复杂性,随着客观环境的变化,会展风险也随之发生变化,因此,会展风险管理要面对随时可能发生变化的这种特殊性。另外,会展风险的防范和管理涉及多部门,需要多方协调配合。这也决定了管理过程中的复杂程度。

4)系统性

对于风险的预测、评估、把控和应对,都需要组织及时进行管理,是一个系统的管理过程。

5)计划性

风险的管理过程需要提前进行预测和评估,这是一个需要周密计划的过程,而非偶然性事件。因此,应有一个风险管理团队进行有步骤、有目标、有计划和具体实施方案的过程。

6)层次性

会展风险在前期预测和评估时,要对所有可能发生的风险进行统计,然后根据风险发生的可能性和风险级别,进行层次划分,再根据不同级别,采取相应的策略。

7)周密性

风险发生是偶然性的,其发生很大程度是由于准备不充分、工作疏忽造成,因此,在管理的过程中,应进行更加周密的计划。

8)挑战性

虽然风险管理给组织者造成极大压力,但是同时也是证明组织者会展能力的机会。

9)多方协调

以2018年曲江大唐不夜城"西安年·最中国"为例,现场的风险管控牵涉非常多的部门,如雁塔区公安系统部门、交通警察、供应商安保系统、志愿者、医疗机构等,现场这几方需要紧密合作,按照层次划分,按照职责和负责的区域进行划分,才能保证效率高。而不至于有些区域保护过多,部分地区却没有保护和现场监控。

10)政府支持

以2018年曲江大唐不夜城"西安年·最中国"为例,对于公安系统、交警系统、保安,必须有政府进行宏观调控,才能实现多部门开展高效的配合。而各系统是没有权利私自开展工作的。以交通管制最为明显,每天交通管制的执行都离不开政府的调控。

二、会展风险管理的作用

市场环境瞬息万变,各种突发事件正成为会展危机爆发的导火索。近十年来,国外的知名案例如英国的"疯牛病"、荷兰的"禽流感",国内的如金融危机、大洪水等。当危机来临时,如何从容应对,考验着每个会展企业;然而,在灾难面前,人们往往做不到从容应对。因此,为了有效减少危机给会展经济带来的破坏,会展企业需要时刻提防危机、提前建立危机管理的制度和体系。

可以看到,这种风险及其后果可能对组织及成员、产品、服务、资产和声誉造成巨大的损害。实际上,展会和时间的关联性,一点也不亚于农民对天时的依赖。因为会展的技术含量和复杂程度,与整个社会的经济运行有着千丝万缕的联系。所以会展业对风险管理的要求远超其他行业。风险给予我们教训的同时,也给予我们机会,只有吸取一次次经验,建立有效的管理机制,才能保证会展行业的发展更加安全健康。首先,会展危机是利弊并存的,在使会展遭遇重创的同时也暴露出会展企业的诸多弊端,使企业能够对症下药,不断加强自身凝聚力,提高公关能力,为进一步发展清除障碍。其次,主办方会成为公众关注的焦点。如果处理得当,则可以比常态下更为有效地提高企业的知名度和美誉度,成为企业发展的新亮点。最后,对会展进行危机管理不但能最大限度地减少办展机构的损失;同时,也是对客户高度负责的具体体现。

总的来说,风险管理不到位,将影响活动的举办效果,不仅目标很难达成,还会牵扯多方的利益。大体来说,会展风险给组织者带来的负面影响包括:一是经济方面影响。其中,首先是直接经济影响。主要是指赔付问题,如场馆结构的损害、人员受到伤害等,都直接造成经济损失,而数额通常都比较巨大。其次是间接经济影响。除直接经济损失外,会展风险造成的事故还间接影响着组织者。主办方由于风险管理不到位将损坏其名誉,另外,举办地的影响力和形象也会受到动摇。这些影响虽然是间接构成的,但是其损害程度不亚于直接经济影响,不利于可持续性发展。二是社会舆论方面影响。在当代社会,新闻媒体的便捷使用加快了信息传播,主办单位压力巨大,一旦管理失控,将造成巨大的社会舆论压力。

三、会展风险的分类

(一)按照产生原因进行划分

1. 自然灾害类

该类风险很难预测,破坏程度大,如地震、龙卷风、海啸等自然原因引起的突发性事件。该类风险一旦产生,将造成严重的后果,多方利益受到损失。自然灾害产生的意外包括地震、海啸较难克服,对于此类不可抗力因素,组织方应采取以预防为主方式,时刻提高警惕,并做好充足的准备,建立应急系统。如多设置场馆临时逃生出口、消防装备齐全、多备用应急人手等。一旦事件发生,会展有关各方就可以迅速联合起来,确定危机处理小组,统一对外公布消息,并协调好负责现场处理等。

2. 技术性类

设施设备损坏造成的现场活动无法正常进行。如投影、话筒等技术类风险。比如停电是会展活动常发生的事故,很多会议和展览,由于技术无法保障,停电将影响会议的正常召开。

3. 人为原因导致

突发身体健康、抢劫、踩踏等突发性安全问题。对于人为的危机,更重要的是预测,尽早地识别出潜在的风险,发现苗头后要立即采取措施,最好是在展览开展前就能将其扼杀在萌芽状态。比如在恐怖分子活动期间加强安全检查、提高工作人员素质、保证展览设施的安全等。在危机出现时要准确地划分好威胁等级,制订相应的计划并且执行。

案例:巴黎一次珠宝展中,展品遭到了盗窃。案件发生在展会即将撤展时,两名游客自称参加展览,而这时安保人员和其他工作人员急于撤展,没有让两名游客出示证件和参展证,即随便登记了下名字,就进入展览场地。因观众已进入展览场地,展商便掉以轻心,在撤展的慌乱中,被这两名观众趁机偷盗了珠宝。而当这两名观众离开之后,参展商才发现珠宝被盗窃。

4. 其他类

如食物中毒、火灾、爆炸等。

案例1：2008年4月13日，在济南的一次汽车展中，发生了火灾，造成了人员的伤亡。不仅如此，展览厅中的汽车展品和车辆受到了严重的损害。

案例2：2007年东方丝绸服装服饰展览会闭幕的时候，突发的水灾造成参展商的巨大损失，200多家丝绸被水冲走了。据统计，损失都高达万元以上。

（二）按照风险类别进行划分

1. 物质类

物资在会议、展览、节事活动等会展活动传输的过程中，由于不同原因而造成直接损失。

案例：杭州某酒店用品展览会上，展厅突发火灾，展厅面积3000平方米，火灾造成了严重的影响，参展商品全部被毁，损失价值近800万元。

2. 财产安全类

因不同原因，而造成会展活动不能如期进行，给主办单位等人员造成损失。

案例1：2008年8月24日，甘肃省敦煌市博物馆在向参展观众开放期间，4面铜镜被盗，其中1面魏晋时期的铜镜为国家一级文物。

案例2：2004年香港国际珠宝展上，尽管组织方除了加强保安工作之外，警方还调派大批军装和便装警务人员驻守展场，但开幕后仅半小时就发生2宗钻石失窃案件，总共损失22000美元。

案例3：2004年5月7日，浙江上虞博物馆由于忘记开启红外线报警器、摄像头等技防设施，导致梁祝文化陈列室内5间文物被盗，事后分管安全的副馆长被免职，值班合同工被辞退。

3. 人身安全类

会展活动举办期间，主办单位人员、参展商、参会人员等受到伤害。"人"的安全是会展活动的核心，会展活动巨大的人流使会展面临更多安全问题。安全问题主要分为个人安全和人群安全两类。个人安全主要指参加会展活动时发生在个别人身上的事故，其中包括大型会展活动所邀请的重要嘉宾，如党政领导、外宾、著名专家等；人群安全则指由于会展活动带来的众多参展人群在各方面的安全问题。

案例1：2004年2月5日，北京密云区元宵节灯会，因拥挤造成踩踏事件，其中伤亡人数众多，37人死亡，37人受伤。通报指出，此次特大事故由于领导和管理责任不落实，造成人员拥挤而致。据统计，2001年至2013年期间，会展活动造成的事故中，多达144起是关于人员的，63起是关于建筑的，12起是食品安全问题，39起是人群聚集问题，其他事故30起。

案例2：2007年6月6日，四川乐山市农业展览馆发生屋顶垮塌事故，造成22人受伤，8名相关责任人受到党纪、政纪处分，馆长受到撤职处分。

4. 展览物安全与组织者安全类

这类安全问题主要是指会展中被展物以及与被展物的安全保护和维护相关的责任人自身的安全。因此，会展安全不仅包括参展观众、参展商、展览及其设施的安全，还包括会展中展览物及其责任人的安全。首先，会展中的展品一般都是能够代表参展商最高科技水准、最好质量或者最具收藏价值的产品或者器物。一旦被损坏或者盗窃，对展品负有直接或间接保安责任的场馆人员就要承担相应责任。组织者安全问题主要有以下几类。

一是展商临战退阵（开幕之前退展）。在招商完毕后，表面上本次展会展位已爆满，但临近开幕时，却有展商迟迟不到，整个展厅零星空缺，现场观感不协调。如，2001年在新疆某大型会议上，当政府领导在开幕之日视察展会时，发现主展厅居然空着大量位置，询问才知道预订该展位的公司由于运输展品的车辆在路上抛锚，不能按时布展，导致展位空置。由于此事，该展览公司再也未能取得该展会的组织权。

二是展商拖欠展费。这种情况主要发生在中小型展会上，有些参展商怀疑展会效果或存心赖账，到布展之时也没交展位费，举办单位为保住展会的规模，只能先顺着对方的意愿。没曾想大会开幕后，参展商竟以种种借口推托待展会结束后再交展费，最后成了一笔死账。

三是展商现场闹事（承诺不见兑现）。曾在北京召开的教育展示会，组委会在招商过程中许诺：展示会将邀请1000多名中小学校长并向北京及周边地区发放5万张门票，而参展商在展览期间仅见到不足100名参观者，展会现场冷冷清清，于是，参展商们不停地打电话给组委会要求讨回损失，组委会不允，导致现场一片混乱。

四是组织者人间蒸发，卷款潜逃。在广东，某电子展的举办单位在临近布展时卷款而逃，人去楼空。参展商花费了巨额参展费、运输费、交通费等，最后却无法参展。这方面案例相对比较多，比较典型的有：

案例1：2004年香港国际珠宝展上，尽管组织方除了加强保安工作之外，警方还调派大批军装和便装警务人员驻守展场，但开幕后仅半小时就发生2宗钻石失窃案件，总共损失22000美元。

案例2：2004年5月7日，浙江上虞博物馆由于忘记开启红外线报警器、摄像头等技防设施，导致梁祝文化陈列室内5间文物被盗，事后分管安全的副馆长被免职，值班合同工被辞退。

 同步讨论 是否所有的风险都是可预测可管理的？

5. 技术信息类

信息被盗取，作品被抄袭，技术受到干扰等。信息安全和名声安全问题受到损害。比较突出的信息安全问题包括参展商的商业机密安全、出席会展的高级领导和外宾的隐私安全，也包括一般商户的隐私安全等问题。近些年来，出现的"骗展""混展"破坏了主办方的形象和声誉。

案例1：《信息时报》披露，2007年以来，广州市有关展销会虚假招展、欺骗客商的举报呈上升趋势。仅2008年5月，该中心就陆续接待了几批参展商集体举报，涉及的客商近50

家,比去年同期上升了近 30%,广州会展界因此得到了"会展骗子"称号。上海会展界也面临类似尴尬。

案例 2:2004 年某交通工具展览会上,深感受骗的参展商们在向主办方声讨退款的过程中,横遭暴打,展商李某被打伤头部和胸部。打人过后,主办方承诺第二天退还 40% 的参展费。可到第二天,以为能拿到赔付款的展商们,却遭到了 20 多名不明来历人员的围攻,并恐吓参展商李某:"我对你们公司的地址很熟。"

展览项目知识产权被窃也是信息安全的重要类型。2002 年在深圳某礼品工艺品博览会上,一参展企业在展示自己产品的过程中,不慎走漏了准备新开发的二代产品的相关技术,待展会结束后准备回公司开发时,居然发现已有同行提前一天将该产品开发上市。另外,在某服装展会的开幕当天上午,一参展企业接待了一位"热情顾客","顾客"又是咨询,又是拍照,说是准备大量采购其具有市场潜力的新款服装。第二天下午,该展商陡然发现在同一展会上居然新冒出了与自己产品款式完全一样的服装,双方因此闹上法庭,才知道开幕那天的"顾客"在窃取真经后连夜赶制出了冒牌货。

展览公司责任转嫁展馆也直接影响了会展名声安全。2002 年 6 月,广东某展览公司曾到重庆举办美容展,未经展馆方同意便将该展馆作为该展会的协办单位。展会召开时,由于展会实际状况与该展览公司当初所承诺的大有出入(规模太小、项目太杂、效果太差),致使参展企业的不满情绪现场爆发,该展览公司见势不妙便逃跑,参展商抓不到举办单位,索性找到展馆要说法,大大影响了场馆方的利益和形象。

6. 其他类型安全问题

除以上 5 种类型外,会展业还存在其他类型的安全问题,如火灾、爆炸、抢劫等突发性安全问题,参展观众、参展商等意外的食物中毒或者突发的身体健康问题。建筑物意外倒塌引起的安全问题也是会展旅游安全管理不可忽视的。

案例:2008 年 4 月 13 日,济南匡山汽车大世界内的汽车展厅发生火灾,导致展厅和部分待售车辆受损,所幸没有造成人员伤亡。

(三)按照范围进行划分

按照风险的影响范围进行划分,可分为小型风险、中型风险和大型风险。

(四)按照风险影响程度划分

按照风险的影响程度进行划分,可分为重大风险、特大风险和一般风险。

第二节 会展风险的管理策略

一、会展风险管理的程序

会展风险管理的基本程序大体一致,只不过不同的会展活动,不同的组织,侧重点不同而已。其核心基本内容都很相似。哈里鲍姆(Boehm BW)是最早编著风险管理书籍的专家,他认为,风险管理无非包含两个阶段:第一个是评定阶段,即识别、分析和确定风险的优先等级;第二个是控制阶段,也就是计划、应对、监视、跟踪和纠错。

ISO 31000 则把会展风险管理分成几个等级,依次是规划、识别、分析、估计、应对。

结合以上对会展风险管理程序的界定,本书将会展风险管理的程序大致分成以下几个阶段:风险识别、风险评估、风险计划、风险跟踪和风险控制。

(一)会展风险识别

会展风险识别指对潜在风险进行识别。目的在于分辨出风险带来的影响。会展危机管理要求在事前做好充足的准备,建立专门管理机构对可能存在的潜在危机进行识别。从业人员需要投入大量的时间和精力,在会展筹备之初对活动可能存在负面影响的各种因素及他们的特殊性进行综合考虑。会展风险识别的方法有以下几种。

1. 经验法

邀请专家、客户、主办单位等人员,根据之前的经验,列出存在的风险。该方法的优势在于,能够借鉴经验,可以很大程度上规避因经验不足而造成的风险。但是同时,也存在缺点。经验虽然是宝贵的一种资源,但是,随着时间、空间和条件的变化,经验存在一定的滞后性,不能完全满足当下的情况需求。

2. 专家访谈法

请教专家或经验比较丰富、擅长于同类型的活动的业内人士,得知会展中的不确定性因素,得知哪些风险存在可能性。该方法和经验法具有同样的特点,即专家是具有主观性的,在经验方面十分丰富,但是不够客观。

3. 查阅资料法

根据以往资料和数据的记载,查阅出相似会展类型的风险可能性,再结合举办地的特殊性,识别出可能发生的会展风险。该方法的优势在于,有据可查且客观,可信度非常高。缺点在于,资料的年限受到限制,另外,资料的保存完整度有待于考察。

4. 调查问卷法

设计专业的调查问卷,根据经验和数据,来推测出风险。缺点在于调查问卷的信息提取和后期的分析容易产生偏差。

5. 表格排查法

通过以往经验,或根据其他方式列出风险清单,然后进行排查,最终确定可能存在的风险。

6. 头脑风暴法

该方法是指召集相关风险团队成员,进行头脑风暴,组织探讨出可能存在的风险。

(二)会展风险评估

会展风险评估是指对可能发生的危险进行评价,并判定其发生的级别和概率,并将一次事件的所有风险按照所造成的影响进行排序,从而判定影响力巨大的风险项目,并按照不同级别风险,进行应对。而对于风险,要采取不同的处理方式,主要包括四种,一是消除,二是转嫁,三是弱化,四是接受。

风险评估是会展活动安全管理的内在要求;同时,也是对会展安全管理模式的有益措施。

1. 会展风险评估的意义

1) 风险评估是规避风险、控制风险的前提

风险是客观存在的,大型展会不仅风险大,而且出现概率高,其可能危及社会治安,因此应提高预防和化解突发危机的能力,为会展活动的举办创造安全环境。

2) 风险评估是会展安全管理的重要途径

会展活动本身具有很强的社会性,涉及承办者、场所管理者、活动参与者等众多利益主体;风险评估能将各利益主体纳入评估体系中,共同防范展会活动所面临的各种危机,形成"利益共享、风险分担"的合理机制,改变原先组办方单打独斗的不利局面。

3) 风险评估是转变组办方"重经济效益、轻安全管理"倾向的有效手段

会展活动本身商业气息浓厚,主办单位通常会将经济效益放在第一位,为营造活动现场气氛、吸引观众,只注重在活动前期宣传和现场布置上推陈出新;而较少考虑安全因素,对活动中存在的安全隐患不能积极整改,甚至连基本的安全管理工作都不能到位。风险评估可以有效地约束组办方的行为,改变此种观念。

4) 风险评估是公安机关指导会展安保工作的依据

根据我国《会展安全管理条例》,举办面向公众的且预计参加人数达1000人以上的大型活动,公安机关应进行许可审核。虽然审核有一定的要求和程序,但缺少风险评估的会展活动安全问题不能保证。建立风险评估机制,是大型会展活动安全与监管科学化的实质,风险评估使安保资源专业化、配置合理。目前,我国会展活动缺少专业的、经过培训和实战历练的安保人员;会展活动现场安保力量的配置没有客观的标准,简单的人海战术和遇到突发事件时安保资源不足的现象并不少见。因此,应制定预案,为保证会展的顺利进行安排安保资源,提升抗风险能力。

2. 风险评估的内容

由于会展活动形式和种类很多,涉及危机的程度各不相同,主办单位掌控危机风险的能力也参差不齐;因此,风险评估的内容也会有所区别。一般来说,包括以下几个方面。

1) 资质评估

资质评估包括主办者、承办者、场馆经营者的办展资质以及办展经验、资源实力等。

2) 性质评估

性质评估包括会展活动的内容、规模、时间、地点、参与人员及组织形式等。

3) 场馆评估

场馆评估包括会展活动预计参与人数与场所的容纳能力,场馆设施的安全性、安全通道、安全出口、消防通道、消防设施,场所周边环境等。

4) 设备评估

设备评估包括会展活动所需电力设施与电力供给、交通、通信、应急电源、广播等。

5) 安保评估

安保评估包括安保资源的数量,安保人员的专业水平、应变能力等。

6) 组织管理评估

组织管理评估包括活动方案、应急预案、部门设置和工作人员的分配等。

7) 自然环境评估

自然环境评估包括气候、温度、极端天气、敏感日期等。

8) 其他风险评估

例如活动现场周边的治安、交通秩序等。

3. 会展风险评估的步骤

会展风险评估的步骤主要包括几个方面：识别会展潜在威胁、评估威胁危害及负面影响、预测发生威胁的可能性、确定承受风险能力、确定风险应对和控制的优先等级。

4. 会展评估的方法

会展风险评估方法有很多，总的来说可以分为以下 4 类。

同步思考 会展风险的定性分析与定量分析方法的适用范围有哪些不同？

1) 定性分析评估法

定性分析是被广泛采用的方法。通过列出各种威胁的清单，并对威胁的严重程度及对治安秩序的敏感程度进行分级。计算简单，评估成本低，包括头脑风暴法、德尔菲法、基线比较法、名义群体法等。定性分析技术包括判断、直觉和经验。该方法的不足之处是可能由于直觉、经验的偏差而造成分析结果过于主观、准确度不高。

2) 定量分析评估法

定量分析是试图从数字上对风险进行分析评估的方法，包括因子分析法、回归分析法等。理论上讲，通过定量分析可以对会展危机风险进行准确的分级，使分析结果易于理解和比较，直观可信。但实际上，由于会展危机风险的复杂性和不确定因素众多，很多信息都是不精确、不完整和不明确的，并且我国尚未建立会展活动风险数据库，因此导致定量分析目前还停留在理论阶段，实用性不强，准确性不高。

3) 定性与定量结合评估法

定性和定量结合的风险评估是建立在定性方法上的定量评估方法，更为客观准确，常用的有故障树分析方法、AHP 层次分析法、模糊风险评估法等。

4) 风险评价指数矩阵法

风险评价指数矩阵法是一种简单灵活的分析工具，可以进行定性和定量分析，可以按风险的可能性和严重性分类，以便按轻重缓急采取安全措施；与其他方法相比较，具有广泛的用途。

（三）风险计划

风险计划的定义是指指导进行管理的行动指南，其明确规定了具体实施步骤和行动方案。在风险识别和评估的基础上进行计划，要求会展风险管理团队根据会展的具体情况，结合内部和外部的因素，进行统筹安排，制订一整套系统的执行计划与预案措施，用来指导相关部门进行配合。这不仅仅是一份指导方针,更是影响会展活动目标的关键。

Lynn 对于大型活动的预案和计划的解释如下。

(1) 清除计划(Elimination Plan):将各种道路上的障碍物予以清除。

(2) 代计划(Substitution Plan):临时将室外活动安排在哪个室内举行。

(3) 隔离计划(Isolation Plan):例如绝对不能让观众接触到危险品和易燃易爆物品。

(4) 突发事件控制计划(Emergency Control Plan):例如一旦出现拥挤应打开更多的通道和出口。

(5) 管理控制计划(Administration Control Plan):如何设立各种警示标志,如何培训员工。

(6) 应急计划(Contingency Plan):对于可能发生的风险所采取的控制计划。

1. 风险控制策略

风险控制策略的基本原则是:在风险发生之前,控制风险要素,避免或减少风险的发生;在风险发生过程中,及时而有效地阻止或抑制事态的发展,以减轻损害程度;在风险发生后,迅速地对风险损失进行充分而有效的经济补偿,以便在最短的时间里排除直接损失以及对大型活动的影响,最大限度地减少间接损失。一般来说,风险处置的可选方案包括风险回避、风险转移和风险减轻。

1) 风险回避

风险回避是通过变更活动计划消除风险或消除风险产生的条件,从而保护活动目标免受风险的影响,是一种最彻底的风险处置技术。它在风险事件发生之前将风险因素规避,从而完全消除了这些风险可能造成的各种损失。例如,对于不成熟的技术坚决不在大型活动中采用就是一种项目风险回避的措施。

 会展活动中的风险防范与管理对策研究

2) 风险转移

风险转移是设法将风险的结果和对风险应对的权利转移给第三方,如外包、上保险等。外包是把工作转让给别人进行,从而把有关的风险转嫁到别人身上。而上保险则是由保险公司来承担风险的后果。此类风险应对措施多数是用来应对那些概率小,但是损失大(超出了承受能力)或者组织很难控制的风险。例如,在大型活动的举办过程中,将与场地布置相关的工作外包给承包商。

3) 风险减轻

风险减轻即化解风险,设法将某一负面风险事件的概率及其后果降低到可以承受的状态。此类风险应对措施是应对无预警信息项目风险的主要措施,例如,在阴雨天无法进行室外活动时,尽可能安排室内活动就是一种项目风险减轻的措施。

2. 风险控制措施

风险控制是指在整个项目过程中,根据项目风险管理计划和项目风险的阶段性、渐进

性和可控性进行的一种项目风险管理工作。

赵春雷在其《项目管理》中提到,在风险控制上,一般可采取以下措施:根据风险因素的特性,采取一定措施使其发生的概率降至接近于零,从而预防风险因素的产生;减少已经存在的风险因素;防止已存在的风险因素释放能量;改善风险因素的空间分布,从而限制其释放能量的速度;在时间和空间上把风险因素与可能遭受损害的人、财、物隔离;改变风险因素的基本性质;加强风险部门的防护能力;做好救护受损人、受损物的准备。

3. 风险管理规划首先要制定目标

除了明确风险管理目标之外,主要包括如下内容。

(1) 确定人员职责。

风险管理规划中要明确风险所涉及的部门及人员的职责,例如要明确承办商、参展商及其他参与者的角色定位、任务分工及其各自的责任、能力要求。

(2) 确定风险管理部门的内部组织结构。

(3) 各部门之间的合作安排。

风险管理部门一般要与其他相关部门合作,主要包括会计部门、数据处理部门、法律事务部门、人事部门、生产部门等。

(4) 时间周期及类型的说明。

界定会展生命周期中风险管理过程的各个运行阶段及定义和说明对于防止决策滞后和保证过程连续是很重要的。

(5) 跟踪控制。

规定如何以文档的方式记录会展项目实施过程中风险及风险管理的过程,风险管理文档可有效用于对当前项目的管理、监控、经验教训的总结及日后项目的指导等。

(四) 风险跟踪

根据整个过程跟踪风险发生的概率变化,随时调整策略。随着时间的迁移、外界环境的变化,风险也会产生变化,因此,对于会展风险的监督、监测、管理就显得尤为重要。

会展风险跟踪有几个作用,一是及时跟进风险的变化情况,二是第一时间将最新变化传递给风险管理团队,三是有效地管理会展风险的过程,四是更加有效地控制结果。

(五) 风险控制

风险控制是指在整个项目过程中,根据风险管理计划和项目实际发生的风险与变化所开展的各种控制活动。风险控制是建立在风险的阶段性、渐进性和可控性基础之上的一种风险管理工作。

一般风险控制的内容主要包括进一步开展风险的识别与度量、监控风险的发展、辨识风险发生的征兆、采取各种风险防范措施、应对和处理已发生的风险事件、消除或缩小风险事件的后果、管理和使用不可预见费、实施风险管理计划等。以下以大型活动的风险控制内容为例。

1. 组织和管理方面

这种风险是指在大型活动的组织过程中,由于制度不完善、管理层变换、管理策略失误等造成损失的可能性。一般来说,管理风险可以分为:活动过程中经营失误的风险和经营策略的风险。经营失误的风险是在活动过程中可能出现的实物或人为的错误、实现业务的流程等产生差错而导致的损失。经营策略的风险主要是指组织方人力、技术等方面以及依赖于外部而带来的损失等,从而导致活动的失败或者损失。

此类风险,一般与外界的关系较少,自身原因较多,一旦发生风险则危害性较大。但只要大型活动项目的组织者对其进行积极的预防和控制,那么该类风险发生的可能性则较小。为了避免因管理而造成的问题,主办方有必要介入管理或引入专业经理人协同组织方就活动组织与策划进行周密的计划;在组织过程中应该职责明确;并在活动过程中对其过程进行适时监控,从而保证在大型活动进行过程中不至于出现人为的操作风险。要注意的方面包括以下几点。

(1) 雇员安排:例如人数不足,培训不够,部署不当。
(2) 项目规划:例如时间紧、节奏快,导致决策仓促。
(3) 结构安排:指挥和控制链不清,领导不被认可。
(4) 活动时间和时段:例如安排不合理,晚上关闭太晚。

2. 财政风险

大型活动的特点之一就是高投资性,因此在大型活动项目的举办过程中很可能会出现财政危机、资金短缺的现象。其财政风险及管理主要体现在以下几个方面。

1) 融资渠道

在项目实施过程中有可能会出现项目资金的供应中断,因此要保证项目融资途径的多样化,为项目活动提供充足的资金来源。同时,在项目计划的过程中,还要正确评估项目可能耗费的资金量,防止资金过少或过多。

2) 汇率和利率波动

当今任何一项经济活动都处于一定的市场环境中,因此要密切注意融资市场的变化。这方面可采取的措施包括提前或延期支付、选择正确的计价货币、利用远期利率协议、利率互换等。

3) 资金运作

在项目活动之初要详细制订财务收支计划表,分析每一项可能的开支及具体的数目,不遗漏、不多加项,使每一项开支都合理有据。这就需要详细的社会调查以及对以往类似项目的分析,尽量使项目资金良好运作,防止出现资金短缺的现象。同时,项目资金的运作还要受到项目投资人的监管,监管被投资方是否按照项目投资人所说的方式进行项目活动,确保资金运用的合理有效。

4) 意料之外的开支

大型活动项目的复杂性决定了在活动过程中可能会出现很多我们意想不到的情况,产生许多意外的开支,为了应付这些意料之外的开支,我们必须在活动之初预留活动的意外支出资金,以备不时之需。

3. 信用风险

信用风险是指在大型活动进行过程中,因交易或合作双方不能或者不愿履行合同的约定而给对方带来的损失。如在大型活动举办前已达成协议的客户或供货商、赞助商、电视转播机构因破产或其他种种原因不履行合同而致使协议被取消,这样不但提高了活动的时间成本而且还提高了活动的经济成本,最终给大型活动的顺利进行带来一定的风险。

4. 活动规划和设计方面

这方面也主要与内部管理有关。

(1) 过于密集的活动布局,过度挤占交通通道,没有必要的围墙等。

(2) 到达和离开时间过于集中,导致交通密度太大。

(3) 结构和设施方面,是否存在临时的或者不安全的建筑,有没有滑倒或绊倒的危险。

(4) 照明方面,不足的照明会进一步增大群体的风险,会让人们失去方向感和群体控制,电力使用的电线和电缆也有绊人的危险,还有一些走道的照明也要十分注意。

(5) 环境方面,过热的温度是否会造成热疲劳和脱水,湿滑、泥泞的地面是否会给人们带来危险,是否会有污染品、危险品、废弃物、碎片等。

5. 沟通方面

(1) 活动内部:是否存在通信设备不足、缺少指挥协调、风险管理计划不充分等情况。

(2) 活动外部:是否欠缺充分的公共沟通能力,或者沟通规程;是否缺少社区支持;与媒体的关系是否糟糕。

(3) 宣传推广:营销人员是否传递了不现实的期望。

(4) 招牌设计和安置:是否充分,是否清晰和明显,例如"小心滑倒"。

6. 活动举办

这是最危险的时刻,一方面观众的加入带来了更多的不确定因素,另一方面一旦风险事件发生,可能对观众造成人身伤害。这方面要注意的问题包括以下几点。

(1) 观众到达:是否面临排队的压力,是否有足够的人手和设备进行安全检查,尤其对于武器、毒品等危险品的搜查。

(2) 危险的活动:是否安排了极度刺激的上下翻飞的活动项目,以及不寻常的或者是没试过的游戏、焰火和特效、激光,还有烟雾或浓雾机等。

(3) 娱乐项目:例如音乐会,特别是那些欢庆的或大众免费入场的,以及演艺明星出席的活动。

(4) 饮食安全:大多数大型活动项目都会涉及餐饮业,因此食物的安全卫生和饮酒安全等就成了风险管理的重要内容。项目管理人员应该严格控制食物、饮料等的来源,保证其供应渠道的合法、正规、可靠,保证不会发生中毒、不卫生等不好的事情。对饮酒的风险管理也是一个非常重要的内容,因为很多大型活动项目都涉及饮酒安全,如醉酒导致的会场秩序混乱,因此大型活动项目中应尽量避免使用酒精类饮料。

7. 观众方面

大型活动项目的一个重要特点就是参加人数众多,人员复杂,对活动中拥挤人群的顺畅管理就成为一个非常重要的内容。2004年密云区密虹公园举办的密云区第二届迎春灯展,因一观灯游人在公园桥上跌倒,引起身后游人的拥挤,造成37人死亡、15人受伤的特别重大恶性事故,为我们敲响了警钟。这方面要关注的问题包括以下几点。

(1) 观众和活动类型:例如活动是收费或免费,老年人多还是年轻人多,体育活动粉丝多还是娱乐活动粉丝多。

(2) 聚集规模：一旦观众过多，会形成群体性的拥挤、挤压、移动、推搡、冲撞，极容易发生人身伤亡事故。

(3) 聚集密度：有多大的聚集空间，进入和离去时的群体移动性是否顺畅，入口和出口的位置和数量如何。

(4) 行为模式：如果是过于异质性的群体，会拥有不同的行为模式和表现行为，例如对照明和音响的反应，是否会陷入大规模的疯狂。

(5) 未经同意的行为：例如聚集在收票口的无票人员是否会因无法入场而聚集闹事。

8. 技术和设备方面

很多大型活动具有一次性的特点，活动所使用的设备大部分是临时建设或者租借来的，质量问题很难保证，因此要对大型活动项目会场的设备进行严格的检查、监督，对临时建设的设备要委托信誉良好的施工单位进行建设，租用的设备要提前进行调试、安装，防止发生会场设备跌落、散架等可能引起的伤人事件。设备故障、电力故障、燃气泄漏或漏气，不仅可能对观众造成影响，也可能引发环境保护方面的问题。

9. 员工方面

根据娱乐服务和技术协会的研究，员工方面也会给活动带来风险，主要是由于工作时间和倒班没有规律，没有充足的时间去完成手边的工作，缺少足够的人员帮助来完成手边的工作，对安全要求和程序重视不够、操作不当等。

10. 公共安全

(1) 反社会行为：要防止包括生物袭击、炸弹威胁、人为纵火、蓄意破坏、蓄意投毒、化学泄漏、骚乱和暴乱、暴力袭击、绑架、性侵犯等。

(2) 权力机构：政策不到位，安全人员核查失效。

(3) 应急计划：设备不足，缺乏计划和实习演练，在人员疏散、医疗救助、消防、搜寻和救援、交通疏导、监控和控制方面准备不充分。

11. 宏观环境

宏观环境风险是指由于国际、国内的自然、社会、经济、政治等动荡因素对大型活动项目产生的风险。国际、国内的任何动荡环境因素，都会对这些大型活动的宣传、推广产生一定的负面影响，进而影响电视转播权销售以及赞助商的积极性。一般来说环境风险可以分为以下两类。

(1) 自然风险，主要是自然界自身造成的风险，比如恶劣的天气，地震、山洪暴发等。

(2) 社会、政治、文化风险，主要是国际、国内宏观背景下的社会经济、政治以及文化等因素的变动或差异所带来的影响，如经济危机，战争爆发，大范围的罢工行为，政治集团干预以及各国自身文化风俗、习惯的差异。这些风险具有破坏性强、不易控制等特征。

任何一次大型活动的举办都不会脱离特定社会政治、经济、文化的环境。国际、国内社会经济、政治、社会文化的宏观背景以及特殊的自然环境将对大型活动产生一定的影响。活动主办方要做的是：①分析当前的国际、国内宏观的政治、经济形势，即国际上，尤其是举办国或举办地总体上政治环境是否安定，经济是否持续增长；②分析大型活动举办地的自然环境，即该地区是否是雨水、山洪、地震等自然灾害多发地带，同时也应该考虑到该地区的自然环境对游客是否具有一定吸引力；③对举办地特定的社会文化风俗习惯进行深入的了解和研究,即分析大型活动的项目特性与当地的社会文化风俗习惯是否相吻合、是否具备该大型活动举办的土壤或环境。通过对当地的政治、经济、社会文化环境的深入分析,并在分析的基础上对大型活动的开展进行可行性研究。如果环境风险发生的可能性大,一旦发生便难以控制并且造成后果严重的话,那么我们就应该放弃该活动从而主动规避风险;如果环境风险发生的可能性较小,发生后也较好控制,我们就可以举办,但应督促或协助活动组织方对此类风险购买保险或采取外包的形式进行风险转移,从而减少活动举办过程中的风险,提高活动的经济效益和社会效益。

二、会展风险管理的方法

(一)安全标示和安全警示

现场运用安全警示语来提醒观众注意安全警告,并在危险区域设置围栏,禁止观众等人员走动。除了静止类的安全标示和警示,组织方还可以通过语音广播的方式进行安全提醒和警告。以2018年西安曲江大唐不夜城为例,运用静止安全标示牌和语音提示相结合的方式,很好地保护人员的安全。

(二)人员的管理

成立紧急事务部或者处理中心,要安全、工程等部门的人员共同参加,并在各个场地设立监察人员,以及专门的信息沟通员负责联络沟通。

风险管理团队十分重要。建立优秀的风险团队,由经验丰富的专家带领,专门负责会展活动中的前期预测、设计防范措施、现场管理风险、降低风险发生的概率、即时处理出现的风险问题等。会展风险团队的成员要求有较强的应变能力、组织协调能力、分析能力、逻辑思维能力、鉴别能力,人脉广泛,熟悉新闻媒体界,谨慎细心,认真负责,同时对风险处理要有丰富的经验。

(三)保险与合同

1. 保险

保险实际上分解了可能出现的风险。

保险范围包括运输和会展活动全过程;保期以短期为主,长期保险购买的多为会展场馆。常见险种有:火险、盗窃险、破损险、人身意外险、医疗保险、交通运输险、展会时间变更及取消险、第三方责任险。

会展保险的作用与意义如下。

1)会展保险的作用

第一,支持会展行业发展,分散会展组织者及参展商风险,督促其加强风险管理。对于会展行业而言,一是会展保险有利于分散会展组织者及参展商的风险,会展组织者及参展商不仅需要承担自身财产的经济损失风险,而且需要度大。通过会展保险,会展组织者及参展商可以转移自身风险,减轻经济损失,有利于支持和促进会展行业的稳定和快速发展。二是保险公司的监督管理作用有利于督促会展组织者及参展商提高风险管理意识,降低会展风险发生可能性。保险公司经营会展风险,是以会展方的安全管理等条件为前提的,并且会通过平时的防灾防损检查和其他相关条款来督促会展方,提高风险管理意识,从而在客观上减少并防范许多损失事故的发生,降低会展风险发生可能性,间接起到为会展行业保驾护航的作用。

第二,扩大商业保险公司业务范围,为保险业注入新的活力。对于商业保险公司而言,会展保险具有广阔的市场前景。目前,会展经济发展迅速,就我国来讲,会展行业以年均近20%的速度递增,每年包括工业类纺织业注入新的活力。这对保险公司和保险业的发展具有重要的意义。但是会展保险产品中的公众责任保险,由于具有明显的外部性,存在加重政府财政负担的问题。会展公众责任保险,客观上保障了作为第三方的参观公众的权益,有利于减少社会纠纷,减轻政府负担,稳定社会秩序。面对复杂的国际风云变幻和国内事件,除了学习借鉴西方国家的一些做法,中国以立法形式实施大型会展、赛事的意外伤害保险,既加强了人身意外伤害的保险保障,也进一步向世人展现中国对和谐、安全的保证和对人的生命健康权的切实保护。显然它具有相当的战略意义。

2) 会展保险的种类

会展保险是保险业众多业务领域的一个子项目,是商业保险公司针对会展行业和会展活动提供的诸多相关保险产品和服务的统一称谓。

会展保险的产生和发展,来源于会展活动和会展行业的产生和发展。会展业原本是工业生产的附属,产生于150年前的英、德、法等欧洲国家,随着全球化浪潮的推进,会展业开始独立形成产业并不断发展壮大。在会展活动进行过程中,由于面临着诸多财产损失、赔偿责任等风险,会展组织者及参展商开始寻求通过保险的方式进行解决,由此会展保险在会展业的发展过程中随之产生。

会展保险的目的在于转移会展组织者或参展商在会展活动过程中面临的展品财产损失、费用损失、经济赔偿责任等风险。经过多年的发展,会展保险在欧美等会展行业发展成熟的国家和地区逐步发展,其已经不单纯指商业保险,公司针对会展活动和会展行业所提供的保险产品,也包含了商业保险公司针对会展活动和会展行业所提供的一系列风险管理及理赔等服务安排。随着会展业的不断发展,新风险、新问题也将不断产生,将会相应出现更多与会展风险有关的保险产品和服务,会展保险的内涵也将得到进一步丰富。

保险不仅涉及展品和运输,还涉及展台人员、参展观众等。会展涉及的险种比一般人想象的多,包括展览会取消险、展览会推迟险、政治险、雇工责任险、运输险、战争险、火险、盗窃险、破损险、人身伤害险、公众责任险、人身事故险、个人财产丢失险、医疗保险等,名目繁多,比较冷僻的险种有展览会附属研讨会主要发言人未出场险。但是,参展商没有必要投保所有险种,根据规定和需要选择险种投保。基本险包括展品、运输、人身、第三者有关险种。展会组织者、运输公司、施工管理部门等规定了一些强制性的保险要求,这些规定应予以执行。此外,参展商可以根据自己的实际需要办理其他险种。对于参展商而言,主要投保险以及办理投保需要注意事项如下:展品和道具险保期要包括运输和展览会过程。投保险种有展品的盗窃险、道具的火险。

(1) 运输险。

运输险为安排展品在运输和展览过程中的保险。在展品发运并取得提单后,按清册价办理保险手续。一般办理一切险,并取得保险单,保险期从货物在国内仓库发运至运回国内仓库止,要求责任方写证明书。受损方填写受损报告书,连同索赔清单交承保司办理索赔手续,索赔期一般为一年内。

(2) 第三者责任险。

防止施工期间施工人员的事故、防止参观期间参观者的意外伤害,比如展架倒塌压伤参观者,应在展览施工和展出期间投保第三者责任险。展览会组织者通常会推荐可靠的保险公司。有些专业的展览保险公司可以提供一揽子展览保险。

(3) 会展人员险。

会展人员险包括医保险、人身事故险、个人财产丢失险等。比如,飞机目前还未能达到百分之百的安全,因此,有些参展商为其展台人员办理乘坐飞机的人身险。这是在飞机票价内的保险之外加办的保险,万一出现事故,事故受损方将获航空公司和保险公司两笔赔偿。如果参展商办有长年保险,可以不再专门为展览办理保险。只需要将展览保险纳入长年保险范围之内即可,保险公司可能不会增加保险金。如果是集体展出组织者投保,如果有长期业务关系,保险公司也可以提供优惠标准。

集体展出组织者一般不会承担保险费用,但是往往会统一办理保险。集体办理保险可以省去参展者精力,费用均摊标准也会低一些。

(4) 偶发事件险。

偶发事件险又称取消延迟保险。该险种承保由于保险合同条款列明的意外事件的发生,导致预定的演出或活动不能如期举办。延迟举办或彻底取消时,举办方在筹备过程中已发生的费用,由承保人根据合同条款的约定进行赔偿。意外事件主要包括:①被保障人在保险期限内因死亡、意外事故、疾病而完全无法参加预定的演出或活动;②预定的旅行安排由于环境原因无可挽回地改变,完全超出被保障人员的控制,导致被保障人员无法到达预定的演出地点;③举办演出或活动的场地在保险期限内受到损坏或毁坏,不可能或不适合演出或活动使用。责任免除事项主要包括活动主办方或参与方的欺诈行为、故意违约行为、战争、暴乱、海关扣押等。可以投保的费用包括演出场地租金、场地制作费用、宣传推广费用、设计印刷费用、批文费用、售票代理费用等,由投保人列明具体项目及投保金额,承保人将按照实际发生的情况在保险额内赔付。此险种是 2001 年中国人民保险公司为承保"三高"演唱会而特别设计的,并向中国保监会备案。2003 年 4 月,某公司承保滚石乐队北京演唱会,由于 SARS,该演唱会被迫取消。该公司以及很多展会延期或取消了,很多主办者大量的展前投入付之东流。如果主办者在展前购买了该种保险,损失就会大大降低。

(5) 公众责任险。

公众责任险又称普通责任险,它主要承保被保险人在公共场所进行生产经营或其他活动时,因发生意外事故而造成的他人人身伤亡和财产损失,依法应由被保险人承担的经济赔偿责任。公众责任险适用于工厂、办公楼、旅馆等。

3) 我国会展保险体系存在的问题

(1) 法制不健全,保障不完善。

民法和各种民事法规的完善是会展责任保险等险种存在和发展的基础。我国法律对风险事故的责任主体往往界定不清,公众维权渠道不畅,致使会展各方购买责任险等险种的意识不强。我国缺少会展风险保障体系。我国的会展保险急需就展览业的宏观管理制度与组织架构方面进行完善,改善我国对展览业的管理政策、缺乏统一领导的现状,在全国范围内建立起统一与权威的国家展览业管理机构,并形成影响力较大的展览行业协会。

(2) 展会风险多,保险险种少。

随着社会经济、文化的快速发展,如今的大中型展览会一般都是参展人数众多,展会上因频频出现偷窃现象,导致财产损失,已成为展会组织者及参展商头痛不已的事情。由于主办者、承办者、参展商还没有找到有效的防范手段来应对,导致不少参展商在展会期间常常不愿再继续展示产品,最后不得不提前撤展。因而最容易发生参展单位的财产安全、参观者的人身和财产安全等问题,从而影响到主办者或承办者的经营。展会上参观者的人身、财产安全缺少保障,也直接影响到展会的经营风险。我国会展保险险种较少。目前,能为会展业提供一流全面服务的保险公司及中介机构很少,开办的险种也仅有财产保险、展览会责任保险等,难得有针对会展业量身定做的个性化的险种。我国会展业总体归纳起来有如下的保险需求:庞大的会展场馆及配套设施建设中的保障需求、会展场馆及配套设施运营中的保障需求、参展物流的保险需求、巨大人流的保险需求、经贸与投资洽谈活动中的保险需求、环境安全带来的保险需求等。

2. 合同

签订合同与合作方确定风险责任。

组织者与参展商的合同是按照参展商服务手册实施的。服务手册应包括信息、价格、家具租赁和物品运输等。通常,服务承包商还要将一些服务,如鲜花、餐饮以及视听服务分包给专业承包商。参展商根据自身需要与展会服务承包商就所需服务直接签署合同。

(四) 制作风险列表

在风险识别阶段风险列表的基础上,这个列表要明确以下内容。

第一,风险事件名称。

第二,风险事件主要会给谁带来什么风险。

第三,最糟糕的情况是什么。

第四,发生的可能性。

第五,针对这个风险事件的现有预警措施,以及是否充分。

第六,进一步要采取的行动。

第七,如果采取行动了,新的风险水平如何。

第八,责任人是谁,或者谁负责这项工作。

(五) 提前预演

提前演练可以帮助组织方根据具体情况进行判断和分析。这也恰恰是风险可能蕴藏的地方,因此提前进行一下试运行很有必要。另外对于一些发生概率比较大的风险事件,一定要做"what-if"分析和演练,也就是这些事件一旦发生,该如何应对。

(六) 准备充足的备用人员和设施

大型活动应该在以下方面有所储备。

(1) 备用的演员和表演项目。

(2) 备用发电和照明系统。

(3) 食品和饮水。
(4) 消防设施和用品。
(5) 急救用品。

(七) 反复检查关键地点或环节

负责风险控制和安全管理的官员一定要亲自走下去,对重点地段、关键环节进行仔细的检查并登记在案,包括以下几个方面。

(1) 与电有关的,例如发电和照明系统、电梯等。
(2) 逃生出口和紧急照明,以及疏散和安置计划与地点。
(3) 消防安全评估,包括是否拿到了合格证,灭火器的安置和可视性。
(4) 执照和许可是否齐全。
(5) 急救箱和急救能力。
(6) 所有的备用钥匙。
(7) 现场急救和最近的医疗设施。
(8) 禁入区域。
(9) 摄像系统和巡逻计划。

(八) 检查和制定有关政策

(1) 各种保险是否办理以及如何办理。
(2) 门票设计和销售是否合理,是否会带来客流高峰。
(3) 主要的时间表是否合理。
(4) 独家供应商是否会带来风险。
(5) 促销、礼品派发是否设计合理。
(6) 加班是否合理。

第三节 会展风险管理的沟通策略

爱德华·伯奈斯指出,企业绝不能无视公众舆论的存在,深刻地说明了协调沟通的重要性。会展危机的沟通包括两个方面,一方面是加强危机小组与各部门之间的沟通,指定各部门的沟通负责人,以确保危机信息能快速到达相关部门,使各部门做好防范准备;另一方面是对外沟通。由于会展危机信息不对称,会展主体在处理危机事件时,如不能及时建立良性的互动机制,一旦发生危机就要明确所需要的媒介,第一时间抢占信息源,避免错误信息的发布,同时,要及时更正媒介传播内容与事实不符的信息。对于专业性比较强的展会而言,虽属于商业活动,但因其具有国际性的影响,具有外事工作的某些特点,还应注重与上级主管部门建立有效的沟通系统,以求在危机处理过程中获得正确的政策指导和工作支持。沟通效果的好坏对于危机造成的伤害有巨大的影响,良好的内部沟通不但有助于一致行动并尽快控制危机,而且还能获得有关方面的协助和支持;在沟通过程中,会展企业需要遵循一定的原则和沟通技巧。例如,使用合适的沟通渠道,沟通渠道的选择因不同的危机事件而不同;沟通渠道的选用要具有一定的抗干扰能力;要尽量简化沟通渠道的层次,使用规范化的沟通方式等。

一、沟通的原则

（一）时效性原则

对于风险的管理,要求在第一时间进行处理,而采取方案之前的当务之急,就是及时地、尽早地与相关人员进行沟通。这样做的好处在于可以第一时间发现问题,并尽快沟通寻找解决方案,以防风险事故向更加恶劣的情况发展,这一原则有助于对风险管理的控制。并且,在风险发生之前,就坚持时效性原则,不仅可以发现目前已经预测到的风险问题,还可以将很多潜在发生的可能性及时暴露出来,因此时效性原则是风险管理的首要原则。

（二）计划性原则

对于会展风险管理的沟通而言,进行周密的计划和沟通内容的规划对于沟通的有效性是十分关键的。避免因准备不充分而造成的沟通效率低下等问题。并且,沟通要建立在一定的流程、步骤、目的、总结基础之上,减少漫无目的的、毫无收获的沟通。

（三）积极性原则

沟通的有效性还取决于沟通者的态度。因此,人与人之间的沟通应遵循积极主动友好的态度。如果沟通者的态度是消极抵触的,那么风险管理就遇到了障碍,甚至会出现更坏的结果。反过来,如果沟通者的态度是积极主动的,那么对于风险的管理和控制,将更加容易建立起紧密的联系,有利于互相合作,使整个团队处在有利的环境下解决风险问题,这将大大提升问题的解决速度和效率。

（四）对应性原则

沟通要有针对性,这样才能使沟通的效果实现最大化。因此,在进行会展管理的过程中,要尽量做到沟通对人、问题到人等。

（五）准确性原则

沟通过程中,影响效率的就是信息的可靠性和准确性,为实现沟通效率最大化,应尽量确保沟通时所传达和收到的信息是准确的。

（六）达成共识性原则

沟通的最终目的是实现共识,从而提出解决方案。因此,达成共识性是非常重要的一个原则,也是沟通的最终目标。

二、沟通对象

主要包括两个部分,一个是活动组织者与外部人员的沟通,另外一个是活动组织者与内部工作人员之间的沟通。

(一)外部对象

1. 投资者

投资者是主要的外部对象之一,一个活动的成功取决于是否满足投资者的需求,因此,在前期策划时,就要与投资方沟通。

2. 赞助商

对于赞助商而言,依然属于投资者,但是又不同于第一类。赞助商更关心的是形象和产品的宣传和营销。因此在相关工作环节,注重沟通的侧重点。

3. 场馆

场馆在风险管理方面占据很重要的环节,也就是说,很多风险就出自场馆方面。所以,主办方与场馆方就具体工作事宜要加强沟通,共同协作。

4. 其他人员

除了刚刚提到的三种对象,会展活动中还存在很多与风险管理有关的人员,如主持人、演员、灯光等,还有媒体、观众、公安部门、交通等。

(二)内部对象

内部对象主要指的是接待人员、内部工作人员。缺乏有效沟通的管理团队,是几乎不可能有效实现会展活动目标的。

三、沟通的方式

沟通的方式比较多样,如正式沟通和非正式沟通,上行沟通、下行沟通和平行沟通,单向沟通和双向沟通,书面沟通和口头沟通,语言沟通和非语言沟通。具体形式如会议、报告、口头传达、日志、广播、邮件等。

正式沟通则包括内部沟通会议、报告、文档、日志。非正式沟通如活动现场的广播、口头对话、对讲机和短信、邮件、留言条等。另外比较特殊的形式就是现场临时的沟通中心,专门处理现场发生的风险事件。

重点要提到的是宣传品和官方网站的沟通。宣传品包括海报、宣传手册等,宣传活动的主题、内容、时间和地点等信息。而其重要程度显而易见。不仅可以吸引公众眼球,同时增加活动的渲染效果。现在很多大型活动也会借助官方网站的形式进行沟通。通过官方网站,可以进行招募、提供视频和图片资料、在线咨询等。

总结大型活动的经验和教训,不难发现,通过有效的沟通,可以很大程度上杜绝风险的发生,降低风险的概率。即使风险发生,也可以第一时间利用多种沟通渠道,将风险进行控制。并在风险的应对方面,起到至关重要的作用。

本章小结

会展风险是指会展活动中的不确定因素,如自然灾害、人为破坏、工作疏忽等,影响预期效果达成的可能性以及由此而造成的后果。对于会展风险管理,应注意几个方面的内容:首先,会展风险的不确定性;其次,风险对目标达成造成影响的程度。会展风险的管理程序包括风险识别、风险评估、风险计划、风险跟踪和风险控制等过程。

通过本章学习,要求懂得会展风险管理的概念、分类和特点,并能够识别会展风险管理的具体内容和会展风险管理的沟通策略,从而掌握会展风险管理策略。

关键概念

会展风险　会展风险的分类　会展风险识别　会展风险管理策略

复习思考

1. 会展风险管理的意义是什么?
2. 会展风险管理过程需要哪些管理工作?
3. 会展活动主要有哪些风险?
4. 会展风险的应对策略是什么?

拓展案例　　　　大型主题彩灯展风险管理

2018年西安曲江春节彩灯展大放异彩。曲江新区大唐不夜城灯展,让大家对西安有了全新的印象。2018年是狗年,西安曲江新区推出"西安年·最中国"主题彩灯展,此次灯展融美食、文艺表演、非物质文化遗产展示、花车巡游、灯光秀、民俗表演、cosplay、市集等为一体,为西安当地居民和国内外游客带来一场春节盛宴,此次彩灯展共持续近一个月的时间。

大唐不夜城位于西安举世闻名的大雁塔脚下,南北长1500米,东西宽480米,总占地面积967亩(1亩≈666.67平方米),总建筑面积65万平方米。围绕着大唐不夜城,各式各样五彩缤纷的灯展点亮了新年,点亮了古都。写着"现代唐人街"字样的标志更是凸显了新春庙会的特色。每天有近几十万的游客和当地市民欣赏古城非凡的色彩。现场除了五彩缤纷的灯展,特色美食更是一道别样风景线。肉夹馍、葫芦鸡、烤羊肉、镜糕、凉皮,数不尽的西安特色美食,琳琅满目,数不胜数。除此之外,世界各地美食也吸引着大批游客,如此美景美食不得不流连忘返,难以忘怀。除了这些,还有文艺表演,每天都有乐队进行表演,悦耳的旋律和欢快的节奏为春节带来无限的活力;相声和儿童剧表演更受到老人和小朋友们的喜爱,大家都簇拥着观赏艺人们的表演。舞狮表演那才叫精彩,专业和稳健的步伐,国外友人连连叫好,而他们也不甘示弱,竟穿起他们自己国家的表演服饰,跳着激情四射的桑巴热舞欲一决高下。小狗表演受到小孩子们的青睐,每天四个时间段进行表演。而最具西安特色的皮影戏等特色市集也同样吸引眼球,参展商们不要错过这个绝佳的机会。

"西安年·最中国"为大家打造了一个别样的城市文化街区。正逢春节时期,人流量巨大,持续时间长,对主办单位和主办城市是一次展示的机会,同时,更是一次极大的挑战,对于人员的安全保护、设施的维护、秩序的维护等方面都提出很高的要求。

而如何保证这次灯展的顺利开展和进行,是相关部门最关注的。由于参与部门和人员众多,现场管理十分复杂。这次活动对组织单位和有关部门对风险的预测和管控相当于一次考验。稍有不慎,将影响灯展的呈现效果。前期预测和评价、准备工作、预防方案、现场的控制和维护、风险的跟踪管理等方面,都是这次灯展成功举办的重要因素。

在灯展举办期间,交通管制常规化成了不成文的规定。从雁南一路至雁南三路,每天实行分时段交通管制,来往车辆严格遵守相关规定,有序通往。每天都有数名交警在大大小小的路口维持秩序,保护行人的安全,控制车流量。使得灯展进行的近一个月时间里,游客可以安全自在地欣赏灯展。除了对车辆的交通管制,为了更好地迎接八方宾客,使游客深入感受西安的热情,公交五公司在3月10日前持续开通4条接驳曲江大唐不夜城的摆渡线,使游客可以直达"西安年·最中国"主会场。摆渡线队长张海峰说,正月初二晚,摆渡线路客流量达到高峰。晚上7点半,在摆渡一号线小寨上车点,准备前去观赏灯会的游客们登上了摆渡线的第一班车。听到来自四川的游客张先生说"西安的公交摆渡线直达灯会现场,省去了找路难的问题"时,他感觉心里暖乎乎的。他们基本都是5到10分钟就发一班车,同时有14部机动车随时调配,保证大家的出行顺畅。当晚10点返程乘客比较多,为了避免人群拥挤,他的嗓子都喊得有些沙哑了。但只要乘客们能平安抵达目的地,这都不算啥。

西安市公交五公司相关负责人说,据不完全统计,2月15日至2月27日,摆渡线累计发车597趟,累计接送乘客31105人。其中,仅2月17日大年初二一晚,客运量就达到近5000人次,创下最高纪录。在这些数字的背后,凝聚着的是每一位公交人的辛勤付出和无私奉献,大家放弃与家人团聚的机会,坚守在营运一线,现场指挥、调度车辆、维护秩序,确保了市民游客观赏灯会的乘车便利,也为缓解灯会周边的交通压力做出了积极贡献。这样的摆渡一直要持续到3月10日。并且在公交车站牌引导游客乘坐新增的线路通往不同的地点。从根本上杜绝了因过渡拥挤所造成的不良后果。图9-1是交通管制现场标示图片。

现场安全标示是保障人员安全和设施设备不被损害的重要措施。大唐不夜城是曲江新区的重点旅游线路,以盛唐文化为背景,位于西安曲江举世闻名的大雁塔脚下,是西安市重点建设项目,这里的中轴是一条1500米横贯南北的中央雕塑景观步行街,李世民骑马的贞观纪念碑、开元广场的8根朱红LED蟠龙柱等,都是重点保护的文化遗产雕塑。故保障这些雕塑的完整无损成为一个重要的工作。而正值灯展期间,沿路的花草树木都被灯饰装扮,线路和灯无疑对行人和游客的安全造成威胁,而人流量如此巨大,主办单位进行前期保护措施和现场安全标示的提醒就尤为重要和必要了。灯展期间,沿路铺满了保护措施和安全标语,并不断进行广播提醒。图9-2所示为安全防护图,图9-3、图9-4所示为安全提示语。

图 9-1　交通管制标示图

图 9-2　安全防护图

图 9-3　安全提示语

图 9-4　安全提示语

除了以上措施，政府对现场安全的保护和防范也起着十分重要的作用。西安 2018 年灯展，政府相关部门加强对游客、参展商、表演艺人、雕塑、设施设备以及现场秩序的保护和统一协调。沿着整个路线，到处是公安巡警、保安等的身影。他们不仅要对现场的人身安全负责，还要保护沿路的雕塑景观、花灯景观，除此之外，还要防止人流量过大造成的意外事故，并还要配合艺人表演，维持现场秩序。可以说，如果没有政府的宏观调控和现场公安警察们的辛勤努力，会展风险管理将很难达到理想的效果。图 9-5、图 9-6 是现场实拍图。

图 9-5　公安警察现场维护图

对于会展风险的防范和应对策略，现场医疗也进行了准备。每隔 200 米左右，就可以看见医疗应急救援站点。现场一旦出现游客和市民身体不适，医疗救援站点将第一时间提供救援和救治（见图 9-7）。

还有很多其他措施来进行会展风险管理。现场到处可以看见穿着红色服饰的志愿者，每隔 50 米左右就可以发现他们的身影，对于这样的多重保障，市民和游客倍感暖心。无论是安全标识、医护人员、秩序维护人员、巡逻保障人员、志愿者，还是方圆几

图 9-6　安保现场维护图

图 9-7　现场医疗救援点

里的交警协助和管控,2018 年曲江大唐不夜城"西安年·最中国"新春灯展在多方配合协作的努力下圆满落下帷幕。会展风险管理需要从前期到活动结束周密的计划,同时现场的配合和协作也是成功的关键。这其中涉及不同的部门,需由政府统一协调,各部门互相配合,最终促使 2018 西安大唐不夜城灯展成功的举办。

(资料来源 http://www.sanqin.com/2018/0228/344047.shtml.)

案例思考:

1. 西安大唐不夜城新春灯展是从哪几个方面进行会展风险管理的?
2. 西安大唐不夜城新春灯展能够成功举办,你得到什么启示?

第十章
会展评估

◆ **学习目标**

1. 知识:了解会展评估的方法与流程。
2. 理解:认识会展评估对会展项目利益相关者的意义与作用。
3. 应用:对比选择会展评估方案。
4. 分析:运用所学知识对会展评估报告进行分析并总结、梳理。

◆ **学习任务**

名称	会展评估
学习目标	1. 认知会展评估 2. 利用会展评估报告提出改进策略
学习内容	会展评估报告分析
任务步骤	1. 收集两个会展活动的评估报告 2. 对比其报告质量与活动本身评估结果的差异 3. 对二者的评估工作和会展活动的管理提出相应的改进措施 4. 整理相关文字、图片,制作PPT简报
学习成果	"会展活动评估分析"

◆ **案例引导**

完美服务在展后

近年来,中国的展览业市场呈现出迅速发展的态势,品牌会展如雨后春笋般成长起来,面对如此激烈的市场竞争,会展主办方之间的竞争不仅是会展主题概念、创新规划的竞争,更重要的是贯穿始终的人性化服务竞争。中国展览交易网(以下简称中展网)作为国内有着多年会展服务经验的服务商之一,在会展服务方面有一套独特的运作方式。

第十章　会展评估

参展商和专业买家有多次参展的经验，他们表现得更专业、更有主见，考虑问题更加细致、成熟。他们对会展的要求不只停留在简单的交易功能上，更在于追求一种追求实际效益与个性的高品质服务上。

为顺应市场，中展网应用自主研发的观众登录服务系统，针对主办方和参展商对不同会展的数据要求和选择，在同行业中率先开发出展后数据统计、评估分析服务，让主办方、参展商和专业买家得到及时、真实的会展数据，满足主办方和参展商的个性化需求。

观众数据统计分析工作的性质不仅要求现有数据准确，而且对模糊的数据来源要进行回访，核定数据的真实性，为开展下一步工作提供有力的支持。这些举措不仅在很大程度上树立了会展的品牌形象，也为各参展商树立了良好的口碑。观众数据统计分析主要是真实准确地评估分析会展。其作用第一是对外发布会展效果，第二是提供下届会展策划参照。

中展网的数据统计服务包括会展现场观众人次、人数、地区等信息统计，以及会展结束后完整的数据统计、分析。现场统计分为现场实时统计和现场观众区域构成统计。中展网每天在会展现场得到的现场数据资料上报主办单位，主办单位根据需要可在会展现场进行公布，以提高会展的透明度和可信度。

中展网在会展后进行完整的数据分析，及时向主办方提交专业报告及图表分析。其中包括以下几个方面。

展前观展商数据库——展会前历届会展数据的整理、分析、查重、挖掘等。

观众基本信息数据库——这里又分为记录登记服务器所包含的信息和记录名片或者基本信息所包含的信息。

观众行为信息数据库——记录观众在会展过程中的行为信息。

观众调研信息数据库——展会后完善观众信息数据库等。

具体统计项目分为：①观众现场登记及入场人数统计；②观众现场人数及入场流量数据统计；③海外观众人数及国家构成统计；④国内观众人数及区域构成统计；⑤观众职务构成统计；⑥调研项构成统计；⑦专业观众职务构成统计；⑧专业观众行业构成统计；⑨会展调研项分类统计。

最后形成完整的观众信息统计报表，报告提交给主办方和审核部门。凡经过中展网观众登录服务系统统计过的数据，都会经过严格的部门审核和认证，其中多个展会还接受并通过了 UFI 的审核。

在展览行业迅猛发展的今天，构建办展企业与客户之间的信任，让中国的展览业走上健康、良性发展的轨道，完善展后服务体系是必不可少的前提条件。展览的评估与数据分析工作，将为参展商和主办方提供一份办展、参展的有力、客观的参考。

（案例来源：http://www.doc88.com/p-8019030052146.html.）

案例思考：

1. 展后跟踪服务有什么重要意义？
2. 会展评估的主要方式有哪些？

第一节 关于会展评估

一、会展评估的概念

最近二三十年,会展业获得自身发展的同时由于其广泛的产业关联性,会展活动对区域经济发展产生了重要影响。会展业由此备受政府关注并得到积极扶持,也引起了业界对会展活动经济效应评估的重视,相关的研究相继出现。会展活动的经济影响评估实际目的主要是为国家和地方管理决策者认清会展活动的经济效应大小并确定是否资助会展业发展提供证据。会展评估研究能够给出数字说明,是更为清晰的论据。可以为我国会展经济影响评估的实施提供更具针对性的参考。

什么是会展评估?评估,简而言之就是评价和判断,会展评估是对会展活动价值的评价。会展评估是对会展活动作用于社会、经济、环境产生的宏观与微观结果进行的测量和评价,包括社会效益、经济效益、管理质量、参与者感知等方面。宏观方面,会展活动的经济影响评估主要是为国家和地方管理决策者认清会展活动的经济效应大小并确定是否资助会展业发展提供证据。微观方面,会展活动质量的评估是对会展活动进行系统、深入的考核和评价,使会展项目组织者通过反馈,不断完善的过程,属于会展管理工作的重要环节和不可缺少的组成部分。

二、会展评估的意义

会展活动的组织实施,是一项投入比较大的活动,企业往往需要投入相当多的人力、财力和精力。无论是对主办方还是活动参与者而言,每次会展活动都会有很多宝贵的经验和教训值得借鉴和总结,其对会展主办机构、参展企业和会展行业管理机构的意义重大。

(一)为会展主办机构的项目运作提供依据

每一次会展项目的评估对会展主办单位(包括政府部门)而言,都是分析、评价当前的展会市场环境和发展趋势的最直接的资料。会展主办单位可以根据评估结果为今后会展项目的市场开发、运营管理提出相应的建议,并及时调整会展发展方向、运作管理方式等,不断完善产品和提高服务能力。

(二)为参展企业提供参展选择支持

参展商通过直接或间接地对参展成本、参展效果、成交金额、专业观众等多个层面进行综合、详细的评估,从而得出各展会的性价比,从中选择成本低而效果好的优质会展项目。而针对参展工作本身,也可以充分总结经验和教训,以谋求在未来的工作中进一步获得改进。展览工作的评估内容有定性的内容,也有定量的内容,评估的主要目的是了解工作的质量、效率和成本效益。

另外,会展评估还可以将参展和参会与其他营销方式,如广告、人员推广等方式的成本效益进行比较,为参展企业的营销方式选择提供依据。

(三)为会展行业管理机构提供行业信息

会展行业主管部门可以根据相关会展评估的标准、结论来制定会展行业发展的行业规章和制度,并可对一些评估良好的会展项目进行重点扶持,帮助它们做大、做强,形成品牌优势;反之,对那些评估差、缺乏市场前景甚至重复举办的展会予以严格控制,以达到规范会展市场秩序和行业竞争的目的,促进会展市场的健康持续发展。

三、会展评估的发展现状

当前,会展评估在世界会展经济发达国家已经相当成熟。会展行业协会或者行业管理部门对展览会的展出规律、参展商数量、观众数量以及参展商和观众的行业、国别分布情况等展览会数据进行统计,制定统一的规则和标准,并组织专业审计机构对各展览会的组织者填报的展览会数据进行审核,然后向社会公布。这个展览会数据审核是市场经济条件下增强展览业的透明度、建立展览业的信用体系、促进展览会规范有序发展的重要手段。

在这些国家通常是全国性统一的行业机构从事会展的评估、认证工作,对各类数据进行审核认证,定期公布认证结果,为会展业内和其他相关机构提供比较分析。从世界范围看,最有效地对展览会进行评估和资质认可的组织是UFI,UFI是国际博览会联盟(Union of International Fairs)的简称。在2003年10月20日开罗第70届会员大会上,该组织决定更名为全球展览业协会(The Global Association of the Exhibition Industry),仍简称UFI。UFI是迄今为止世界展览业最重要的国际性组织。该联盟的成员是建立在品牌展览会的基础上的。

> **同步讨论** 我国会展评估与国外会展评估发展现状的差异。

(一)国外会展评估发展现状

1. 德国

德国被公认为世界展览王国,在世界上营业额较大的10家会展公司中,德国就占6家;全世界重要的150个专业展览会中,有120多个是德国举办的。目前,德国共拥有室内展出面积240万平方米,约占世界展览总面积的20%,全球5大展览中心中有4家在德国(杜赛尔多夫展览中心、汉诺威展览中心、科隆展览中心、法兰克福展览中心)。德国会展业成功的一个关键因素就是组织模式、产业结构的成功。还有一点是不容忽视的,就是德国会展的评估体制。

世界展览王国的德国很注重展览的评估,它的会展评估是由专门的第三方机构来承担的,即FKM(Die Gesellschaft zur Freiwilligen Kontrolle von Messe-und Ausstellungszahlen)公

司。其主要业务就是制定统一的展览会相关指标统计审核标准,促进会展数据的透明度和真实性。FKM 隶属于德国展览与博览会协会(AUMA)。其成员都自觉遵守相关规定,按照规则和标准申报展览会统计数据,接受 FKM 组织的专门数据审计,保证在任何场合和情况下所使用和发布的展览会统计数据均与 FKM 公布的统计数据相一致,一般德国会展推广方面都会有标记该会展是否经过 FKM 审核。目前,FKM 每年审核的会展数据由 25 年前的 40 个到现在的 300 个,德国每年举行的 90% 的国际博览会中,80% 的地区展览会都由 FKM 审核,对于如何收集展出面积、展商数量、观众数量观众结构分析,FKM 都有自己的一套规范制度,其评估有一定的行业标准,无论举办方和参展方,都比较倾向于从展览前、中、后三期综合考虑,注重参展企业的选择、产品的选择、布展、参展人员素质、展台接待、展后跟踪等多方面因素全方位综合评估,而不单纯专注于订单和人数。会展评估机构如国际知名的会展资讯系统"展览联盟",就可为客户提供专业会展评估、调查和参展咨询。它对每个会展的参观人次及效果,都作公正公开的公布,一方面成为参展商的"火眼金睛",另一方面有助于真正有实力的会展迅速树立自己的品牌。

2. 英国

英国展览联合会往往要会员对其展览会进行第三者审计,即聘请一家独立的审计公司对展览会的整体效果进行评估。英国展览组织者协会(AEO)每年举办展览最佳服务评选活动,"AEO 杰出服务奖"某种程度上已经成为英国会展行业的质量认证。法国则采取对展览跟踪调查的方法,一般调查要进行两次,一次在展出期间,就展览组织本身征求参展商的意见;另一次在展览结束后,就参展成果向企业了解,由此来获得对展览会的客观而公正的评估。各国评估方法虽各不相同,但目标都是相同的,即创造品牌展览会的声誉,更好地维护参展商、观众和主办者的利益。

业界目前在机构的运作模式上有一定的分歧:是借鉴英国的第三方进行评估还是由政府委任一个单位进行评估,前者有利于评估的公正、客观、公开,但运作资金问题需要解决,后者解决了资金问题但不利于评估的公正性。

(二)国内会展评估发展现状

会展产业巨大的经济效益和对地区经济的拉动作用,已经越来越受到各地政府的重视,并把发展会展业列为城市规划当中。然而,透过现在我国会展经济的繁华景象,相关的问题也就显现出来,在政府主导会展经济的体制下,会展的市场化运作模式的主动性和积极性难以得到调动,难以形成良好的竞争机制,政府包办会展也不利于会展项目竞争力的培养。而且,由于没有相关规范的政策和制度出台或出台的制度不完善,在会展业丰厚利润的驱使下,各种会展公司纷纷登场,由于办展资质、办展实力良莠不齐,导致会展市场一时间鱼龙混杂,一些投机者打着会展的旗号,进行灰色运作,严重扰乱了会展秩序,破坏了城市的展览信誉度。因此,会展业要发展,规范会展市场是当务之急。

目前国内的会展评估还没有统一规范的制度。会展的数据申报工作存在一定的漏洞,缺乏客观公正的监督,而会展评估要保证公正权威,关键在于所取得的数据的可靠程度。许多会展主办单位只是把会展的相关数据整理后对外界公布,而对会展项目进行评估的人员多为会展主办单位的工作人员,这就使会展的评估难免受到主办机构内部因素的影响,会对会展评估的数据乃至结论有一定的主观倾向,丧失了应有的客观性、公正性,显而易见,这种自产自销的评估模式对会展将来的发展是十分不利的。同时,各家单位评估的角度、依据和方式方法并不统一,所得出的结论也不具备可比性,这也必然会失去评估的意义。

目前,会展业内专业人士已经达成共识:我国会展业未来的品牌建设发展方向已经成为必由之路。而会展品牌得以树立很大程度上要通过各种评估和认证。到目前为止,我国会展评估工作还是会展行业内的有待开发的领域。此前,虽有部分会展机构对会展进行量化分析,可要么是会展主办者为自己的会展做总结;要么是用于对会展划分等级,侧重于会展的规模影响;要么只局限于一时一地的会展。真正有着客观的身份,对会展的整体进行评价,并把会展和整个产业大环境联系起来的会展评估机构和形式还很缺乏。在当前,会展评估的优势还体现得不够明显,随着会展业的逐步发展和成熟,会展评估机制一定会越来越受到重视。

(三)会展评估机构模式

在前面强调的政府主导型会展的缺陷并非要政府部门完全淡出会展行业,实际上世界各国的会展都离不开政府的参与和支持。主要是政府在会展领域的职能要转变,给会展企业以更大的自主权,使其放开手脚,同时又可以减少会展企业对政府的过度依赖。政府只需在政策、资金以及协调相关部门上予以支持。

我国的会展业虽然起步晚,但毕竟在逐渐发展和成熟,所以会展评估机构的模式可以分为以下3个阶段。

1. 初级阶段模式

初级阶段模式也就是现阶段,可以采取由政府组建会展评估机构,因为会展评估,最重要的就是其部门的权威性和公信力。虽然完全独立的第三方作为会展评估机构是最佳选择,但由于我国会展业起步晚、体制不完善等其他问题的存在,可以说还离不开政府的支持,建立完全独立的第三方评估机构还不成熟,所以政府要不当"运动员",只当"教练员"和"裁判员",毕竟政府的公信力和权威性是被普遍认可的,再结合我国会展产业当前散乱的粗放型现状,由政府组织会展评估机构,有利于规范会展市场,树立会展的品牌形象,打造品牌会展。

2. 过渡阶段模式

过渡阶段模式也就是发展阶段,在这一阶段我国的会展业进一步发展,行业自律性有了明显的提高,因此可以逐步淡化政府角色,使政府指导行业协会并与行业协会共同管理会展评估工作,逐渐强化和扶持行业协会的权威性。

3. 最终阶段模式

最终阶段模式也就是成熟阶段,我国会展业的发展已经趋于成熟,行业发展已经相当规范,会展企业的自律性显著提高。在这一阶段,政府可以淡出会展评估领域,只是对会展业进行宏观调控,会展行业协会成立专门机构,独立行使评估权力,保证评估结果的客观性、公正性和权威性。

最后说明一下,关于会展评估的标准,国外的经验只能借鉴不能照搬。因为国外的会展评估标准一般都是单一的经济目标,而对会展业的影响在我国除了经济因素外,还有政治、文化等多方面的问题,因此,我国的会展评估影响更为广泛和深入,一定时期内我国的会展评估要做到非常公证和客观是很难的。此外,我国会展专业人才匮乏,尤其是专业评估人才更是凤毛麟角,这也是制约我国会展评估业发展的因素之一。

第二节 会展评估流程及内容

会展评估是对展览环境、工作效果、效益等方面进行系统深入的考核评价,是个有程序和步骤的动态过程,必须循序渐进。

一、会展评估流程

(一) 确立会展评估目标

会展评估的主要目标是了解展出的效率和效益。由于会展效果的评估涉及会展工作项目与工作成果之间的复杂的关系,导致了会展评估目标的复杂化。所以在进行会展评估时应该根据展出目标确立评估的具体目标和主要内容,并依据评估目标的主次,排列优先评估或重点评估的次序。

(二) 选择规范的评估标准

会展效果的评估标准系统包括整体成效、宣传效果、接待成果、成交结果等。评估时应该根据展出目标确定会展评估标准的主次。比如展出目标是推销,就应该把成交结果作为主要评估标准。划定评估标准的主次以后,还应该使其规范化。评估标准的规范化是指评估标准必须明确、客观、具体、协调和统一,也就是说,明确评估标准的主次、重心;客观地制定切合实际的评估标准;量化评估标准,使之具体化、可操作性强;评估标准之间必须协调并能长期统一,使评估结果更为准确。

(三) 制定评估方案

根据会展效果的评估目标及标准,确定各阶段具体的评估内容和评估方案,包括各段时间安排与抽样分布、评估的对象和方法、人员安排和经费预算等。制定评估方案应包括以下内容。

(1) 根据评估项目、对象和方法制定评估方案,明确人员分工,安排各项必要措施。
(2) 设计制作各种测评问卷及情况统计表,如参展商问卷调查表、观众问卷表和展览会举办情况统计表等。
(3) 小范围预测,修改测评问卷。
(4) 对测评人员进行培训,考虑测评困难及问题防范措施。

(四) 实施评估方案

(1) 通过收集现成资料、安排记录、召集会议、组织座谈、利用调查问卷向参观者收集情况等方式收集各种信息。

(2) 整理收集的信息,处理分析数据。

需要说明的是,无论是组展商还是参展商所做的评估,都是以所收集的信息为依据的。收集信息是评估工作中工作量最大也是最为关键的一个环节。如果所收集的信息不准确,会展评估就不具有科学性。

收集信息可以采用多种方式,如收集已有资料,实况记录,组织会议、座谈,发调查问卷等。其中,组织专家召开会议或座谈所获得的信息通常是定性的,这种方式能够比较迅速地获得对展会整体、大概的评价;而发放调查问卷所获得的信息通常是定量的,这种方式以概率论为基础,采取抽样调查的方式,具有一定的科学性,所获得的信息可作为具体项目评估的依据。因此,设计科学、合理的调查问卷也是会展评估中的一项重要工作。

(五) 撰写评估报告

会展评估报告是一定类型的载体,反映市场状况的有关信息并包括某些调研结论和建议的形式。会展评估报告是会展评估活动过程的直接结果。根据不同阶段的效果测评,汇总分析,对整个展览活动过程的效果进行总体评价,写出评估报告。报告内容一般包括评估项目、评估目的、评估过程与方法、评估结果统计分析、评估结论与可行性建议及附录等。

会展评估报告必须具备以下要求:①语言简洁,有说服力;②报告要以严谨的结构、简洁的体裁将调研过程中各个阶段收集的全部有关资料组织在一起,不能遗漏重要的资料,但也不能将一些无关资料统统写进去。

注意仔细核对全部数据和统计资料,务必使资料准确无误。报告应该对会展评估活动所要解决的问题提出明确的结论或建议。

会展评估报告可能因评估的具体内容而有所分别,但一般来说都应该包含以下几个部分。

1) 评估的背景和目的

在评估背景中,调研人员要对评估的由来或受委托进行该项评估的具体原因加以说明。说明时,最好引用有关的背景资料为依据,分析展览活动等方面存在的问题。

2) 评估方法

主要内容包括:评估对象,说明从什么样的对象中抽取样本进行评估;样本容量,抽取多少观众作为样本,或选取多少实验单位;样本的结构根据什么样的抽样方法抽取样本,抽取样本后的结构如何,是否具有代表性;资料采集方法;实施过程及问题处理;资料处理方法及工具,指出用什么工具、什么方法对资料进行简化和统计处理;访问完成情况,说明访问完成率及部分未完成或访问无效的原因。

3) 评估结果

评估结果是将评估所得资料整理出来。除了用若干统计表和统计图来呈现以外,报告中还必须对图表中的数据资料隐含的趋势、关系和规律加以客观描述,也就是说要对评估结果加以说明、讨论和推论。评估结果所包含的内容应该反映评估目的。并根据评估标准的主次来突出所要反映的重点内容。一般来说,评估结果中应包含以下内容:展台效果;成本效益比;成交笔数;成交额;接待客户数量;观众质量等。

4) 结论和建议

要用简洁明晰的语言得出结论。如阐述评估结果说明了什么问题,有什么实际意义。

必要时可引用相关背景资料加以解释、论证。建议是针对评估结论提出可以采取哪些措施以获得更好的效果，或者是如何处理已存在的问题，最好能提供有针对性的行动方案。

二、会展评估对象和指标

（一）评估对象

会展评估的对象，也可以称之为评估的客体，主要有会展城市、会展主办单位（专业会展公司）与会展项目。各类对象在评估时的侧重点有所不同。

对会展城市进行的评估应侧重于该城市在年内所举办展会（尤其是品牌展会）的数量、规模、质量效益和展会所带来的各方面的影响。

对会展主办单位的评估，应侧重于该企业全年办展的业绩与效益。

对会展项目的评估，应侧重于该次展会的规模，参展商的数量与档次、参观人数、展会成交额、展会所带来的经济和社会效益等。

（二）评价指标

会展项目的评价指标根据评价内容、评价性质的不同分为主观评价指标和客观评价指标。

其中会展项目的主观评价指标主要是衡量参展商、专业观众和普通观众对展会项目的感知、期望以及需求的程度。主观评价指标包括满意度、目标实现度、持续参展率等。

会展项目的客观评价指标主要是衡量会展项目的硬件环境、参展商、观众、媒体、项目成本收益等客观统计数据的情况。客观评价指标包括会展项目规模、场地出租率、现场成交数据；参展商数量、来源比例、参展效果、成本效益数据；观众数量、特征分布；媒体数量、性质分布、传播效果等。

三、会展项目的评估内容

在几类不同的会展评估对象中，对会展项目的评估是最为常见和基础的工作，以下主要针对会展项目的评估内容进行阐述。

会展项目的评估内容根据评估工作服务对象的不同主要分为会展项目整体评估和参展项目评估两类。前者主要服务于会展项目组织机构和会展行业管理机构，后者服务于参展企业和机构。

（一）会展项目整体评估

对会展项目整体情况进行评估的主要内容包括会展项目的整体情况、参展商、观众的整体情况及媒体的报道等。

1. 综合满意度评价

综合满意度主要评价参与者对项目的整体主观评价，能够反映该项目的吸引力和总体质量。主要内容包括评价会展项目对参展商、专业观众、普通观众的满意程度，还包括三者对参加展会的目标实现程度,以及三者后续持续参与该项目的期望程度。

2. 展位情况评价

该项评价内容总体反映展会的规模、质量,内容包括出租的展位总面积、单位参展商面积、展位行业分布、特殊展位比例等。

3. 参展商情况评价

对参展商的评估主要涉及参展商数量、规模及影响力,能够反映该会展项目的规模、行业影响力和专业程度等方面,是对一个会展项目成功与否的关键指标。

评价内容包括对参展商数量与质量的评价指标,如参展商数量、参展商行业分布、外国参展商比例、参展商国家来源分布、参展商企业规模及行业排名等。

4. 观众情况评价

对观众情况的评价包括观众的数量、质量、身份特征和观展行为,反映了参与者对会展项目的认可和喜爱程度,也反映了一个会展项目的影响力和吸引力,是会展项目吸引参展商的一个有效指标。

评价内容包括观众数量、人口特征、专业观众比例、观众来源国家与地区分布、专业观众行业分布、采购决策影响力、参展频率、公司背景、观展停留时间等。

5. 新闻媒体报道

新闻媒体的报道是对展会进行评估的一个重要方面,而对新闻媒体报道的分析又可以从两个方面进行。

一是媒体报道的次数与层次,反映会展活动的影响力。报道次数应当包括展览会举办当地的媒体、高一级行政区域的媒体、国家级的新闻媒体、展览会专业媒体等进行的报道。

二是媒体报道的评价。报道的正面或负面,以及正负的程度,都依赖于展览会的结果和对社会的影响。对新闻媒体报道数据的收集与分析工作量大,专业性也较强,一般会委托专业的媒体监控组织来进行。

(二) 参展项目评估

参展商参加会展活动对本次参展效果进行评估,计算成本收益,决定今后是否继续参展。如果继续参展的话,还可以利用评估结果对未来参展的展会提出建设性的建议。参展商对会展的评估主要集中在参展效果、参展管理两个方面。通常情况下,评估工作是由参展公司独立完成的,但有时也会委托给专业的评估公司来进行。

> **同步讨论** 会展评估工作是在会展项目完成之后才开始进行的吗?

1. 参展效果的评估

参展效果评估既是对参展工作成效的总结,也是为企业下一次参展提供的有效借鉴。对参展效果评估的内容包括以下几个方面。

1) 展览记忆率评估

能反映整体参展工作效果的专业评估指标是展览记忆率,它是指参观客户在参加展览

8~10周后仍能记住展览情况者占的比例。展览记忆率与展出效率成正比,反映参展公司给参观客户留下的印象和影响。记忆率高,说明展览形象突出、参展效果良好;反之,则说明展览形象普通、参展效果一般,参展企业要重视对展览记忆率低的原因进行分析,在下一次参展项目中进行改进。

2) 参展成本效益比评估

成本效益也可以称作投资收益,评估因素比较多,范围较广。评估时可以用此次展览的成本与效益相比,用此次展会的成本与前次类似展会的成本相比,用此次展会的效益与前次或类似展会的效益相比,也可以用展出成本效益与其他营销方式相比等。

一种典型的成本效益比是用展览总开支比展览成交总额,要注意的是这个成本不是产品成本而是展出成本。这个值越大说明展出效果越好。

另一种典型的成本效益比是用开支比建立新客户关系数。由于贸易成交比较复杂,用展览开支比展览成交额不容易准确计算,而与潜在客户建立关系是展览的直接结果,因此与客户建立关系就意味着未来的成交,因此,可以把与潜在客户建立的关系作为衡量展览投资收益的基础。

3) 参展成交评估

成交评估分消费成交和贸易成交。消费性质的展览会以直接销售为展出目的,因此,可以用总支出额比总销售额,然后用预计的成本效益比与实际的成本效益比相比较,这种比较可以从一方面反映展出效率。

贸易性质的展览会是以成交为最终目的,因此,成交是较重要的评估内容之一,但也是展览评估矛盾的焦点之一。许多展览商喜欢直接使用展出成本与展出成交额相比较的方法计算成交的成本效益,但要注意,这是一种不准确、不可靠的方法,因为有些成交是由于展览而达成的,而有些成交却是不展出也能达成的,更多的成交可能是展览之后达成的。因此要慎重以此作为评估指标,并要慎重使用这些评估结论。

对成交评估的内容一般有:销售目标是否达到,成交额多少,成交笔数多少,实际成交额,意向成交额,与新客户成交额,与老客户成交额,展览期间成交额,预计后续成交额等,同时,这些数据还可以交叉统计计算。

4) 接待客户评估

这是贸易展览会较重要的评估内容之一,主要包括以下几个方面。

(1) 接待观众数量,这一数量还可以细分为接待参展企业数、现有客户数和潜在客户数。

(2) 接待观众质量,可以参照展览会组织者的评估内容标准分类统计。

(3) 接待客户的成本效益,尤其是与新客户建立关系的成本效益,是最重要的评估内容。它是此次展览与前次展览相比较,展览方式与其他推销方式相比较的重要标准。计算方法是用展览总支出额除以接待的客户数,或所建立的新客户关系数。

5) 媒体传播、公关效果评估

对新闻媒体的报道要收集、评估,包括刊载(播放次数、版面大小、时间长短)、评价等。这方面的评估工作比较困难,因为其中定性的内容比较多,评估技术比较复杂。具体评估内容包括宣传、公关有无效果,效率、效益有多大,是否需要增加投入提高企业形象,企业形象与实际成交之间有多大关系等。

2. 参展管理工作的评估

对参展管理工作的评估有定性的内容,也有定量的内容,评估的主要目的是了解展览工作的质量、效率和成本效益。主要评估工作包括展会的前期筹备工作和现场管理工作。对展会前期筹备工作的评估内容主要包括展会所确立的展览目标是否合适,展会宣传是否到位,展台工作人员的工作态度,展台整体工作效率,展品的制作运输情况,管理工作情况等。

1) 参展目标的评估

参展公司依据本公司的经营方针和战略、市场条件、展览会情况等,评估展出目标是否与自身情况相符。

2) 参展效率的评估

参展效率是参展整体工作的评估指标,评估方法有多种,其中一种是展览人员实际接待参观客户的数量在参观客户总数中的比例;另一种是参展总开支除以实际接待的参观客户数量之商。后一种方法计算出的结果也称作潜在客户的平均成本,是一种非常有价值的评估指标。

3) 有关参展人员的评估

参展人员的表现包括工作态度、工作效果、工作分工、团队合作等方面,难以直接衡量,一般是通过询问参加过展会的观众来了解和统计。另一个方面,工作强度、工作效果可以通过统计展会工作人员每小时接待观众的平均数和总数进行评价。

4) 设计工作评估

定量评估内容有展台设计的成本效率、展览和设施的功能效率等;定性的评估内容有公司在展会上的形象如何,展会资料是否有助于展示效果,展台是否突出和易于识别等。

5) 展品工作评估

这项评估工作的内容包括展品选择是否合适,观众反馈效果是否良好,展品运输是否顺利,增加或减少某种展品的原因等。这种评估结果对市场拓展会有一定的参考价值。比如,通过评估可以了解哪种产品最受关注,在以后的展出工作中就可予以更多的重视,相反,对那些不受关注的展品则应考虑不再展出。

6) 宣传工作评估

这包括宣传和公关工作的效率、宣传效果、是否比竞争对手吸引更多的观众、展会资料散发的数量等。

7) 调研评估

这种方法是参展商在展出后针对市场和产品进行调研,即通过展会对新产品或市场有没有新的了解,有没有更明确的发展和努力方向等来对展会效果进行评估。

8) 竞争评估

竞争评估指在展览工作方面和展览效果方面与竞争对手相比较的情况。

本章小结

会展评估可以总结经验,发现问题,是提高办展水平的重要途径之一。会展评估可以在确定评估的方法和步骤后,设计合理的评估方案,收集有关信息,最后通过对有关材料的分析,得出对会展效果的评价,并对下届会展的举办提供改进的依据。通过本章的学习,将掌握会展评估的流程与内容;了解会展评估对会展项目利益相关者的意义与作用;认识到中外会展评估理念与实践的差距。

关键概念

会展评估　会展评估流程　会展评估内容　会展评估报告

复习思考

1. 会展评估对不同的会展利益相关者的作用有哪些?
2. 会展评估的核心指标和内容有哪些?
3. 中外会展评估机构模式有哪些差异?

拓展案例　　深圳国际玩具展览会评估报告

中国的玩具行业和玩具市场发展极为迅速,中国的玩具市场在全球的分量日益重要,为玩具展览的发展提供了经济基础和强有力的产业背景支持。广东地区是全球最大的玩具产区,而深圳正是我国对外交流的一个平台窗口,是我国改革开放较早的城市之一。

励展华博展览(深圳)有限公司应中国玩具协会要求于深圳会展中心,以"玩具让生活更缤纷"为主题,旨在为国内外玩具行业的相关企业打造双向贸易通道,推动中国玩具行业以及相关领域的发展,承办首届深圳国际玩具展览会。在会展期间,针对首届玩具展进行了会展的评估,以真实完善的数据为下届会展提供相关管理改进的依据(见表10-1)。

表10-1　评估报告内容

评估内容	对象:参展商、观众
	样本容量:参展商(295) 观众(不计)
	样本结构:境内参展商54%,境外46% 观众:专业19%,非专业81%
	实施过程及问题处理:收集数据、问卷调查、现场采访、数据分析
资料处理方法及工具	在所有数据收集完成后,按照事先定下来的方法进行数据的处理与分析。运用相关统计工具进行计算和分析,最后得出最终的数据

一、评估项目内容

(1) 满意度及会展效果评估。

(2) 满意度及行为研究,具体包括以下四个方面。

① 参展商满意度及行为研究。

②投资商满意度及行为研究。

③专业观众满意度及行为研究。

④普通观众满意度研究。

(3) 专项调查,包括以下两个方面。

①论坛及活动满意度调查。

②特装参展商基本情况调查。

(4) 观众流量及人气指数统计,主要包括以下两个方面。

①观众流量监测。

②专业观众人气指数统计。

二、评估项目情况

1. 总体满意度情况

本届会展总体得分为 75.40 分,其中参展商满意度得分 73.18 分,观众满意度得分 75.38 分,论坛及活动满意度得分 77.64 分。总体而言,满意度得分较高,此次会展获得了参展商及参会观众的较高认可。

2. 二级指标得分

从参展商的二级指标得分来看,硬环境指标得分为 80.96 分;会展服务得分为 76.28 分;品牌与宣传指标得分为 75.99 分;专项评价和展后受益评价得分分别为 67.43 分和 64.37 分。总体而言,参展商对本次会展各项服务内容评价均较高。

3. 参展商行为背景评价

1) 参展商行为

(1) 展商最看重的是本次会展的影响力。

从参展商对本次会展所看重的因素看,37.81%的参展商认为本次会展的影响力是其参加本次会展所首要看重的因素;其次是会展规模,比例为 26.27%;其后依次是会展定位(13.43%)、会展品牌(10.45%)、政府支持(8.66%)、会展国际化(2.79%)和其他(0.59%)。

(2) 近六成参展商的首要目的是推介产品(项目)。

调查数据显示,参展商的首要目的是推介产品(项目),推介产品(项目)的参展商比较多,占比 57.15%;其次是品牌推广与形象宣传,占比 28.28%;其他参展目的的参展商比较少,占比 14.57%。

2) 参展商认可评价

(1) 参展商目的实现度评价。

调查结果表明,91.96%的参展商表示实现了参展目的,具体来看,9.55%的参展商表示完全实现了参展目的;50.35%的参展商表示基本实现了参展目的;32.06%的参展商表示参展目的的实现程度一般;仅有 7.04%的参展商表示基本没有实现参展目的,1.00%的参展商表示完全没有实现参展目的。

(2) 参展商认可度评价。

八成以上的参展商表示一定会或可能会参加下一届展会。从参展商是否会参加下届展会来看,33.07%的参展商表示一定会参加下一届展会;48.00%的参展商表示可能会参加下一届展会;15.03%的参展商表示随意、看情况;仅有 3.50%的参展商表示可能不会参加下一届展会,0.40%的参展商表示一定不会参加下一届展会。

三、评估结论

从评估结果来看,本届展会获得了参展商、投资商、专业观众、普通观众的高度认可,所举办的活动也获得了参加者的高度评价,在国内有较高的地位,但同国外同类一流会展项目相比还存在较大的差距,深圳国际玩具展览会有必要通过不断改善服务水平、加大宣传力度、提升参会主体的效益感知等手段,使其能得到进一步的发展。

(案例来源:https://wenku.baidu.com/view/c62d76ded15abe23482f4db6.html.)

案例思考:

1. 国内展会与国外同类一流展会在会展评估方面存在哪些差距?
2. 如何进一步提高和改进案例项目的会展评估工作?

第四篇 会展产业与职业发展

◆ **本篇导读**

会展业是将各行业高度聚合的平台产业,"互联网+会展业"重构了商业价值,变革了服务边界,提高了服务效率和质量,成为变革展览形式的重要手段。会展产业在发展的过程中也逐渐确立了相应的行业标准并延伸出相应的职业标准。如何顺应趋势,打造职业竞争力,是对每一位从业者的挑战。

本部分主要向学习者展示了会展业现状及未来的发展趋势,围绕会展业的相关行业、职业标准,促进学习者的职业发展。

第十一章 会展业现状与发展趋势

◆ 学习目标

1. 知识：了解国内外会展业发展现状。
2. 理解：阐述会展业未来发展趋势。
3. 应用：收集相关信息，综合判断区域会展业发展的现状与趋势。
4. 分析：对会展业现阶段发展中存在的问题进行分析。

◆ 学习任务

名称	会展业现状与发展趋势调研
学习目标	1. 认知会展职业的前景 2. 理解会展管理知识体系与职业能力的关系
学习内容	会展行业发展趋势与职业能力需求
任务步骤	1. 4—6名学习者组成学习小组，对会展行业的管理者进行访谈 2. 了解管理人员对管理知识与职业能力的看法 3. 讨论、分析会展管理知识、能力与素质的实现途径 4. 各小组总结提出会展行业管理人员职业规划方案
学习成果	"会展行业管理人员职业规划方案"

◆ 案例引导

············ 会议的形式与青年一代(Generations Y and Z) ············

《会议业的未来》的作者描述了他所预见到的会议形式的改变，而这种改变的部分原因是为了迎合青年一代参会者的需求，即Y一代(出生于1981—1999年的人)和Z一代(2000年后出生的人)。他认为：

"Events 1.0(活动1.0)是我们的第一种会议类型，其特点是演讲者向观众灌输内容，整个教育的形式都是预先设计好的。这种方式曾经非常符合上一代人的需要,他们希望坐在那里听取别人为自己设计好的教育内容。这种方式有点像互联网刚刚出现时的 Web 1.0 时代,那时候提供的是大量现成的可供学习的信息。

Events 1.0 逐渐发展成 Events 2.0,我们为参会者提供了更多的交流和互动机会,以支持教育内容的传播。这类似于 Web 2.0 时代出现的社交媒体、博客和各种互动方式。

Events 3.0 的出现使我们意识到需要改变目前的会议形式来迎合互联网时代出生的青年一代。他们本身就是积极的参与者,希望对活动内容做出贡献,自行决定与谁见面并建立联系。"

由国际会议专业人士协会主导,英国利兹城市大学活动、旅游和酒店研究中心具体实施的 3 年期研究项目《会议的未来》证明,戈洛温斯基做出的一部分建议已经被一些会议业内人士实施了。报告指出:

"采用主动式学习来吸引参会者、积极促成参会者之间的合作、讨论那些参会者最感兴趣的话题,这些都是当前出现的一些创新做法。面对这些创新会议业内人士正在重新审视以主旨演讲和正襟危坐的观众为特点传统型会议需要的改变。由参与者驱动的非传统会议和开放式空间会议展现了参会者可以控制自己参会体验的程度,原因在于绝大多数成人都知道自己需要什么,并不需要别人来为他们做出决定。"

报告还提出,一个主要的挑战将是:

"如何同时迎合具有不同价值观、寻求不同会议收获的几代人。Y 代人具有一种以自我为中心的态度,他们追求专业的发展、个性化、简明的内容和看得见的技术;而上一代人更看重社交机会、知识分享和便利性。"

(案例来源:Tony Rogers,王小石. 会议业:一个全球化产业[M]. 北京:中国旅游出版社,2015.)

案例思考:

1. 新技术、新媒体在会议、展览市场的变革中将扮演怎样的角色?
2. 未来会议内容的提供方式将发生什么重要的改变?

第一节 国际会展行业发展概况

一、全球会展行业规模持续增长

随着经济全球化水平的不断提升和国家间合作的不断加深,会展行业与旅游业、房地产并称为"世界三大无烟产业",也由此成为城市名片、城市经济助推器的代名词。人类社会文明进步越快,对彼此的物质、文化交流需求也越高,因此会展在国家经济发展中的地位也更加重要。现今,欧洲会展经济在国际上整体实力最强,规模最大,德国、意大利、法国、英国都已经成为世界级的会展业大国。截至 2012 年 11 月,欧洲共有 496 个 5000 平方米及以上的室内展馆,总面积约 15.6 百万平方米,约占世界展馆总面积的 48%,大多数行业顶级和世界大型展会在欧洲举办,其展出规模、参展商数量、国际参展商比例、观众人数、贸易效果及相关服务质量等均居世界领先地位。

会展业作为现代服务业的重要支柱之一,其全球市场的规模正在逐步扩大。2006年至2012年,UFI认证会员举办的会展数量由2949场增至3461场,会展面积由30.4百万平方米增至32.8百万平方米。2009年至2010年经济危机期间,全球展会数量下降幅度较小,但展会面积有较大幅度下滑。随着经济危机结束,全球经济开始复苏,会展行业整体情况反馈积极,并开始增长。图11-1所示为全球会展行业的分地区规模。

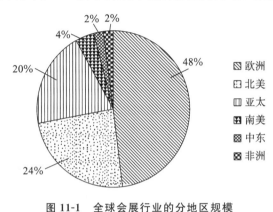

图 11-1　全球会展行业的分地区规模

(数据来源:公开资料、智研咨询整理。)

同步思考　如何衡量一个地区的会展行业发展水平?

全球性会展为广大参展商提供了一个将商品和服务推销给大规模潜在客户群体的平台,促进参展商和潜在客户进行交流及商业合作,从而成为国际贸易的重要营销渠道。随着经济全球化的趋势深入发展,全球会展服务行业呈平稳发展的态势。全球会展行业将以5.19%的年复合增长率增长,预计到2019年年初,全球会展行业市场规模将达到355.2亿美元,其中,新兴市场如亚太和中东非地区将迎来高速增长,欧美等成熟市场将会保持稳定的增长。图11-2所示为2013—2017年全球会展市场规模。

同步讨论　中国会展业和国外会展业的差距体现在哪些方面?

二、欧美地区市场主导地位稳固,增速放缓

(一)欧洲市场

2013年欧洲会展行业市场规模为128.2亿美元,预计2019年年初将达到158.9亿美元。图11-3所示为2013—2017年欧洲会展市场规模。

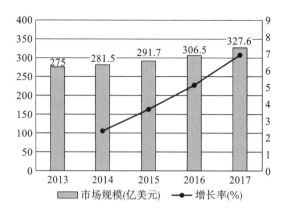

图 11-2　2013—2017 年全球会展市场规模

（数据来源：公开资料、智研咨询整理。）

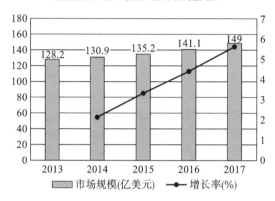

图 11-3　2013—2017 年欧洲会展市场规模

（数据来源：公开资料、智研咨询整理。）

欧洲会展行业市场规模将保持一个较为稳定的增长率，其主导地位未动摇。欧洲会展行业市场正在"数字化"进程中，其展会形式、互动与信息分析均在创新中。博闻等大型欧洲展会企业仍是全球会展行业的领导者。但是，随着全球会展行业市场的发展，欧洲会展行业市场的增长率将低于发展中国家。欧洲会展企业将它们的本土展览经验输送到新兴市场以获得新的利润增长点，这些企业试图用品牌战略来吸引更多的展商以期对抗未来的低增长率态势。

（二）北美市场

2013 年北美会展行业市场规模为 77.5 亿美元，预计 2019 年年初将达到 97.5 亿美元。图 11-4 所示为 2013—2017 年北美会展市场规模。

北美市场亦将保持一个较为稳定的增长率，从居民可支配收入和生活水准上看，北美已经是一个成熟的市场，且这个市场中有大量的竞争企业。北美自由贸易协会积极地促进了这个地区货物与服务的贸易。各个展会中，先进科技的进步及其应用给展商带来了潜在的收益。美国政府认为，会展是经济重要的刺激因素，因为会展同时促进了旅游业和就业率。

（三）亚太、中东非地区市场规模占比不断提升

目前，国际会展行业形成了以欧美国家为中心，辐射亚太、中南美、中东非的格局。亚

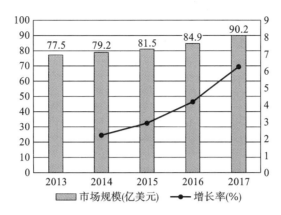

图 11-4　2013—2017 年北美会展市场规模

（数据来源：公开资料、智研咨询整理。）

太地区、中东非地区会展市场占比不断提升。其原因在于，一方面随着国际会展行业的不断发展，众多国际知名的会展品牌纷纷进入亚太、中东非市场，通过行业细分、跨地域的协调、延伸以巩固自身地位；另一方面亚太、中东非地区经济的高速发展以及人民生活水平的日益提升，促使当地贸易需求增加，当地会展市场规模亦随之增长。未来，亚太及中东非洲地区的会展行业市场规模将大幅度增长，其在全球会展行业占比将不断提高。2013 年，亚太地区市场规模为 51.4 亿美元，预计 2019 年年初将达到 73.3 亿美元，年复合增长率居全球首位，较欧洲地区增长率高 67.65%、北美地区增长率高 56.60%。图 11-5 所示为 2013—2017 年亚太会展市场规模。

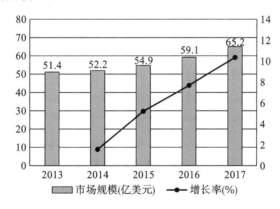

图 11-5　2013—2017 年亚太会展市场规模

（数据来源：公开资料、智研咨询整理。）

2013 年中东非地区市场规模为 10.7 亿美元，预计 2019 年年初将达到 15 亿美元，年复合增长率仅次于亚太地区。中东非地区中，例如海湾阿拉伯国家合作委员会成员国的国家经济和人均收入正在高速增长，且国家财政政策的倾向和现代化进程的加快使得这个地区的展览中心正逐步增多。在政府对会展行业的鼓励下，中东非地区在会展行业的潜力正逐步积攒并显现。图 11-6 所示为 2013—2017 年中东非会展市场规模。

（四）中南美地区市场规模较小，尚待开发

2013 年中南美地区市场规模为 8 亿美元，预计 2019 年年初将达到 10.5 亿美元。

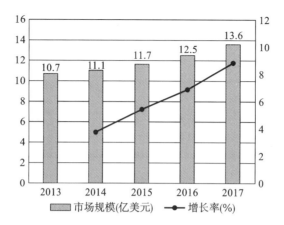

图 11-6　2013—2017 年中东非会展市场规模

（数据来源：公开资料、智研咨询整理。）

图 11-7 所示为 2013—2017 年中南美会展市场规模。

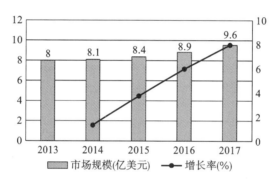

图 11-7　2013—2017 年中南美会展市场规模

（数据来源：公开资料、智研咨询整理。）

中南美地区会展行业市场的外部支持环境相比于其他几个地区显得较弱。经济的持续动荡成为减少投资者信心的主要原因。尽管如此，由于巴西、墨西哥、智利、哥伦比亚等新兴市场国家的人民生活标准的提升，中南美地区的会展行业市场仍然保持一个较为稳健的增长趋势。这个地区的会展行业企业会策略性地与欧美会展企业合作，共同促进这个地区的会展行业市场规模的扩大。

第二节　国内会展业发展概况

一、我国会展业发展迅速

随着国民经济的不断发展，我国的会展行业增长迅速。2016 年，我国境内举办展览

9892场,较上年增加6.56%;展出面积13075万平方米,较上年增加10.82%。据商务部测算,展会经济直接产值接近5000亿元人民币。图11-8所示为2013—2016年全国展览数量及面积对比。

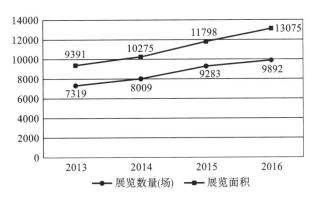

图11-8　2013—2016年全国展览数量及面积对比

(数据来源:公开资料、智研咨询整理。)

二、出国参展、办展保持增长态势

(一)出国参展、办展指标有所回升

受2008年全球金融危机的影响,2009至2011年我国的出国参展、办展相关指标均呈现下降趋势。得益于各级政府的直接推动、市场需求的增长以及各组展单位的积极努力,2012年我国出展各项主要指标包括展出面积和参展企业数的同比增速已基本恢复到2008年金融危机前的水平。2013年受欧美国家经济发展趋缓、发达国家不断采取量化宽松货币政策以及贸易和投资保护主义加剧等因素的影响,出展相关指标同比略有下降。2014年在政府的大力支持和世界经济缓慢复苏的背景下,出展各项指标开始显著回升。2015年,受世界经济增长放缓、国际市场需求萎缩、大宗商品价格下跌以及国内因结构调整而导致的投资需求放缓等多重因素的影响,我国出展行业整体规模下滑。2016年,尽管世界经济呈现出缓慢复苏的态势,但仍有众多不利因素使全球经济充满了不确定性。在这种背景下,我国通过稳步推进"一带一路"倡议、供给侧改革等措施,保持了社会经济的平稳健康发展。2016年出国展览扭转了2015年国别数、项目数"双降"的态势,全国97家组展单位共赴63个国家组织参展1492项,较上年增加7%;展出面积为83.5万平方米,较上年增加14%;参展企业数为5.84万家,较上年增加12%。图11-9所示为2012—2016年出展项目数及参展企业数。

2016年出展项目数(包含自办展、代理展)列居前10位的国家分别为:美国、德国、俄罗斯、阿联酋、印度、巴西、印度尼西亚、土耳其、泰国和墨西哥。我国赴上述10国的展览项目数量占全年总量的67.6%,展出总面积占全年总量的65.3%,参展企业数占全年总量的65%。图11-10所示为2016年出展项目全球分布。

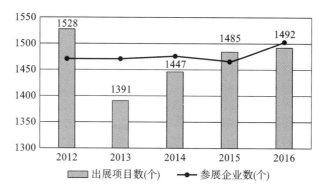

图 11-9 2012—2016 年出展项目数及参展企业数

（数据来源：公开资料、智研咨询整理。）

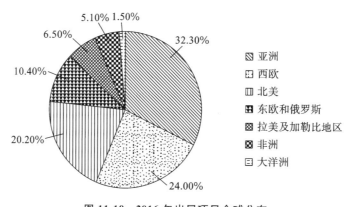

图 11-10 2016 年出展项目全球分布

（数据来源：公开资料、智研咨询整理。）

同步思考　自主办展数量的增加对会展行业的发展有什么积极意义？

（二）境外自主办展面积上升

2016 年我国出国自主办展单位数为 37 家，我国会展行业境外自主办展 128 场，我国境外自主办展总面积相比 2015 年的 32.2 万平方米增加了 45.8 万平方米，增长了 142.24%。图 11-11 所示为 2013—2016 年我国出国自主办展对比。

2016 年我国会展企业出国自主办展面积排名前十位的国家分别是印度、俄罗斯、印度尼西亚、波兰、美国、巴西、泰国、阿联酋、土耳其、德国。

2016 年境外自主办展共涉及的行业为 14 种，排名前三的分别为：综合展会 46 场，占比为 40.2%；工业机械 17 场，占比为 13.7%；纺织服装 15 场，占比为 17.3%。

（三）赴"一带一路"沿线国家参展初见成效

2016 年全国 83 家组展单位共赴 32 个"一带一路"沿线国家实施办展项目（包括自办展

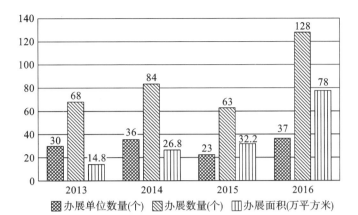

图 11-11 2013—2016 年我国出国自主办展对比

(数据来源:公开资料、智研咨询整理。)

及代理展)602 项,较上年增加 83 项,占出展项目总量的 42.2%;展出总面积为 30.2 万平方米,较上年增加 7.3 万平方米,占总量的 39.7%;参展企业为 2 万家,较上年增加 0.4 万家,占总量的 37.4%。2016 年米奥会展在"一带一路"沿线国家实施办展项目 12.7 万平方米,占"一带一路"总展出面积的 42.1%。从国别上看,项目数排名前 10 位的"一带一路"国家依次为:俄罗斯、阿联酋、印度、印度尼西亚、土耳其、泰国、越南、伊朗、波兰、新加坡。其项目总数为 501 个,占"一带一路"沿线国家参展总项目数的 83.2%;展出总面积 24.5 万平方米,比重为 81.1%;参展企业数为 1.6 万家,占企业总数 80%。上述国家中,俄罗斯、阿联酋、印度、土耳其同时也是出国办展项目数总量前 10 位的国家。表 11-1 所示为 2015、2016 年度,中国组展单位赴"一带一路"沿线国家办展情况。

表 11-1 2015、2016 年度,中国组展单位赴"一带一路"沿线国家办展情况

项目	2015 年度	2016 年度
项目数(个)	519.0	602.0
展出面积(万平方米)	22.9	30.2
参展企业数(万家)	1.6	2.0

(数据来源:公开资料、智研咨询整理。)

三、会展行业向质量提升型内涵发展转变

(一)专业展览面积增加,会展基础设施条件得到改善

专业展览馆是会展产业的重要基础设施。根据对展览馆统计的标准,展览馆室内可租用面积 5000 平方米以上且每年举办 2 个以上经贸类展览会的展览馆为专业展览馆。经过多年建设,国内专业展览馆条件大为改善,数量充足,功能齐全。据统计,2016 年中国共有专业展览馆 156 个,比 2015 年新增 20 个;室内可租用面积约 823 万平方米,比 2015 年增加约 176 万平方米。据统计,2014 年全球室内展览面积达到 20 万平方米以上的场馆共 17 个,其中 4 个分布在中国,与德国并列排行第一。我国专业展览馆数量及可租用面积逐年

增长,为举办各类国际国内大型展会项目提供了良好的硬件设施。2014—2016年全国展览馆数量面积变化如图11-12所示。

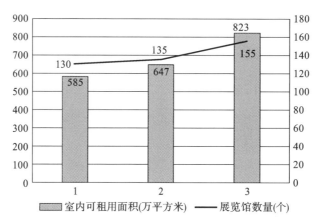

图11-12 全国展览馆数量面积变化图

经过十余年的快速发展,我国会展业已初具规模。2015年全国共举办各类展会9283场,展览面积11798万平方米,会展经济直接产值达到4803.1亿元人民币,约占全国国内生产总值的0.71%,占全国第三产业增加值的1.41%。2008年至2015年,国内会展场次数量和展览面积均实现了稳步增长,具体情况如图11-13所示。

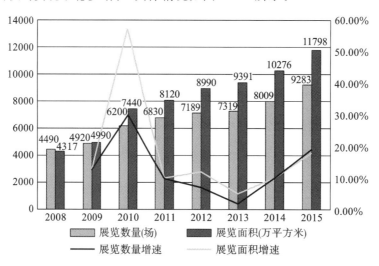

图11-13 国内展览数量、面积、增速图

根据上述统计,境内展览除了总体保持增长趋势之外,展览面积增速快于展览数量增速,单个展会展出规模扩大,规模经济效应明显增强。会展业发展方式发生质的飞跃,由数量扩张型向质量提升型内涵发展转变。2015年,全国超过10万平方米的展会项目124个,比2014年增加了16个,其中最大展会展出面积达到118万平方米。以会展业发展程度相对较高的上海为例,与2014年相比,上海市2015年展览数量减少20个,但展览面积增加近232.55万平方米。2015年上海单一展览总体平均超过2万平方米,展会规模经济效益明显。

第十一章　会展业现状与发展趋势

（二）中西部地区保持较快速度增长

我国展会区域集约化程度较为明显，东、中、西部地区分布不均，中西部份额增加，但东部地区主导地位仍然较为明显。2015 年，我国东部地区办展 5699 场，展览面积 7834.55 万平方米，分别占比 61.40% 和 66.40%，在全国会展行业占据主导地位。中西部地区办展 3584 个，展览面积 4062.50 万平方米，分别占比 38.60% 和 34.40%。中西部展览数量和展出面积增长速度明显快于东部，在全国展览业中的比重提升。

近年来，重庆作为西部中心城市，会展产业积极发展，展览数量及展览面积增幅维持在较高水平。2014 年及 2015 年北京、上海、广州和重庆所举办的展会数量及展览面积具体统计如表 11-2 所示。

表 11-2　北京、上海、广州、重庆展会数量及展览面积

城市	展览数量（场）		增长率	展览面积（万平方米）		增长率
	2014 年	2015 年		2014 年	2015 年	
北京	431	415	−3.71%	608.19	520.10	−14.48%
上海	769	749	−2.60%	1279.00	1511.55	18.18%
广州	392	482	22.96%	858.57	861.70	0.36%
重庆	662	749	13.14%	601.30	702.30	16.80%

（三）会展举办单位及项目层次提升

在会展行业总体保持增长的同时，国内会展业相关主体及会展项目层次持续提升。目前，加入 UFI 的中国会员和通过 UFI 认证的会展项目均已形成一定规模，并集中在北京、上海、深圳、广州等主要中心城市。2015 年国内 UFI 会员数达到 95 个，其中北上广深的会员数量合计达 79.85%；通过 UFI 认证的会展项目达到 46 个，其中北上广深的会展项目数量合计达 59.74%。与举办及参加境内展会相比，境内会展企业赴境外自主办展、境内参展企业赴境外参加国际展会所要求的条件及层次更高。近几年来，随着全球经济的深入融合、中国在国际经济中的地位提升，中国赴境外自主办展及参展规模均明显增长。据不完全统计，2016 年全国 97 家组展单位共赴 63 个国家组织参展 1492 项，较上年增加 7%；展出面积为 83.5 万平方米，较上年增加 14%；参展企业数为 5.84 万家，较上年增加 12%。2012—2016 年中国企业赴境外出展统计情况如表 11-3 所示。

表 11-3　2012—2016 年中国企业赴境外参展情况

年度	项目数	年增长率（%）	展出面积（万平方米）	年增长率（%）	参展企业数（万个）	年增长率（%）
2012	1536	—	69.26	—	4.8	—
2013	1391	−9.44%	61.80	−10.77%	4.5	−6.25%
2014	1447	4.03%	70.68	14.37%	4.7	4.44%
2015	1385	−4.28%	63.89	−9.61%	4.8	2.13%
2016	1492	7.73%	83.50	30.69%	5.8	20.83%

（四）趋向市场化，行业集中度相对较低

从会展组展单位性质来看，国内组展单位可划分为党政机关、行业协会、外资企业和国内企业四大类型。按照贸促会的统计，2016年全国会展行业办展主体中共有国内企业1406家，较2015年增加80家，占比57.13%；共有行业协会863个，较2015年增加424家，占比35.07%；共有151个党政机关，较2015年增加9家，占比6.14%；共有41个外资企业，较2015年减少37个，占比1.67%。国内企业和行业协会型组展单位数量不断增长，而党政机关和外资企业型的组展单位数量增长较小或有所下降。

国内会展市场集中度相对较低，大部分组展企业规模实力相对较弱，举办的会展数量及会展面积有限。据统计，2016年近七成展览会面积在1—5万平方米，其中1—3万平方米的小规模展会占据主流。面积在1—3万平方米的展览会共有1310个，约占已知面积展览会总数量的52%；面积在3—5万平方米的展览会共有482个，约占已知面积展览会总数量的19%。

四、国内会展业发展经济环境分析

（一）国际经济环境发生改变，会展业发展出现新趋势

由于2008年席卷全球的金融危机的冲击，大多数发达国家经济大幅度下滑，美国经济萎靡不振，欧洲债务危机愈演愈烈，世界经济格局发生改变。危机过后各国政府纷纷出台经济刺激计划，试图推动本国经济的发展，欧美经济开始复苏，未来几年将逐步增长，发达国家需要寻找新的经济增长点。随着经济全球化、一体化程度的加深，新一轮国际分工呈现出以市场为导向，以跨国公司为核心，包含经济活动全过程中的各个环节（包括策划与管理、研究开发、生产制造、流通手段等）在内的垂直分工。会展业随之呈现出国际化、专业化、品牌化、服务外包化、人才化和跨业态经营等特点，国际竞争将进一步加剧。

由于生态环境的持续恶化，且总体趋势不变，未来几年，环保依然是全球共同关注的热门话题，所以环保产业将引领全球产业经济，新能源等新兴产业将成为产业主导，迫切需要借助会展这一平台展示新技术和新产品。

（二）国内经济环境稳定，会展业发展迎来战略机遇期

20年来，我国会展业每年以20%—30%的速度发展，创造了巨大的经济效益和社会效益，"会展经济"已成为国民经济的重要组成部分。未来在我国总体经济长期趋好、产业全面升级、以绿色发展战略为基调、国民经济寻求新的增长点的基础上，会展业将得到大力发展，绿色低碳将成为会展业的重大主题。

国内各省市"十三五"规划的相关经济政策，特别是对现代服务业的总体布局的规划，都为国内会展业发展创造了有利条件。

五、国内会展业发展现状分析

(一)我国会展市场机制不健全

我国会展业市场化程度总体来说还不高,具体表现在以下几个方面。

1. 行业管理机制有待完善

市场导向不足,供求机制、价格机制、行业自律机制和竞争机制还没有真正发挥作用,导致会展市场秩序混乱,展览场馆如集贸市场,讨价还价,有的会展竟然成了处理积压商品的场所。没有形成良性竞争,有的公司,特别是一些小规模公司,为了追求自己的经济利益,盲目办展,抄袭别人的主题,和别的展会同期同地举办,争夺别人的客户。竞争的无序使得会展资源严重浪费,效率低下,带来的是整个会展业的低效率与恶性循环。

2. 市场主体混乱

政府、行业协会、国有企业、民营企业、合资企业等面对会展业这样一个利润蛋糕都想分一杯羹,展览公司的市场主体地位不明显,大型的会展企业所占比重小,中小型会展企业规模小,投资、经营未能实现多元化,长期依赖政府投资拨款,没有形成自负盈亏的机制。

3. 市场信息不对称

会展信息渠道不通畅,导致组展商与参展商无法有效沟通,结果会展达不到预期效果,甚至出现骗展、虚假展览等现象,在一定程度上扰乱了会展的市场秩序。

(二)会展组织管理模式落后

1. 政府权责不明确

政府管理职能不清,行政管理缺位或不到位,政府包办或对会展市场的干预过多,却对会展缺乏指导,阻碍了会展业市场化的进程。

另外,政府对会展举办权严格控制,导致会展审批手续复杂,虽然现在已由审批制转向登记制,但仍然存在重复审批和多头管理的现象,因为外经贸和贸促会都有各自的审批权,当地政府的相应部门还要审批,如果出国办展、参展,手续就更加复杂和繁琐,这些部门之间缺乏协调和集体会办的意识,在一定程度上挫伤了组展商和参展商的积极性。

2. 行业协会功能没有完全发挥

行业协会是市场机制的主要载体,好的行业协会能够规范市场机制,对本行业进行有效管理,能够协调政府与企业、企业与企业之间的关系,并通过协商、契约等方式建立行业自律机制。但在我国,行业协会的作用未能得到重视与扶持,行业协会体系也不够完善,除了中国展览馆协会,还未在其他各领域建立权威性的行业协会。直到2005年4月,我国才成立会展业的全国性行业组织——中华全国工商业联合会会议展览业商会。近年来各地方会展行业协会不断成立,但是由于起步晚,行业协会并未完全发挥其应尽的职能。

(三)法律、法规不完善

要规范整个会展业的经济行为,使会展业朝着健康有序的方向发展,必须制定相关法律、法规加以约束和管理。近几年来商务部做了大量工作，颁布了《展会知识产权保护办法》《关于设立外商投资会议展览公司暂行办法》《关于在我国境内举办对外经济技术展览会有关管理事宜的通知》等一系列文件，在一定程度上规范了对会展业的管理。但是在已经颁布的多个行政法规中，存在不少交叉重叠现象，法规本身也不够完善。

（四）会展主题专业性不强

当代产业竞争是产业链之间的竞争，会展业也不例外，由于会展业具有极大的联动效应和带动效应，会展产业链已经形成。它围绕某一主题，以所在区域的产业为依托，借助场馆等设施，将会展业的主体和相关利益者联合起来，其中会展主题和产业基础是整个产业链的主导因素。要实现相关者利益最大化，必须明确这一点。

可是很多会展目的地的会展企业在没有弄清本地产业优势、地理优势和人文优势的情况下，就盲目开发会展项目，结果会展主题不明确，专业性不强。会展是参展商展示产品和技术，和观众（指专业观众）进行沟通交流，发现客户的平台。作为参展商来说，会展主题尤其重要，只有组展目的明确，会展主题专业，才能吸引专业观众，参加才有意义。所以要实现相关者利益最大化，必须加强会展主体的专业性。

（五）会展软硬件设施发展不均衡

1. 场馆功能发展滞后

20年来，我国各省市在场馆的建设方面取得了一定的成绩，全国现有大中型会展场馆150多个，会展面积达300万平方米以上，已经超过了号称"世界会展之国"——德国的展馆面积，并拥有一批具有国际水平的现代化会展场馆。

但是从全国来看，场馆的建设缺乏整体规划，很多城市盲目建馆，选址不当，规划设计不够合理，有数量没有规模，场馆的展览面积不够大，功能单一，配套的硬件设施不全，后期运营和维护不善，导致场馆利用率不足，甚至长期空置，造成资源浪费严重，根本谈不上对经济发展作贡献。

2. 会展服务质量不高

会展业属于服务业，所以服务质量是会展业发展成败的关键因素。这里的服务质量有两层含义：一是会展专业服务，包括为参展商提供的展台搭建等服务和为场馆内的配套服务设施等，目前这方面缺乏专业化的分工，服务的专业性不强，质量不高；二是会展产业链下游提供的配套服务，包括交通、物流、餐饮、住宿、旅游等，由于产业链上游和中游几乎是跳跃式的发展，让下游的服务产业望尘莫及，以致配套服务难以跟上。

3. 人才缺口大且结构不合理

任何产业的发展都要有高素质的人才资源作为支撑，可是当前我国会展人才极度匮乏，会展人才的岗位空缺比例达10∶1。而我国会展教育与培训又远远落后于会展业的发展速度，造成会展人才供不应求。会展教育与培训与市场需求脱节，造成输送的会展人才结构不够合理，会展核心人才和辅助性人才缺口较大。

（六）会展业国际竞争加剧

2004年1月12日，商务部首次允许外资会展企业在中国办展招商，紧接着随着WTO

过渡期结束,服务业全面开放,国内会展受到外来会展企业的冲击。2008年后,由于金融危机的影响,欧美国家国内市场萎缩,越来越多的知名会展企业将目光投向中国市场,通过各种方式进驻中国市场,国际竞争加剧,国内会展高端市场被抢占,尚处于快速成长期的国内会展业面临巨大威胁,中小型会展企业受到的冲击更大,生存难以为继。

(七) 会展业的信息化程度较低

随着网络的普及和信息技术的发展,会展业的信息化程度不断提高,在欧美发达国家,信息技术被广泛地应用于会展业,极大地提高了会展的管理效率和服务质量。相比而言,我国会展业的信息化程度还比较低,信息技术在会展业中的应用较为落后,大多数会展企业仅仅将会展信息化看作简单的网站建设,据有关市场调查显示,目前国内2000多个会展企业中有主题网站并能提供基本业务和服务功能的只占15%,且应用层面操作复杂;35%的会展企业有网站,但技术手段落后、专业性差、应用操作复杂,就网站内容、产品展示效果、平台服务和功能而言,远远不能满足参展企业的需求;50%以上的展览会只有几页简单的静态页面,或根本就没有网站。

第三节 我国会展业发展对策

一、正确定位,合理规划

(一) 正确定位

首先要根据本国、本地的产业基础和地区优势合理制定本国、本地区的会展业目标,建设相应的基础设施,明确本国、本地区会展业发展的主题,不要盲目追求大而全的综合性会展,要把握世界经济发展趋势,举办专业性主题会展。"十二五"期间,会展业的一个重要任务就是为我国新兴产业走向市场提供平台。

(二) 合理规划

一个国家和地区产业发展的长期规划非常重要,它是产业发展的方向、目标和指南,所以国家和地区必须从宏观上进行总体规划,制定会展业未来的发展规划。关于会展业的发展,要"促进广告、会展业健康发展","规范提升商务服务业","营造环境推动服务业大发展"。会展的举办地要深刻领会规划精神,促进和规范会展业的发展,提升会展业服务质量,积极营造良好的会展环境。

(三) 制定重点发展和扶持政策

近年来国内各地方政府陆续出台会展业扶持政策,从某种程度上推动了全国会展业的发展,可是很多扶持政策并没有完全发挥作用,所以要根据实际情况,继续完善这些扶持政策,重点支持北京、上海、广州等已经取得巨大成绩的会展大省、市的发展,优先发展有知名度、有潜力的会展项目和品牌,着重培育一批具有较强经济实力、办展能力强、展会声誉好的会展企业。

二、强化市场机制和经营意识

加速会展业的市场化进程是我国会展业未来发展的方向。会展业要实现资源优化配置、利益最大化、成本节约化,就要尽快建立平等高效的市场机制,反对不正当竞争和欺诈行为,创造良好的市场环境和公平的竞争秩序,将会展业真正推向市场。

(一) 实施较为严格的市场准入制度

提高行业门槛,加快会展企业的培养,提高会展企业的整体素质,实现市场主体多元化,充分发挥市场主体的作用,实现展馆、会展企业自主经营、自负盈亏。

(二) 保持市场信息渠道畅通

国家主管部门和行业协会要加强对组展商的资质审核和统计评估,实施跟踪管理,定期公布统计数据,促进会展行业内的信息交流与沟通,以增加举办展会的透明度和可信度,为参展商提供参展决策依据。

(三) 实现服务专业化分工

组展商进行服务外包,让自己从繁琐的事务中解放出来,把更多的精力用于会展项目的营销策划上,会展服务接包商则通过不断提供专业的会展服务提升服务水平,实现资源优化配置,达到利益最大化,从而进一步推动会展业市场化的进程。

三、创新会展管理与组织模式

(一) 转变政府职能

会展业持续健康的发展,需要政府的指导和支持,所以政府要尽快转变职能,从微观管理转变到宏观调控。制定会展业发展规划进行宏观引导,颁布政策、法规,建立具有权威性的国家级管理机构,通过对行业协会进行管理来加强市场管理,规范会展业市场秩序,组织行业经济效益和社会效益统计,投资建设大型基础设施建设和配套服务。对于大型综合性会展、主题会议型会展,继续发挥政府的主导作用,提供资金支持,由政府委托组展商具体运作。对于技术经济类的专业性会展,由于它们属于纯粹的竞争性经济活动,政府应当逐步退出,仅仅通过适当的税收和补贴等优惠政策进行引导和扶持。

支持会展企业申请国际展会,鼓励并组织企业出国参展,创立相关基金,为企业组织国际会展和出国参展提供资助,协助、配合会展公司开展海内外的品牌推广工作。

(二) 完善行业协会功能

按照国际惯例和会展业具体操作的需要,大力发展我国的会展行业协会,尽早成立全国统一的权威性行业协会,各行业领域也要尽快成立自己的行业协会。

协会成立后的主要任务是完善并发挥行业协会的自律管理作用,制定行业规范,对展会的类别、展期、地点等进行监督和管理,加强业内信息交流,定期对会展项目进行评估,发布相关信息,培养会展专业人才。

此外,还要发挥行业协会的协调作用,负责会展企业与政府、会展企业与参展企业、参展企业与专业观众之间的关系,使行业协会真正成为行业性中介服务机构,发挥桥梁与纽带作用。

(三)出台相关法律、法规

严格且完善的法律、法规是会展业健康、持续发展的保证,为此要加快我国会展业发展的法制化进程。一方面完善现有的法规,如会展知识产权保护方面的立法和规范,加强展会名称的规范化管理,优化品牌展会的法律环境。另一方面相关政府部门应尽早制定并出台一部统一的覆盖会展业方方面面的完整法规,使有关执法部门能够在工商登记、货物检验和通关、公共安全登记等方面进行监管。

(四)转变观念,重视硬件、软件建设

1. 加强场馆功能建设

场馆的建设要有科学规划,不光要看数量,还要看规模、质量,看该场馆在会展业内的影响力、地位和口碑。要注重馆址的选择和馆内设计的质量,配备一流的展馆硬件设施,如展馆的展览面积,通气、通水、通电、通信等都要达到标准化程度,以便为参展商提供保障;馆外要配备绿化休闲场所和停车场为参展商和专业观众提供便利服务;为承接国际会展还要向符合国际标准的专业化展馆方向发展。

2. 提升服务质量

会展企业和场馆要提升会展的服务质量,为参展商和观众提供优质、贴心、全方位、人性化、智能化的一站式(One-stop service)服务,最大限度地为客户提供便利,培养忠诚客户。要达到这个目标,必须尽快发展我国会展的服务外包业务,提高服务外包市场专业化程度,以保证各项会展外包服务的质量。另外,要加快会展产业链下游的产业发展,尽快形成完善的配套服务体系。

3. 健全会展培训体系

必须进行总体规划,有计划、有步骤地发展和完善我国会展的教育与培训体系,大力发展会展学历教育,健全会展教育体系;发挥行业协会的人才输送功能;借助中介机构,进行社会培训;加强国际合作,引进会展人才。学历教育、社会培训多管齐下,从而为会展业持续、稳定地输送高素质人才。

四、加快发展应对国际竞争

(一)加快会展企业的发展

会展企业要尽快拓宽资金融通渠道,提升自己的资金实力;健全组织管理系统,提升自

己的经营能力。认真组织市场调研,根据市场的需求设计会展项目,明确会展主题,精心进行营销策划,树立服务意识和品牌意识,学习并借鉴国外知名会展企业的先进管理手段及市场操作经验,加快建设自己的品牌,树立自己的形象,提高本企业和会展项目的国际知名度、美誉度和业内认同度。

(二)开展区域合作应对国外知名会展企业的冲击

国外知名会展企业具有国内会展企业不具备的资金、品牌、信誉、管理、超国民待遇、市场操作经验等优势,要与国外知名会展企业抗衡,国内会展企业必须加强区域合作,整合区域内的社会资源,发挥区域整体优势,以提升会展企业的综合竞争力,以应对国外知名会展企业的冲击。

五、推动会展业的信息化进程

会展业信息化就是要将会展活动电子化、网络化。随着网络的发展和信息技术在商业领域的广泛应用,网络成为现代社会中人们进行信息交流的重要平台,而信息技术也逐步渗透于人类社会经济生活的各个方面。对企业而言,基于因特网的网上采购、竞购、拍卖、采购管理、客户关系管理、产品营销过程管理等使得它们得以突破商务活动在时空上的限制,基于电子商务的网络会展平台提供的视频会议、互动的产品展示、客户定制化促销、现场参观、订单管理、电子支付等功能和服务正日趋完善,使得企业的营销成本大大降低,销量大大增加,这些改变会给企业带来巨大的经济效益。

目前,我国会展企业要尽快转变观念,重视会展业的信息化建设,积极采取措施大力推动会展业的信息化进程,以便提高会展业的管理效率和服务质量。在这个过程中,信息技术在会展业中的应用是关键,作为会展企业,要特别重视信息技术在展会前宣传促销、展会中销售管理和展会后客户跟进中的巨大作用。

第四节 会展业发展趋势

一、国际会展业未来发展趋势

(一)世界会展产业"东移"趋势更加明显

UFI 的统计报告及 Technavio 的行业研究报告均指出,伴随着亚太、中东非、中南美等新兴市场国家经济发展的提速,国际会展产业出现了重心由发达国家向发展中国家转移的趋势。欧美国家在保持行业主导地位的同时,市场增速放缓,而亚太、中东非地区因人均可支配收入和生活水准的提升,其会展行业市场正以较高的年复合增长率快速增长。步入"新常态"的中国更加渴望有更多、更大的平台进行自我展示,一系列国际会展的成功举办也为会展行业带来了难得的机遇,作为全球第二大经济体的展览市场将越来越令世界展览业瞩目。过去几年里,米兰、汉诺威等国际展览业巨头纷纷在中国移植或者举办新的展览会,成绩斐然。可以预见,中国经济的进一步转型将为国际市场带来更加巨大的机会,国际市场和中国市场的双向需求将带动世界展览业加速"东移"。与此同时,为了展现中国制造,国家也将充分利用出国展览平台,将中国企业的形象输出到国外,国内的出国展览行业也将迎来历史性机遇。

(二)专业性展览会已成未来趋势

综合与细分是设定展会内容的两种思路。从展览业的发展看,展会的内容从综合到细分,是展览业发育成熟并迈向专业化的重要标志。欧美展览大国已经开始细分行业之后的"再细分",展览内容极具专业性,使采购商能够以最快的速度找到所需的产品。在我国,由于追求展览经济的规模效应和"大而全"的展示效果,偏综合性的展会仍大量存在。近几年,许多综合性展会开始将内容细分成专业性主体展览会或主题馆。虽然与欧美相比这种划分仍显粗放,却已体现出中国展览业专业化进程的加速。随着政府介入的逐步减少,中国展览会将在市场的要求下对内容进行更合理、更专业的细分,许多大型展览会有可能分为规模更小、专业性更强的展览会,与国际展览业的发展更为紧密地联系在一起。

二、国内会展产业发展趋势与特点

(一)政府推动力度加大

在党的十八大报告中,现代服务业已成为中国经济战略结构调整的重要组成部分,这令会展行业看到了更好的未来。2015年4月19日,国务院正式出台《关于进一步促进展览业改革发展的若干意见》,指出"积极推进展览业市场化进程。坚持专业化、国际化、品牌化、信息化方向,倡导低碳、环保、绿色理念,培育壮大市场主体,加快展览业转型升级,努力推动我国从展览业大国向展览业强国发展,更好地服务于国民经济和社会发展全局。"这是国务院首次全面系统地提出展览业发展的战略目标和主要任务,并对进一步促进展览业改革发展做出全面部署,这将对行业的持续、健康发展产生积极、深远的影响。

(二)市场力量推动会展行业进一步发展

近年来,我国会展业市场化进程进一步加快,具体体现在政府展会项目外包、行业中介组织建设和行业标准建设三个方面取得的突破。政府展会项目正积极实施服务外包,例如武汉光博会、亚欧博览会、绵阳科博会、沈阳制博会等一批政府展会项目。在积极筹备全国会展行业协会的进程中,行业中介组织建设也在近期取得突破性进展,例如2014年广东筹备成立了广东会展组织者协会,四川等一些省市也相继成立了一些市场推动的会展行业中介组织。行业标准建设近期也取得进展,行业规范提上议事日程,2013至2014年先后颁布实施了《会展中心(会议中心)服务规范》、《会展设计搭建服务规范》、《商贸类展览会等级分类标准》、《会议分类与术语》、《会展业节能降耗工作规范》等一批国家标准、行业标准;浙江、广西、山东、四川等省区也颁布制定了一系列地方性会展行业标准。

(三) 国际会展企业进入中国市场步伐加快

近年来,国际会展企业进入中国市场步伐加快,进入方式灵活多样,包括收购中国会展项目、联合成立合资企业运营会展以及缔结战略合作关系共同开发会展项目等,其中收购中国会展项目成为国外会展企业进入中国市场的重要方式。据商务部发布的《中国展览行业发展报告(2015)》统计显示,2014年1—10月,亚洲共发生会展行业并购案例18起,其中有8起发生在中国。此外,外资会展企业还纷纷与国内相关机构合作,成立合资会展公司,共同举办展会。例如英国I2I会展集团与中国纺织行业贸促会合作,共同举办中国国际针织博览会;成都市博览局与励展博览、博闻UBM、意大利罗马会展公司建立了战略合作关系等。

(四) 科技助推会展进步,线上线下融合发展

近年来新技术在展会活动中得到广泛运用,从现场数据的收集统计,到线上线下展会的共同发展;从信息技术的应用,到会展科技资本的融合,都充分体现出"会展与科技融合发展"的总体趋势。近两年,会展业信息化水平显著提高。随着移动互联网的兴起,"自媒体"蓬勃发展,微博、微信等即时通信工具成为人们获取信息的重要来源,会展业也普遍应用官方微博、官方微信、公众号,及时发布展览资讯并与客户展开互动交流。

三、国内会展企业出国办展趋势与特点

随着我国外贸企业竞争优势增加、对外开放程度加深以及外贸稳增长调结构政策的落实,我国外贸交易将进一步增长,从而推动我国出国办展市场规模高速增长。

(一) 对外开放深入推进,为出国办展营造良好环境

我国对外开放进程深入推进,与各国之间贸易联系更加紧密,为中国外贸发展营造了良好的政治环境,促我国对外贸易增长,从而带动我国企业出国参展、办展规模逐步提升。首先,我国提出的"一带一路"合作倡议、国际产能和装备制造合作陆续进入实施阶段,"一带一路"沿线省市和展览业界积极支持国家战略,纷纷提出了更多的相关展会建议和设想,对外贸易与对外办展相互促进的局面正在形成。"一带一路"沿线大多是新兴经济体和发展中国家,总人口约44亿,约占全球总人数的63%,经济总量约21万亿美元,约占全球经济总量的29%。这些国家普遍处于经济发展的上升期,与之开展互利合作的前景广阔;其次,我国积极发展多双边经贸关系,截至2017年6月底已与23个国家和地区达成15个自贸协定,并正与20多个国家和地区进行自贸协定谈判或前期研究。

(二) 政府大力促进境外出展业务,政策利好不断

为了充分发挥会展行业在促进中国对外贸易的推动作用,政府近年出台了一系列文件,把促进展业改革发展和国家对外战略相结合。2015年2月,国务院下发《加快培育外贸竞争新优势若干意见》,指出要加大中国品牌海外推介力度,全面提升与"一带一路"沿线国家的经贸合作水平;与此同时,加快贸易促进平台建设,培育若干个国际知名度高、影

响力大的国家级会展平台。2015年5月,国务院下发《进一步促进展览业改革发展的若干意见》,继续强调"加快'走出去'步伐,大幅提升境外组展办展能力。在国际展览业中的话语权和影响力显著提升,培育一批具备国际竞争力的知名品牌展会。"相关文件的出台有利于境内展会企业在促进中国外贸发展发挥更为积极的作用,为境外办展行业长久发展提供了良好的环境。

(三)我国企业竞争优势不断积累,推动出国办展市场规模增长

目前,我国企业在数量、技术、产业链、商业模式等方面不断积累优势,从而促进我国对外贸易增长,推动会展行业发展。在数量上,我国具备跨国化经营能力的企业群体日益壮大,并更加注重品牌建设,在国际市场上拓展市场;在技术方面,我国企业积极向高端产业、高附加值产品出口拓展,出口产品技术含量不断提高;在产业链方面,中西部地区外向型产业链日益完善,外贸发展能力持续增强;在商业模式上,市场采购贸易、外贸综合服务企业等外贸新型商业模式蓬勃发展。在以上因素的影响下,出国办展市场的潜在客户将逐步扩充。

(四)国家战略催生新的出展项目

国家发改委、外交部、商务部联合下发的《推动共建丝绸之路经济带和21世纪海上丝绸之路的愿景与行动》提出,要继续发挥中国-东盟博览会、中国-亚博览会、中国国际投资贸易洽谈会,以及中国-南亚博览会、中国-阿拉伯博览会、中国西部国际博览会、中国-俄罗斯博览会的作用。"一带一路"沿线省市和展览业界积极支持国家战略,纷纷提出了更多的相关展会建议和设想,全国范围内将逐渐形成各有侧重、主题鲜明、特色突出的"一带一路"对外交流合作平台格局,推动"一带一路"沿线国家建立更加紧密的经贸联系,"一带一路"国家的展会项目将进入高速发展期。

(五)出国展览指标总体增长,展览与贸易形成互动

出国展览一直以来是国内企业走出去最为重要的贸易方式,出国展览规模与同期中国货物、服务等进出口情况息息相关。

本章小结

会展业的发展需要雄厚的基础设施和经济做后盾,因此,我国会展业要想赶上发达国家会展业的发展水平,必须先发展经济。本章选取大量的数据来说明我国与发达国家存在的差距及未来巨大的发展空间,当然,会展业的发展反过来也促进大经济的发展。

关键概念

会展业发展现状　会展业发展趋势

复习思考

1. 我国和发达国家相比，会展业发展的瓶颈有哪些？
2. 结合实际及自己所学专业知识，分析我国会展业如何能快速赶上发达国家？

拓展案例 　　　　　　会展业的重要性在下降吗？

2016年6月8日，在国际展览业协会（UFT）和美国展览与活动协会（IAEE）的共同推动下，全球会展人迎来了属于自己的节日——首个"全球展览日"（Global Exhibitions Day）。这是一个有历史意义的事件。世界各地的会展行业协会、会展公司、会展院校和会展人，为此举办了各种各样的论坛和活动，纪念这一特殊节日的到来。"全球展览日"的设立将有助于在世界范围内推广会展业对于经济与社会发展的交往沟通作用。

会展业是公共利益目的性和市场经济规律性的有机统一。它不只是世界经济的晴雨表，也是三次产业的推动力。经济衰退的迹象或许首先在会展业中表现出端倪，而产业复苏的号角也将由会展业率先吹响。

在新媒体新技术日新月异的今天，会展业面临着来自其他营销沟通方式更加激烈的挑战与竞争。然而，会展活动所能提供的核心利益和根本价值并未因此而遭到削弱，反而越发显得弥足珍贵。会展的形态特征是现场集聚，具体体现为供需商家集聚、行业品牌集聚、市场信息集聚、创新创意集聚、展示表达集聚、高层决策和专业人才集聚、业内外媒体集聚。尽管新媒体新技术层出不穷，但迄今为止还没有哪一种新的营销沟通方式能够代替会展，把有组织现场集聚的特性发挥到极致。同时，主题化、目的化多边召集平台有条件把创新激励、精准营销和关联建构做到极致。每项媒体技术的进步，都有可能在某一方面增强人们对信息的识别、获取、传递、处理和利用能力，但是多媒体技术至少在未来很长一段时间内都不可能模拟出展会现场的真实感、体验感和信任感。想要获得对产品对象全面可靠的认知体验，依然需要企业的决策者亲赴展会现场，与产品本身以及它们的发明者、设计者、生产者、合作者进行现场体验、交流与沟通。

在过去的几年里，世界各地的会展业一直都在承受着"会展业重要性下降"的质疑。时至今日，这种质疑正在变得越来越不足为据，因为人们已经更多地注意到了会展方式与其他营销手段、媒体技术并不完全是竞争对手这一现实。它们彼此之间的互补性，应该能够使包括会展在内的各种营销沟通工具变得更加完善，而不是使其中的任何一种变得更加糟糕。例如，新的信息技术将使会展管理变得更为高效、使会展场馆更加智能、使展览过程更加环保、使参展体验更为美好。这在以往，无论对组展商、参展商、专业或非专业观众来说全都无法想象。反之也是一样，会展空间为其他营销手段和媒体技术带来了新的挑战和机遇。

（案例来源：张敏.中外会展业动态评估研究报告[M].北京：社会科学文献出版社，2016.）

案例思考：

1. 在新媒体、互联网技术的挑战下，社会对会展业的需求和行业本质有没有发生变化？

2. 会展业在互联网时代会发生什么重要的转变？

第十二章
会展管理与职业能力标准

◆ 学习目标

1. 知识：了解会展管理知识体系的基本框架。
2. 理解：解释不同类型岗位对职业能力的需求差别。
3. 应用：归纳不同会展管理标准的效用和影响。
4. 分析：规划会展职业能力、素质的提升策略。

◆ 学习任务

名称	会展管理与职业能力标准
学习目标	1. 认知会展职业的前景 2. 理解会展管理知识体系与职业能力的关系
学习内容	会展行业发展趋势与职业能力需求
任务步骤	1. 4—6名学习者组成学习小组，对会展行业的管理者进行访谈 2. 了解管理人员对管理知识与职业能力的看法 3. 讨论、分析会展管理知识、能力与素质的实现途径 4. 各小组总结提出会展行业管理人员职业规划方案
学习成果	"会展行业管理人员职业规划方案"

◆ 案例引导

会议产业委员会 CIC 更名

2017年4月26日来自会议产业委员会 CIC（Convention Industry Council）的声明如下。

会议产业委员会董事会和品牌工作小组认识到需要更新和完善我们的组织品牌，以确保我们的工作重点，以及我们的工作能够为组织成员、所有经过认证的会议专业人士和所服务的行业提供真正的价值。为了真正代表我们的行业，我们需要改变现有的名称,以更好地反映行业的发展方向。

"活动"不断演变成更普遍、更先进和更偏爱的主题词。从今天开始,正式更名为活动产业委员会 EIC(Event Industry Council)。您的认证仍然是会议专业人士(CMP),但是您的认证证书将全面更新。我们希望您会为您的新证书感到自豪。您是有我们权威认证与支持的会议专业人士(CMP)。

自成立之初,CIC 就把"会展业"叫作 Convention Industry;2012 年,CIC 制定新标准时,在新标准中把 Meeting、Convention、Exhibition 和 Event 等统称为"Event"。从 2017 年 4 月 26 日起,CIC 的名称也改为 EIC。

根据官方声明,CIC 董事会和品牌策略小组(Brand Task Force)认为,此次更名有利于 CIC 更好地反映行业发展的方向,因为 Event 这一词汇更显国际化,更与时俱进,并能更好地描述"会展"的含义。协会更名后,原有的认证项目会议专业人士(CMP)名称保持不变,但内涵将发生变化。

案例思考:
1. 你对 CIC 的更名有什么看法?
2. Event 和我国对会展行业的称谓有什么联系?

第一节　会展管理标准概览

一、标准的内涵与分类

(一)标准的含义

标准在中文的语义中包含以下两层含义。

(1) 古代著名诗人杜甫的《赠郑十八贲》诗中有:"示我百篇文,诗家一标准。"其中,"标"是投射器,"准"是靶心;标准合用,具有行为和结果相一致的内涵,有榜样和规范的含义。

(2) 在《文选·袁宏〈三国名臣序赞〉》中有:"器范自然,标准无假。"吕延济注:"器量法度出於自然,为人标望准的,无所假借也。"其中又包含衡量人或事物的依据或准则的含义。

在《标准化工作指南 第 1 部分:标准化和相关活动的通用术语》中明确了标准的定义:为了在一定范围内获得最佳秩序,经协商一致制定并由公认机构批准,为各种活动或其结果提供规则、指南或特性,供共同使用和重复使用的一种文件。

(二)标准与标准化

标准是科学、技术和实践经验的总结。为在一定的范围内获得最佳秩序,对实际的或潜在的问题制定共同的和重复使用的规则的活动,即制定、发布及实施标准的过程,称为标准化。

(三) 标准的制定和类型

1. 标准的类型

标准的类型按使用范围划分有国际标准、区域标准、国家标准、专业标准、地方标准、企业标准。

按内容划分有基础标准(一般包括名词术语、符号、代号、机械制图、公差与配合等)、产品标准、辅助产品标准(工具、模具、量具、夹具等)、原材料标准、方法标准(包括工艺要求、过程、要素、工艺说明等)。

按成熟程度划分有法定标准、推荐标准、试行标准、标准草案。

2. 标准的制定

国际标准由国际标准化组织(ISO)理事会审查,ISO理事会接纳国际标准并由中央秘书处颁布;国家标准在中国由国务院标准化行政主管部门制定,行业标准由国务院有关行政主管部门制定。企业生产的产品没有国家标准和行业标准的,应当制定企业标准,作为组织生产的依据,并报有关部门备案。

法律对标准的制定另有规定,依照法律的规定执行。制定标准应当有利于合理利用国家资源,推广科学技术成果,提高经济效益,保障安全和人民身体健康,保护消费者的利益,保护环境,有利于产品的通用互换及标准的协调配套等。

> **同步思考** 为什么国际会展管理标准特别强调会展活动的"可持续性"?

二、会展行业管理标准概况

(一) 国际会展管理标准概况

制定会展行业标准有诸多难题:其一,会展活动包含会议、展览会、节庆、赛事、演出、公关与品牌推广活动、奖励旅游、婚庆等诸多形式,不同形式的活动在标准上难以统一(展览会相对独立且界限分明,可以形成自身标准)。其二,会展行业与不同的行业产生关联,其自身就涉及旅游行业、舞美行业、酒店行业、交通行业等,加之各行各业都有做会展活动的需要和要求,不同的要求也很难在标准上形成统一。其三,会展活动本身就具有管理的复杂性和结果的不确定性。这些都是制定会展行业标准的障碍。

因此,在本节中主要介绍国际上较为成熟的4个行业管理标准:BS 8901,可持续会展活动管理系统规范(Specification for A Sustainable Event Management System);ISO 20121,会展活动管理的可持续性(Sustainability in Event Management);APEX/ASTM,绿色会议和活动自愿性标准(Green Meeting and Events Voluntary Standards);GRI(全球报告倡议组织),会展活动行业补编(Sector Supplement for Events)。

1. 英国标准BS8901:可持续会展活动管理系统规范

BS 8901成为会议行业的活动(包括会议、展览和可持续管理系统)的首个自愿性标准。2009年9月更新并重新发布,英国标准BS 8901-2009可持续活动管理系统规范及使用指南现已通过国际大小活动进行测试。BS 8901是一个新的标准,是为会展活动行业专门设计的,协助业界以更可持续的方式来操作。

BS 8901由BSI(英国标准协会)开发,该委员会由会议和活动行业的标准撰写人和专业人员组成。像所有正式标准一样,BS 8901必须定期审查和更新,以确保与行业需求的相关性和适用性。BSI负责其审查和完整性。

BS 8901为规划和管理可持续活动的战略方法和流程提供了要求。它要求确定和记录关键的可持续性问题,其中可能包括场地选择、运营程序、供应链管理和采购、通信、交通等。实施的过程将有助于确定可持续活动管理的要求,确保对经济行为、环境责任和社会进步采取均衡的方式。对于承担BS 8901的组织来说,要求他们理解并确定其活动对这些可持续要求的影响,并确保采取措施以最大限度地减少组织对整体经济的影响。

BS 8901标准的关键要求包括:可持续发展政策;问题识别和评估;干系人识别和参与;目标、指标和计划;违反可持续发展原则的表现;操作控制;能力素质和培训;供应链管理;通信;监控和测量;纠正和预防措施;管理体系审核;管理评估。

BS 8901由一个三阶段的可持续活动管理系统组成,该系统允许组织规划其承诺,将其整合到运营中,并检查、审查这些流程以保持和提高效率。该标准还涉及确定关键干系人和可持续性问题,以便将关键绩效指标设定为提高可持续性的一项措施。BS 8901提供了一种系统的方法来确定和解决可持续发展问题,并与主要干系人进行更好的接触。它还将有助于降低运营成本、废物管理成本、碳排放,并提高活动供应链的资源效率。英国标准协会(BSI)会评估一个活动的可持续性,获得BSI认证的组织将从使用具有英国超级品牌地位的BSI徽标中受益。

虽然它最初是为迎接2012年伦敦奥运会而设立的,但BS 8901现已被微软和美国绿色建筑委员会等组织广泛应用于世界各地。

2. 国际标准化组织(ISO)20121:会展活动管理的可持续性

ISO(国际标准化组织)是全球最大的国际标准开发商和出版商,由超过159个国际标准机构组成。所有成员都被邀请参与并对过程的结果进行投票。目前,超过26个国家(包括日本、德国、加拿大、奥地利、瑞士、西班牙、美国和中国)与领先的行业协会(GMIC、MPI、UFI)一起参与了ISO 20121的联络指导。国际标准化组织(ISO)制定了一项国际公认的可持续性标准ISO 20121,于2012年发布。

会展活动管理的可持续性标准ISO 20121将采用管理系统方法对活动进行规划。ISO 20121建立在BS 8901的基础上,集成了ISO 26000社会责任指导标准的关键要素。从而为环境、社会和经济的可持续性提供增强的管理体系规范和指导。

为了符合标准,会展活动管理系统需要明确具体的目标、关键的可持续性问题、政策说明、供应链管理、有效监管、对活动规划系统的管理评估,以及有效的干系人参与规范。

3. APEX/ASTM:绿色会议标准

会议产业委员会(Convention Industry Council,CIC)(现已更名为活动产业委员会,Event Industry Council,EIC)的会议行业标准组织APEX,与美国国家环境保护局(EPA)和绿色会议行业委员会合作,首创了APEX绿色会议和活动最佳实践。

2009年,标准通过APEX自愿性共识流程和ASTM国际流程进行审核和批准。ASTM是世界上较大的自愿性标准制定组织之一。一旦获得批准,开发的最佳实践将成为认证标准。来自会议行业、政府、国际组织和非政府组织的9个时区的APEX小组和200多位志愿者自愿参加了APEX绿色会议标准的制定。标准的发布日期是2010年夏季。美国政府联邦采购计划打算将这些标准作为政府举办的会议和会议服务采购标准的一部分。

APEX/ASTM标准是针对会展活动供应商和策划人员的具体的、可测量的、基于绩效的准则设计指南。它们使用检查清单和评价指标来衡量会展活动的绩效。它们涵盖了9个领域,并概述了4个水平的活动和会议绩效:住宿;视听和制作;沟通;目的地;展品;食品和饮料;会议场所;现场办公室;交通。

4. 全球报告倡议组织GRI:会展活动行业补编

全球报告倡议组织(Global Reporting Initiative,GRI)是联合国环境规划署的一个国际非政府组织和合作中心,在过去的十多年中,该组织已经制定了全球使用最广泛的自愿性可持续报告框架(G250)。GRI G3可持续报告框架提供了指导和关键绩效指标,为可持续信息报告的透明和可靠创造了条件。今天,G3指南已被奥运会和世界杯等活动所采用。

GRI报告框架缺少活动行业的具体指导和绩效指标。因此,GRI为会展活动行业制定了行业补充协议,这将为行业可持续报告建立一个全球的和自由的标准化框架。它将确保活动组织者的可持续报告有效覆盖关键问题并具有可比性。这个具体的行业补充提供了管理方法报告的指导,并提供了具体的绩效指标,涵盖活动报告的环境、人权、劳工实践、社会和产品责任方面。

活动行业的补充是在多方干系人的参与下建立的,其中包括数百名来自非政府组织、活动行业(体育、公司、音乐、政府)和报告专家的代表,于2012年发布。

对于所有用户来说,重要的是了解这4种标准在定义可持续活动标准上的贡献,但方向有所不同,因此可以相互结合使用,以实现最佳的可持续活动组织和结果。

BS 8901和ISO 20121标准是为了告知组织活动的过程而编写的管理系统;APEX/ASTM标准提供了包含可持续活动的具体测量和操作行为的定义;GRI准则指导如何报告一个活动的影响,并提供了通用的关键绩效指标。

(二)国内会展管理标准概况

在国家标准委发布的国家标准全文公开系统上,可以找到会展产业的相关标准,包括大型活动管理、展览管理、会议管理、文化娱乐活动管理、赛事管理、婚庆活动管理、场地管理、制作搭建管理等类别。

总体来看,我国活动产业相关标准较多,但缺乏统一的体系;标准的覆盖范围不充分、不完善;在实际的行业工作中推行效果不尽如人意。很多标准的编制人士并非相关行业人士,尤其是采用国际标准的那些国家标准,翻译中未考虑中国国情。还有一些国家标准在英文表述上不尽合理,比如采标GB/T 31598-2015大型活动可持续性管理体系要求及使用指南,使用的英文是Event sustainability management systems:Requirements with guidance for use,而在国标GB/T 33170-2016大型活动安全要求中,使用的英文则是

Safety requirements for large-scale activities,同样的大型活动,一个是"Event",一个是"large-scale activities",后者在英文中是很罕见的说法。另外,大多数标准是推荐标准而非强制标准,也很少推广并用于认证,因此标准缺乏广泛的推广和行业内的执行贯彻。

第二节 会展管理知识体系与能力标准

一、会展管理知识体系的发展

谈及会展及活动的管理知识体系或能力标准,就不得不提及 EMBOK。EMBOK,英文全称为 Event Management Body of Knowledge,翻译过来就是"活动管理知识体系"。

1999 年,就读于悉尼大学的威廉·奥图尔(William J. O'Toole)在开展他的硕士论文工作过程中,基于项目管理方法开始构建活动管理知识体系(Event Management Body of Knowledge,EMBOK)。

2004 年,西尔弗斯在比较了众多的职业标准、认证知识体系、院校课程和文献回顾后,在拉斯维加斯酒店和会议峰会上介绍了 EMBOK,并在 2004 年首届 EMBOK 聚会上得到拓展。

2005 年 7 月 28 日至 29 日,在位于南非高登省(Gauteng)约翰内斯堡的埃利斯公园体育场举办第 2 届国际 EMBOK 聚会,并公开国际 EMBOK 模型。该模型由国际 EMBOK 执委会的成员开发,是一个对会展及活动管理领域的知识框架及对范围和过程的综合描述。

二、EMBOK 的主要内容

EMBOK 是一个包含不同方面的框架,这些方面代表了活动管理的基本方面。它通过活动计划将活动管理的功能集合起来,并提供了促进对活动管理知识的收集、分析和检索框架。EMBOK 的四个主要方面包括阶段(Phases)、过程(Processes)、核心价值(Core Values)、知识领域(Knowledge Domains)。这些方面合起来代表了活动管理的范围,提供了活动管理知识系统的基本分类。

EMBOK 共有 5 个知识领域,分别是行政、设计、营销、运营、风险。这 5 个知识领域没有时间和逻辑上的先后顺序,只是按英文首字母进行的排列。EMBOK 认为,这 5 个知识领域代表了 5 个方面的知识、技能和能力,它们在活动的各个阶段(启动、计划、实施、现场、结束)均有所体现。并且,不同知识领域所对应的工作均表现为相同或相似的过程(评估、选择、监控、沟通、建档),且要遵循相同的核心价值(持续改进、创意、伦理、整合和战略思维)。因此,EMBOK 包括了 4 个正交的方面:阶段、过程、核心价值和知识领域。EMBOK 的内容如表 12-1 所示。

表 12-1　EMBOK 的内容

阶段	过程	核心价值
启动、计划、实施、现场、结束	评估、选择、监控、沟通、建档	持续改进、创意、伦理、整合、战略思维
行政管理	财务管理、人力资源管理、信息管理、采购管理、利益相关者管理、系统管理、时间管理	
设计管理	餐饮管理、内容管理、娱乐管理、环境管理、制作管理、程序管理、主题管理	
营销管理	营销计划、营销材料、商品、促销、公共关系、销售、赞助	
运营管理	出席者管理、沟通管理、基础设施管理、后勤管理、参与者管理、场地管理、技术管理	
风险管理	守则管理、决策管理、应急管理、健康与安全管理、保险管理、法律管理、安保管理	

EMBOK 为职业能力标准的建立、教育和培训的课程设计、活动管理的策划和运营提供了非常好的思路。

三、会展管理职业能力的国际标准

虽然 EMBOK 的执行者们在会展活动管理知识体系上做出了突出的贡献，其成果也被广泛采纳，但关于会展活动管理能力标准的开发，迈出第一步的并非 EMBOK 执委会，而是加拿大萨斯喀彻温省旅游教育委员会（STEC），以其职业认证标准为基础，逐步演变为 EMICS，MBECS 和 CMP-IS。

（一）活动管理国际能力标准（EMICS）

1990 年，由加拿大萨斯喀彻温省旅游教育委员会（Saskatchewan Tourism Education Council，STEC）开发的特殊活动协调员（Special Events Coordinator）职业认证标准，是加拿大活动产业的职业标准的首次出现。

2008 年 11 月，在加拿大的曼尼托巴省（Manitoba）温尼伯市（Winnipeg），CTHRC 国外证书认定教育项目国家顾问小组（Foreign Credential Recognition Education Projects National Advisory Panel）与国际 EMBOK 执委会成员集合，评论了由 CTHRC 开发的国际活动管理标准（International Events Management Standard，IEMS）。IEMS 建立于国际 EMBOK 框架和其他公认和已建立的职业标准以及来自 6 个国家的课程体系，被来自国内外 16 个国家的专业人员协会、政府标准设定主体、活动管理实践者、思想领袖和其他利益相关者所组成的网络所认可。

2009 年，CTHRC 将 IEMS 进一步修订为活动管理国际能力标准（Event Management International Competency Standards，EMICS）。这个标准现在被 CTHRC 进一步开发为国际活动资质框架（International Event Qualifications Framework，IEQF），将为职业路径选择提供基准条件。

在 EMICS 框架内，标准被分成 12 个知识类别，分别是：①战略计划；②项目管理；③风险管理；④财务管理；⑤行政管理；⑥人力资源；⑦利益相关者管理；⑧活动设计；⑨场地管理;⑩营销;⑪职业精神;⑫沟通。

(二) 会议专家认证国际标准(CMP-IS)

会议专家认证(Certified Meeting Professional,CMP)是会议产业委员会(CIC)于1985年启动的证书项目。CIC的前身是会议联络委员会,最初由4个组织于1949年创立,以促进会议和展览行业的信息交换为目的。现在的CIC已经拥有33个会员组织,这些会员代表了会展行业内超过103500个个人和19500个企业或实体。CIC提供工具和项目来支持产业和应对挑战,促进信息和思想的交融,并以自身深厚的经济影响来教育公众。CMP证书项目是CIC获得这些目标的途径之一。CMP项目的启动,是为了提高会议专业人员的知识和绩效水平,提升会议专业人员的地位和信誉,并促进实践标准的统一。现在,CMP已经是会议、展览、活动产业优秀人才的徽章,被全球所认可。

CMP项目及考试以CMP国际标准(CMP International Standards,CMP-IS)为基础。CMP-IS是CIC在2011年与CTHRC合作,在EMICS的基础上开发的CMP项目和考试的知识体系,对成功的会议和活动专业人员所必需的知识、技能和能力进行了定义和分类。在CMP-IS框架内,标准被分成10个知识类别,分别是:①战略计划;②项目管理;③风险管理;④财务管理;⑤人力资源;⑥利益相关者管理;⑦会议或活动设计;⑧场地管理;⑨营销;⑩职业精神。与EMICS相比,少了行政管理和沟通两个知识类别。

(三) 会议和商业活动能力标准(MBECS)

会议管理证书(Certification in Meeting Management,CMM)项目作为优秀的会议和旅行管理专业人员的商业标准,由国际会议专家联盟(Meeting Professionals International,MPI)于20世纪90年代在欧洲创立。MPI建立于1972年,其秉承的一个信念就是,会议和活动策划人员在成功的商业中具有决定性的作用。其致力于为其成员提供最好的职业发展、商业机会和振奋人心的行业社团。至目前为止,MPI已经拥有来自86个国家、70个俱乐部/分会的超过18500名会员。2013年12月,MPI和GBTA(Global Business Travel Association,全球商务旅行协会)宣布合作开发CMM项目。

CMM项目的参与标准与会议和商业活动能力标准(Meeting and Business Event Competency Standards,MBECS)相匹配。早在2007年,MPI就意识到需要一个综合的知识和技能体系,来指导会议和商业活动的职业开发。能力标准必须适应行业的多样性——不同类型的商业和会议活动、动态的职业生涯和不同的专业水平。2011年,MPI与CTHRC合作,在现有的EMICS的基础上,建立了针对会议和商业活动的全球标准。作为结果,MBECS表达了有经验的会议和商业活动专业人员应具有的知识和技能的总体概要。在MBECS框架内,标准被分成12个类别,与EMICS相同。

EMICS和CMP-IS、MBECS由于所属的发布机构不同,从标准的项目表述上看,似乎有所不同,但事实是,它们的本质与核心几乎完全相同。因此,我们可以预见未来不同的能力标准体系将随着产业的发展趋于统一。

第三节　会展管理岗位能力与素质要求

一、知识、素质与能力的辩证关系

(一) 知识

知识是人类认知的成果、发现的规律及积累的经验按照一定结构和体系进行概括和总结的概念、理论、方式和方法。知识可分为陈述性知识(描述"是什么"或解释"为什么")和程序性知识(回答"怎么办"或"如何做")。素质教育要求人的发展要具备全面的知识,并将知识集聚内化为能力和素质的增长。

(二) 素质

素质是指个体在先天的基础上通过后天的环境影响与教育训练而形成的顺利从事某种活动的基本品质或基础条件。一般而言,个体素质可分为思想道德素质、科学文化素质、专业素质、身体素质和心理素质等。由此可见,素质是反映个体内在的、本质的、道德情操和心理特征的范畴,它强调个体在先天禀赋的基础上通过教育与实践活动发展而来的人的主体性的基本品质,是人的智慧、道德等的系统整合。

(三) 能力

能力是指个体完成一定活动的具体方式以及顺利完成一定活动所需要的心理特征,是获取知识并运用知识解决问题的本领、技术与方法。能力有一般能力和特殊能力之分,一般能力的发展为特殊能力的发展创造了有利条件,特殊能力的发展也会促进一般能力的发展。

(四) 素质、能力与知识的辩证关系

首先,素质与知识的区别主要表现在素质既不能通过学习直接获得也不能传授,知识可以通过学习获得也可以传授。知识涉及"知道或不知道"的问题,它可以瞬间得到解决;素质是深层的、隐含的,需要长久的养成内化。其次,素质是潜在的,而能力是显现的,素质本身不是能力,也不能直接决定个体能力的大小,但能提供个体能力发展的可能性。最后,素质、能力与知识也存在着内在联系,不可分离。素质除了包含知识、能力等基本要素外,还包含心理、道德、意志等非智力因素。素质不是知识、能力的简单集成和线性相加,而是对知识和能力的组织与控制、领导与指挥,决定着个体的知识和能力能否正确而有效地发挥。由此可见,个体的知识、能力与素质结构中,知识是外层的,能力是内层的,素质是核心层的。

二、会展管理岗位的能力与素质

会展产业活动具有集聚性、联动性、广谱性、传播性和创新性等特点,会展产业活动的这些特点对从业人员的要求具有特殊性。对即将进入会展行业的学习者而言,准确把握会展产业对从业人员的素质要求,尤其是核心素质的要求非常重要。如此,才能通过有针对性的学习和训练来锻炼和塑造自己,使自己达到职业能力要求,成为成功的职业会展人。

会展产业活动对从业人员的核心素质要求集中体现在学习能力、沟通协调能力、信息处理能力、创新能力和执行能力5个方面。在国际高端会展产业活动中,还需要较强的外语沟通能力。

(一)会展产业涉及行业宽泛,对从业人员的学习能力要求高

会展业是将各行业高度聚合的平台产业,会展产业具有广谱性特点。产业部门人员涉及政府部门、非政府组织和企业,尤其是大型综合性会展活动涉及行业十分宽泛,涵盖科技、会展、文化创意、物流、旅游、广告等产业及相关多个产业链,包括项目管理、会展策划、会展招商和营销、公共关系和接待、广告设计、项目融资、涉外法律、信息通信、媒体、同声传译等。

会展从业人员需要熟练掌握两种甚至两种以上专业技能才能满足应对如此广泛而又聚集的多业态交叉融合的技能要求,这些专业技能包括公共管理、工商管理、新闻传播、国际贸易、广告设计、旅游管理、酒店管理等多领域知识和技能,以及专业的会展知识与技能等。只有具有较强学习能力的从业人员才能满足应对会展业跨行业多领域交融产品开发与供给的需要。

(二)会展服务对象多元,对从业人员的沟通协调能力要求高

一个会展项目往往涉及众多个利益关系主体,有参展商、专业观众、普通观众、投资商、广告媒体、展会场所提供者、展会工程公司、公共部门等,因此,一个会展从业人员如果不具备较好的沟通协调能力,就无法顺利完成承办会展服务的任务。同时,客户(参展商、专业观众)和普通观众是承办方开展会展项目营销推广的核心,离开了优质的客户关系网络,会展项目就根本无法执行下去。所以,会展服务要求从业人员具备很强的沟通能力,能从客户需求出发,及时满足客户的需要,从而提高会展企业和会展项目的市场竞争力。

从根本上看,会展活动提供的是人性化服务,而提供人性化服务的关键就是与服务对象进行沟通和交流,要善于与人沟通,要把想法变成别人能理解接受的,从而推动会展工作的顺利进行。会展从业人员的沟通协调能力主要包括语言能力和人际交往能力,语言能力除了强调较强的口头表达能力外,还包括多种语言的口头和书面表达能力。

(三)会展平台汇集海量信息,对从业人员的信息处理能力要求高

会展产业活动要求在短期内进行服务集成,集中供给服务产品,不但要精准掌握各方面的信息和情报,还要有高效的信息处理能力。会展项目信息管理包括会展项目流程、费用和质量的信息控制、会展客户的信息管理、会展服务供应链信息集成、会展公共信息管理

等。通过高效的信息处理,达成会展项目各个环节的整体协同,步调一致,圆满完成会展项目从策划到执行和评估的全流程,实现会展活动的目标。

因此,会展从业人员只有具备较强的信息处理能力,才能做到"知己知彼,百战不殆",及时有效地处理会展管理事务。信息处理的能力表现在工作中,就是会展项目策划与管理的文案制作、会展活动的信息采集与管理、会展新闻等信息的传播与控制等。

(四) 会展项目周而不复,对从业人员的创新能力要求高

会展项目,有周期性举办的活动,也有非周期性的活动。周期性的会展活动中,有一年一届的,有两年一届的,也有五年一届的。但是,不论是周期性举办的会展活动,还是非周期性的会展活动,作为项目其特征就是独特性,而创新是项目独特性的标志。即使是周期性的会展活动,也绝不是简单的重复,而是要不断创新。只有创新,才能使会展项目和服务获得可持续发展的动力。因此,会展从业人员及团队应该具有很强的创造性思维能力,要善于独创、开拓和突破,特别是会展项目策划要有独特性和新颖性。同时,由于会展项目是一项系统工程,一个展会从策划、运作、到客户服务包括众多环节,环境和事态的发展瞬息万变,因此要求从业人员随机应变,利用创新能力及时解决突发问题。

无论是何种形式的会展活动,都在创新性上有很高的要求,不但要求个体具有很高的创新能力,还要求团队具有较强的整体创新能力。如 2010 年的上海世博会,无论是世博园区的规划,还是展馆展品的设计,都向世人展示了当今世界最前沿的科学技术,这些都是由世界一流的科技人才在其后支撑、研发的。比如为了在夜间展现中国国家馆"故宫红"的主色调,世博会使用了超过 2.3 万个 LED 灯具;为实现世博交通园区内"零排放"、园区周边"低排放"的目标,世博会使用了由上海汽车集团研发和生产的新能源示范车 1000 余辆;中国的水晶石数字科技有限公司通过 3D 方式复活了宋代画家张择端的古典长卷《清明上河图》等等。展示高新技术也好,借助于高新技术来展示新产品也好,或者通过设计展示新理念和新创意也好,都需要具备创新能力的团队作为支撑。会展产业活动对从业人员的团队创新能力的要求高,这是业界的共识。

(五) 会展项目资源高度集中,对从业人员的执行能力要求高

会展产业活动在短期内凝聚大量客户和观众参与,会展活动现场在展会档期内对于各个环节的管理和控制要求高,这必然要求会展管理人员必须具有很强的执行能力,以确保活动的安全和质量。不论是主承办单位自己的人员管理,还是承包商的管理,均需要有强有力的执行人员,才能在短期大量服务人员共同协作的状态下圆满完成各项任务。

其次,随着国际高端会展活动产业的快速发展,越来越多的国家会展活动需要至少懂一门外语的会展人才,所以外语能力就成了国际高端会展人才不可或缺的能力。

总之,会展产业活动的特点及其对从业人员的素质要求是会展人才培养的直接依据,人才培养和专业学习必须建立在可靠的产业需求分析基础上。

(资料来源:https://zhuanlan.zhihu.com/p/30776306.)

第十二章 会展管理与职业能力标准

本章小结

本章介绍了国际上较为成熟的四个行业管理标准,包括 BS 8901、ISO 20121、APEX/ASTM 以及 GRI;并在会展管理知识体系(EMBOK)的基础上,讨论了三个不同的职业能力标准体系,为促进职业发展奠定知识基础。

关键概念

会展行业管理标准　会展管理知识体系　会展管理职业能力

复习思考

1. 简述会展行业管理标准的发展历程。
2. 会展管理知识体系的基本框架与职业岗位的能力要求如何匹配?
3. 分析讨论在互联网深度介入的职业场景下,对职业能力的要求有哪些新的变化?

拓展案例　　　　一场发布会幕后的创意

会展活动如何推陈出新,如何打破固有思维,如何做出真正的沉浸式体验,从新款保时捷 Macan 的上市发布会,或许可以找到想要的答案。

2018 年 11 月 10 日,新款保时捷 Macan 上市发布会选在深圳南山价值工厂举行,这场由 Jack Morton Worldwide 团队创意策划的发布会,演绎了真正的沉浸式体验,让嘉宾观众仿佛身临其境。

主创团队将整个发布会分为了 ABCDEFG 七个区域,A 区是入口签到的地方,B 区是鸡尾酒会,C、D 两个区域皆是互动表演区域,E 区是保时捷 70 周年展区,F 区是发布区域,也就是新款 Macan 亮相的区域,G 区是 After Party。所以你可以在 A 区签到,在 B 区端起一杯鸡尾酒,然后跟随表演团队的脚步穿过 C、D、E 区来到 F 发布区域,整个过程就像是一场奇妙的探索之旅,一关关的解锁打卡,最终发现 Macan。

A&B(签到茶歇)——最意想不到的场地

为什么要选择深圳价值工厂这个场地?相信大家都有这样的疑问。这样一个破旧的废弃工厂,工业化气息甚至比北京的 751 还浓厚。为什么要在这里办一场豪华型 SUV 的发布会?相信所有嘉宾到场时都会大跌眼镜,这可是保时捷啊。因为要迎合新款 Macan 不随波逐流的理念,兼顾运动、设计和都市日常的特色,还得做自己。所以 JMW 选了这个场地,有个性又富有设计感,可以碰撞出不同的火花。

C 区(互动表演)——城市新境

C 区作为第一个互动表演的区域,需要很快地把嘉宾的情绪带入空间,此处空间设计代表着城市生活,44 位表演者在柱子的顶端、窄道以及地面上起舞,或摇摆,或速降,或空翻,将城市的活力、激情演绎得淋漓尽致。

各个角度都代表着生活中的不同视角,也代表了生活里我们必须冒险的机会有多少,穿行在人群中的表演者会跟你交换眼神,甚至发出邀请,嘉宾跟随表演者的视角开始探索之旅,全场没有旁白解说,更好地让嘉宾将自身带入场景。

结束在 C 区的经历,可以窥到一点 D 区的景致。

D 区(互动表演)——户外探险

走过了象征城市生活的 C 区,自然是充斥运动和越野氛围的 D 区,这是一片岩石空间,新款 Macan 的标志随处可见,穿越了城市空间来到冒险空间,这是更为宽阔的视野,也是截然不同的体验。

表演依旧是穿插在人群当中,飞檐、空翻,充满着野性的张力,与 Macan 的运动风格十分契合。

E 区——70 周年展区

E 区是为了致敬保时捷 70 周年历史。保时捷的发展历史象征着该品牌目前的成功和对未来的期望。汽车的位置和周围结构的设计是为了反映每个特定车型的成就。

F 区——发布区域

F 区 Running Man 的表演象征着我们每天都面临的挑战,以及生活有时会让人感到重复,就像我们一直在跑步机上移动,但实际上没有到达任何地方。然而,如果我们敢于冒险,如果我们有勇气,我们就能突破这些限制。就像表演者最后撞破箱子的墙壁一样。墙壁上印着"Choose Thrilling"的标志。

幕布上的表演陪伴大家一起等待新款 Macan 的面世,如此出车仪式令人赞叹。

没有华丽的明星阵容,也没有用太多酷炫的科技炫技,创新的视角让嘉宾体验感倍增,让大家不由自主地跟上演员的脚步,一起加入探索之旅,只为看见最终的主角——新款 Macan。

保时捷 Macan 这场发布会,所谓沉浸式,所谓体验营销,该是如此。

案例思考:

1. 一场发布会活动的成功举办涉及哪些岗位的参与?
2. 项目团队的能力与具体岗位的能力要求有什么不同?

参考文献
Reference

[1] 许传宏.会展项目策划与组织[M].重庆:重庆大学出版社,2014.
[2] 杨顺勇,丁萍萍.会展营销[M].北京:化学工业出版社,2009.
[3] 刘松萍.会展营销[M].重庆:重庆大学出版社,2014.
[4] 马勇,梁圣蓉.会展概论[M].重庆:重庆大学出版社,2007.
[5] 马勇.会展学原理[M].重庆:重庆大学出版社,2015.
[6] 冯学钢,于秋阳,黄和平.会展业导论[M].北京:清华大学出版社,2014.
[7] 王小石.会议业:一个全球化产业[M].北京:中国旅游出版社,2015.
[8] 明月.会议圣经:专业会议管理完全手册[M].6版.北京:电子工业出版社出版社,2016.
[9] 来逢波.会展概论[M].北京:北京大学出版社,2014.
[10] 杨坤.大型活动项目管理[M].天津:南开大学出版社,2010.
[11] 江金波.会展项目管理——理论、方法与实践[M].北京:清华大学出版社,2014.
[12] 赵春雷.项目管理[M].北京:科学出版社,2009.
[13] 郑向敏.会展安全与危机管理[M].重庆:重庆大学出版社,2014.
[14] 魏景飞.我国会展业发展现状及对策研究[J].东岳丛论,2010(4).
[15] 李智玲.德国会展业发展的新趋势及启示[J].城市问题,2009(5).
[16] 徐维东.浅析我国会展产业的发展现状与趋势[J].现代经济信息,2011(5).
[17] 崔铁岩.城市会展业重点发展领域与发展路径选择研究[J].青岛科技大学学报(社会科学版),2010(9).
[18] 冯玮,杨文彬.美德会展业发展比较及其启示[J].旅游论坛,2009(8).

后记
Postscript

全书框架体例由主编马勇、副主编王翔拟定,编委马勇、王翔、李岩、李朋、豆晓宁分工撰写,其中王翔完成9.2万字,李岩完成8.3万字,李朋完成4.5万字,豆晓宁完成4.2万字。全书由马勇负责统稿和审定。

教学支持说明

教育部旅游管理专业本科综合改革试点项目新课改系列规划教材。

为了改善教学效果,提高教材的使用效率,满足高校授课教师的教学需求,本套教材备有与纸质教材配套的教学课件(PPT电子教案)和拓展资源(案例库、习题库、视频等)。

为保证本教学课件及相关教学资料仅为教材使用者所得,我们将向使用本套教材的高校授课教师免费赠送教学课件或者相关教学资料,烦请授课教师通过电话、邮件或加入旅游专家俱乐部QQ群等方式与我们联系,获取"教学课件资源申请表"文档并认真准确填写后发给我们,我们的联系方式如下:

地址:湖北省武汉市东湖新技术开发区华工科技园华工园六路

邮编:430223

电话:027-81321911

传真:027-81321917

E-mail:lyzjjlb@163.com

旅游专家俱乐部QQ群号:306110199

旅游专家俱乐部QQ群二维码:

群名称:旅游专家俱乐部
群　号:306110199

教学课件资源申请表

填表时间：_____年___月___日

1. 以下内容请教师按实际情况填写，★为必填项。
2. 学生根据个人情况如实填写，相关内容可以酌情调整提交。

★姓名		★性别	□男 □女	出生年月		★职务	
						★职称	□教授 □副教授 □讲师 □助教

★学校		★院/系	
★教研室		★专业	
★办公电话		家庭电话		★移动电话	
★E-mail（请填写清晰）				★QQ号/微信号	
★联系地址				★邮编	

★现在主授课程情况	学生人数	教材所属出版社	教材满意度
课程一			□满意 □一般 □不满意
课程二			□满意 □一般 □不满意
课程三			□满意 □一般 □不满意
其 他			□满意 □一般 □不满意

教 材 出 版 信 息			
方向一		□准备写 □写作中 □已成稿 □已出版待修订 □有讲义		
方向二		□准备写 □写作中 □已成稿 □已出版待修订 □有讲义		
方向三		□准备写 □写作中 □已成稿 □已出版待修订 □有讲义		

请教师认真填写表格下列内容，提供索取课件配套教材的相关信息，我社根据每位教师/学生填表信息的完整性、授课情况与索取课件的相关性，以及教材使用的情况赠送教材的配套课件及相关教学资源。

ISBN（书号）	书名	作者	索取课件简要说明	学生人数（如选作教材）
			□教学 □参考	
			□教学 □参考	

★您对与课件配套的纸质教材的意见和建议，希望提供哪些配套教学资源：